古代歷史文化 研究輯刊

二八編

王明蓀 主編

第 14 冊

民族圖像的審美敘事建構
——中國史前岩畫藝術的美學闡釋（上）

劉程 著

國家圖書館出版品預行編目資料

民族圖像的審美敘事建構——中國史前岩畫藝術的美學闡
釋（上）／劉程 著 -- 初版 -- 新北市：花木蘭文化事業有限
公司，2022〔民 111〕
目 18+220 面；19×26 公分
（古代歷史文化研究輯刊 二八編；第 14 冊）
ISBN 978-626-344-088-3（精裝）
1.CST：中國美學史 2.CST：岩畫
618   111010288

ISBN-978-626-344-088-3

古代歷史文化研究輯刊
二八編 第十四冊   ISBN：978-626-344-088-3

民族圖像的審美敘事建構
——中國史前岩畫藝術的美學闡釋（上）

作　　者　劉程
主　　編　王明蓀
總 編 輯　杜潔祥
副總編輯　楊嘉樂
編輯主任　許郁翎
編　　輯　張雅淋、潘玟靜、劉子瑄　美術編輯　陳逸婷
出　　版　花木蘭文化事業有限公司
發 行 人　高小娟
聯絡地址　235 新北市中和區中安街七二號十三樓
　　　　　電話：02-2923-1455／傳真：02-2923-1452
網　　址　http://www.huamulan.tw 信箱 service@huamulans.com
印　　刷　普羅文化出版廣告事業
初　　版　2022 年 9 月
定　　價　二八編 27 冊（精裝）新台幣 80,000 元

民族圖像的審美敘事建構
——中國史前岩畫藝術的美學闡釋（上）

劉程　著

作者簡介

　　劉程，南京財經大學副教授、高級工藝美術師、文學博士、碩士生導師。

　　中國文藝理論學會會員、中國民俗學會會員、中國比較文學學會藝術人類學學會會員、江蘇美術家協會會員、江蘇青年美術家協會會員。

　　本人已在《文藝研究》、《裝飾》、《文藝爭鳴》、《寧夏社會科學》、《藝術百家》、《內蒙古社會科學》等刊物上發表學術論文 46 篇。主持省部級課題 3 項，主持省廳級課題 10 餘項，校級課題 27 項，獲獎 26 次。現主要從事文藝學、藝術美學、傳統工藝美術理論等方面的教學與科研工作。

提　　要

　　中國史前岩畫是人類最古老的並具有世界性的原始視覺語言，它跨越了時空，用最質樸的藝術形式和藝術手法在史前和當下架起了一座可以相互溝通的感性「橋樑」，是史前先民在宗教巫術感應下的一種主觀意識的物態化反映。它用一種世界性的並具有宗教意味極強的視覺圖像去描繪古代先民的生活場景、生活秩序、宗教風俗、經濟生產以及審美觀念，它濃縮了先民對物象的審美寄託與情感需求，鮮明地建構了史前先民自己內心宗教化的神聖審美「場域」。

　　本研究通過對史前岩畫的線條、造型、構圖以及意象的研究，不但發掘了中國史前岩畫具有以線造型、以形寫神、以圖顯意、以意呈象等審美特徵，而且這些特徵凝聚了史前先民內心對物象的感物動情、神合體道的審美意識，他們將這類被物化的形式以一種最簡約的審美形式呈現出來，更加凸顯了岩畫自身的藝術魅力和時代特色，它的出現為我們研究中華文明的溯源找到了非常關鍵的切入點，將有助於我們更好的繼承和發揚光大傳統美學的精華，具有較高的中華民族美術研究價值。

　　中國史前岩畫以線呈象，以象顯意，使得這些圖像給我們呈現了一個粗獷、簡約、剛勁、圓轉秀健的史前生命精神話語，也直接或間接地反映了史前社會的民俗民風、文化藝術、經濟生活以及宗教哲學精神。一方面，岩畫圖像不僅具有現實物象中的表象意涵，也蘊含了在原始宗教、巫術影響下的先民審美意識。他們的岩畫繪畫風格、構圖觀念、美學意識都蘊含著宗教的因子，先民們將某種功利性的目的寄託於對各類岩畫審美的創構活動之中，試圖使用超自然力來控制整個事件的走向，通過這些不同的審美特性來闡述先民的祈願和希冀。另一方面，各類岩畫意象均蘊涵著具有審美功能意義的精神特質，它既超於物象表徵的形似之外，又將圖像的內在生命精神內化於圖像之中，可以說，岩畫是史前具有象徵意義的審美圖像，而這一審美圖像的產生正是先民以形（線）立象、立象盡意的審美思維的具體體現，使得圖像給我們呈現了一個瞬間超脫於自我、彰顯生命精神、造型似與不似、言有盡而意無窮的審美意象世界。

本著作是南京財經大學劉程副教授、高級工藝美術師主持或參與 2017 年江蘇高校哲學社會科學重點立項資助項目《中國史前岩畫的審美特徵研究》，項目編號：2017ZDIXM068、2021 年江蘇省文化和旅遊科研課題《中國岩畫遺址的保護及文化產業發展研究》，項目編號：21YB16、2021 年度國家社科基金藝術學項目《南朝陵墓石刻與南朝文化關係研究》，項目編號：21BF085 階段性成果之一。

目

次

插圖和附表清單

注：本書基於圖片清晰度的角度，主要從《中國
　　岩畫全集》這本著作中選取，其他的著作也
　　兼而有之在此向圖錄中出現的作者與出版社
　　致以誠摯的謝意！

緒 論

　　「岩畫」，英文稱「Rock Painting」、「Rock Art」、「Petroglyph」、「engraving」、「Pictograph」、〔註1〕「paleolithic art」〔註2〕等詞彙，它又可以稱作「岩石藝術」，它以岩石為載體，以平面造像、二度空間為主要呈像特徵，經過人類的勞動加工之後而創造的藝術成果。國際岩畫組織聯合會主席羅伯特 G・貝德納里克（Robert G. Bednarik）將其稱為「Rock of Science」，〔註3〕美國學者坎貝爾・格蘭特（Compbell Grant）將岩畫概括為被刻繪在不能移動的石頭之上的事象。意大利學者埃馬努埃爾・阿納蒂（Emmanuel Anati）認為：「岩畫似乎是一種原始語言的表達，其包含有各種不同的『地方性』語言。」〔註4〕埃馬努埃爾・阿納蒂的這種概括強調了原始岩畫作為一種世界性原始語言而存在。在人類發展的童年時期，岩畫作為一種傳達和記錄人類生活經歷的重要

〔註1〕楊超：《聖壇之石：一部歐洲的岩畫學史》，廣州：世界圖書出版廣東有限公司 2013 年版，第 47 頁。

〔註2〕J. D. Lewis-Williams, T. A. Dowson, Paul G. Bahn, H.-G. Bandi, Robert G.Bednarik, John Clegg, Mario Consens, Whitney Davis, Brigitte Delluc, Gilles Delluc, Paul Faulstich, John Halverson, Robert Layton, Colin Martindale, Vil Mirimanov, Christy G.Turner II, Joan M. Vastokas, Michael Winkelman and Alison Wylie. *The signs of all times: entoptic phenomena in upper paleolithic art.* Current Anthropology, Vol 29 (2), Apr, 1988. pp.201~245. 文章闡釋了南非的古代岩畫採用民族學分析的方法，並專門走訪了南非土著居民塞恩人中薩滿，從中得出一些史前藝術和薩滿有關的理論。

〔註3〕Robeart G. Bedbarik, *Rock Art Science-The Scientific Study Of Palaeoart.* New Delhi: Aryan Books International, 2007.

〔註4〕〔意〕埃馬努埃爾・阿納蒂：《世界岩畫——原始語言》，銀川：寧夏人民出版社 2017 年版，第 2 頁。

標記並普遍存在於原始社會之中，就像我們今天的漢字或者英文、法文一樣。然而，國內的一些岩畫學者對「岩畫」有著不同的「界定」，如蓋山林認為「岩畫，英文 ROCK ART，意即岩石藝術。生活在北魏時期的地理學家酈道元在《水經注》一書中稱之為『畫石』。現在還有崖畫、崖壁畫、崖雕、石頭畫、崖刻等稱謂。有人將繪畫出的岩畫稱作崖畫，而將鑿刻的岩畫另稱做崖雕。」〔註 5〕陳兆復對岩畫進行界定概念界定，並基於國內南繪北刻的岩畫類別體系作了嚴格的區分，也對岩畫自身的屬性進行了敘述，但是他忽略了史前人類生產活動和原始宗教等因素對岩畫的影響，更忽略了岩畫圖像平面性的呈像特點以及岩畫圖像表達出來的意象性。蓋山林先生認為岩畫是「古代先民記錄在石頭上的形象性的史書，……是人類由野蠻走向文明歷程的生動圖解。」〔註 6〕蓋山林先生強調岩畫是對歷史文明的記錄；而陳望衡將岩畫稱作是感性的存在和形象的繪畫，這種「繪畫」形式已經超越了傳統繪畫的樣式，它承載了大量的宗教信仰、先民心理活動、社會生活、經濟活動以及古人的審美觀念等功能。〔註 7〕他認為岩畫中的任何一個形象或者一條線均承載著史前社會中的某個方面的社會功能或者表達功利目的。在這裡，不管如何界定岩畫自身的內涵，但總的來說，岩畫是古代先民記錄生活、體悟生活和概括生活的一種外在感性形式，這些岩畫中的形象都是「具有神力魔法的舞蹈、歌唱、咒語的凝練化的代表。它們濃縮著、積澱著原始人們強烈的情感、思想、信仰和期望。」〔註 8〕史前先民將內心中的一些想像活動賦予這個拙樸的小小圖畫之中，每一個造型都是對現實物象深思熟慮的審美創構。同時，史前先民將某種具有象徵性和世俗性的信息通過不同的造型、構圖呈現出來。大多數的岩畫形象造型的刻繪均帶有原始宗教思維的特點，他們用這種早期的「審美語言」形式去訴說史前人類物質和精神情感活動。

　　中國史前岩畫藝術的是中國古代藝術序列中的一個重要組成部分，它也是研究中國史前意象的重要切入點。它的每一個形象都是通過造型或者形式去彰顯先民的審美意識、審美情趣和審美理想。它們「雖然表現形式簡單，甚至粗糙，顯得幼稚、笨拙，但由於它直觀的圖像裏滲透著原始人類強旺的

〔註 5〕蓋山林：《中國岩畫學》，北京：書目文獻出版社 1995 年版，第 3 頁。

〔註 6〕蓋山林：《中國岩畫學》，北京：書目文獻出版社 1995 年版，第 18 頁。

〔註 7〕陳望衡：《文明前的「文明」：中華史前審美意識研究》（上），北京：人民出版社 2017 年版，第 39 頁。

〔註 8〕李澤厚：《美的歷程》，北京：生活‧讀書‧新知三聯書店 2009 年版，第 11 頁。

生命感受，內在的信息極為豐富，至今隱藏著一些秘密，使我們無法解讀。」〔註 9〕從西藏藏西塔康巴岩畫到連雲港將軍崖岩畫，從黑龍江海林岩畫到臺灣萬山岩畫，這些岩畫點中的圖像已經被先民主觀賦予一定程度的宗教巫術觀念和審美意義。先民們憑藉著美術中的點、線、面元素將他們所架構的岩畫形象來傳播岩畫自身的巫術和審美的「力量」，畫面中的每一個形象已經成為先民為了彰顯原始生命精神而進行的某種審美創構的行為。原始先民憑藉著這種鑿、刻與繪等方法記錄了原始社會中的狩獵、放牧、生殖以及巫術等活動，或者基於不同屬性的線將每一個形象用審美的眼光去展示先民繪畫的「筆法」。這些題材在很大程度上體現了原始先民樸素和稚拙的審視視角。在這裡，無論何種題材的岩畫都內蘊著獨特的審美藝術特徵，濃縮了先民對生命精神的高度禮讚。特別是在史前社會裏，原始先民由於認知水平的限制，先民基於自身的審美趣味和實用需要對物象進行組合和美化。這種美化都是將物象的輪廓和內在細節高度抽象，他們基於物象而超越物象，形成了具有原始思維狀態下的岩畫意象。在一定的文本話語上，先民將這些無生命的岩畫形象看作是原始先民進行審美創構的重要媒介，以象表達對現實物象的審美崇拜。通過這種審美活動，我們可以瞭解到原始先民保存在岩畫中的審美經驗，更可以以岩畫圖像作為史前與現代人類溝通的橋樑，讓岩畫圖像自身來繪聲繪色地向現代人講述原始時代的宗教風俗、審美觀念以及豐富多彩的生活故事。

第一節　研究背景

　　岩畫圖像重要的承載體就是岩石或崖面。我們可以將岩石或崖面視作一件實物、一種繪畫媒材或者一個兼具有二維和三維視角的自然物象。岩石或崖面為岩畫圖像提供了很好二維空間的聯想和想像界面，它可以讓作者或者受眾能夠清晰地在這個平面上看清或體悟畫面中的形象、構圖以及畫中形象之間比例關係。岩石或崖面為岩畫提供了空間上的有序分隔，岩石或崖面將圖像從現實、地面、立體、功能等各方面分隔開來。各種物象經過作者的技藝加工之後，岩石或崖面上的文本圖像似乎還和現實中的物象有著千絲萬縷的聯繫。一方面，岩石或崖面將作者的刻繪技藝和思想情感予以拓展，並成為他們日常生產和

〔註 9〕班瀾、馮軍勝：《陰山岩畫文化藝術論》，呼和浩特：遠方出版社 2000 年版，第 15 頁。

生活中的一個延伸點和傾訴處；另一方面，岩面或崖面則成為先民祭拜神靈和溝通天地的重要場所，「並使其權威覆蓋於這一具體地點。」〔註10〕

中國岩畫可以追溯到舊石器時代，〔註11〕其本身就具有「原始性」的概念。陳兆復先生在其《中國岩畫發現史》中明確將岩畫概括為「一種製作在岩石上的原始藝術。」〔註12〕「岩畫」這一詞彙隱喻著某種時代畫種或技法或未加訓練的人類，他們運用最原始的硬質工具憑藉著「鑿刻」、「磨刻」、「線刻」或者「塗繪」等技法，將經過加工後的物象「鑲嵌」於人類早期社會的岩石表面或洞穴內部牆壁上，並向世人呈現出人類早期簡樸、直率、粗俗以及神秘的宗教生活環境，將他們的信仰哲學、宗教巫術以及史前人類與動物的生存搏鬥史保留在了無聲的岩石表面上，向人們訴說著史前人類社會的「神話巫術」活動，它「既包括人們物質生活所需的產品，也含精神生活方面的內容。」〔註13〕從某種意義上來說，「『原始藝術』的歷史出現是原始人製作的人工製品及西方人將它們當作藝術品的翻譯法的產物，」〔註14〕「它開創了原始藝術的先河，同時它又是人類自我表達生活的創造形式，基本上是直觀的圖畫藝術形式，也有抽象與圖畫結合的表意形式。」〔註15〕在原始人眼中，原始宗教巫術控制或影響了整個的史前社會，不管做什麼事情，他們都會利用「象徵、神秘感和超越時空的自由聯想」〔註16〕來賦予巫術活動更多的主觀意願，特別是原始岩畫。

〔註10〕〔美〕巫鴻：《重屏：中國繪畫中的媒材與再現》，文丹譯，上海：上海人民出版社2009年版，第3頁。

〔註11〕對於岩畫發生的時間，多數的學者都認為岩畫發生在舊石器時代。例如蓋山林在其著作《中國岩畫》中就參考歐洲岩畫分期：「早期始於舊石器時代，是晚期智人創造出來的，反映出了智人的特定的思維方式一直延續到中石器時代，屬於狩獵藝術，從35000年前至10000年前，一直延續了25000年之久。晚期中石器時代開始，一直延續到有文字的歷史時期。」蓋山林：《中國岩畫》，廣州：廣東旅遊出版社2004年版，第2頁。李祥石在其著作《解讀岩畫》也將岩畫的發生時間劃定在4萬年。陳兆復在其著作《古代岩畫》將「最早的岩畫創作於四五萬年以前。」陳兆復：《古代岩畫》，北京：文物出版社2002年版，第2頁。

〔註12〕陳兆復：《中國岩畫發現史》，上海：上海人民出版社1991年版，第1頁。

〔註13〕徐自強：《石刻論著彙編》（第一集上編），北京：北京圖書館出版社1997年版，《中國石文化叢書》說明。

〔註14〕〔美〕簡·布洛克：《原始藝術哲學》，沈波、張安平譯，朱立元校，上海：上海人民出版社1991年版，第139頁。

〔註15〕李祥石：《解讀岩畫》，銀川：寧夏人民出版社2012年版，第1頁。

〔註16〕寧克平：《中國岩畫藝術圖式》，包青林繪圖，長沙：湖南美術出版社1990年版，第2頁。

在一定程度上它是原始宗教巫術的一種附屬品。〔註17〕這種通過最原始的刻繪技法與抽象思維相結合所形成的各類題材的形象，用圖像來傳遞某種不可言說的情感話語。它「不論是寫實的圖像，還是抽象難解的符號，無一不是先民意識的產物。主要內容涉及狩獵、放牧、征戰、交媾、祭祀及農耕生活，分別有動物、人物、人面像、車輛、符號等圖案，是先民們對其思維結構、宗教信仰、文化模式等多方面的一種真實性反映。」〔註18〕正如中央民族大學陳兆復所說的那樣：「岩畫是靠著藝術想像力使情感具象化。處於原始時代的人類，無公害的污染，無人為的羈絆，任想像力自由馳聘。他們所創造的原始藝術，淳樸無話，猶如陳年的醇酒，流香日溢。絕非現代藝術所能比擬。」〔註19〕

岩畫作為一個世界性的文化現象。岩畫作為一種超越地域的藝術形式，它已經遍布在五大洲，70 個國家〔註20〕，150 個區域〔註21〕，超過 820〔註22〕個岩畫區的「70 萬個岩畫點，估計約有兩千萬個或更多的形象和符號」〔註23〕，托馬斯·海德認為：岩畫具有世界性的文化現象。（托馬斯·海德在他的論文《Rock Art Aesthetics: Trace on Rock, Mark of Spirit, Window on Land》中用「Rock Art can be found worldwide」）〔註24〕而且，這種視覺傳達形式無論在澳大利亞的阿蘭達人、南非的布須曼人還是中國廣西境內的駱越民族，他們

〔註17〕朱狄：《雕刻出來的祈禱——原始藝術研究》，武漢：武漢大學出版社 2008 年版，第 45 頁。

〔註18〕楊慧玲：《神化與人格——寧夏人形岩畫》，銀川：黃河出版傳媒集團、寧夏人民出版社 2015 年版，第 2 頁。

〔註19〕陳兆復：《古代岩畫》，北京：文物出版社 2002 年版，第 4 頁。

〔註20〕〔意〕埃馬努埃爾·阿納蒂（Emmanuel Anati）：《世界岩畫——原始語言》，張曉霞、張博文、郭曉雲、張亞莎譯，銀川：寧夏人民出版社 2017 年版，第 6 頁。阿納蒂先生列出了各個洲的數量，如非洲有 24 個國家，亞洲有 13 個，美洲有 13 個，歐洲有 14 個，大洋洲有 6 個，加起來總共 70 個。

〔註21〕〔意〕埃馬努埃爾·阿納蒂（Emmanuel Anati）：《世界岩畫——原始語言》，張曉霞、張博文、郭曉雲、張亞莎譯，銀川：寧夏人民出版社 2017 年版，第 6 頁。阿納蒂先生列出了各個洲的區域數量，如非洲 31 個，亞洲有 34 個，美洲有 39 個，歐洲有 31 個，大洋洲有 15 個，總共加起來是 150 個。

〔註22〕〔意〕埃馬努埃爾·阿納蒂（Emmanuel Anati）：《世界岩畫——原始語言》，張曉霞、張博文、郭曉雲、張亞莎譯，銀川：寧夏人民出版社 2017 年版，第 5 頁。

〔註23〕韓叢耀主編：陳兆復、邢璉著：《中華圖像文化史》（原始卷），北京：中國攝影出版社 2016 年版，第 115 頁。

〔註24〕Thomas Heyd. *Rock Art Aesthetics: Trace on Rock, Mark of Spirit, Window on Land.* The Journal of Aesthetics and Art Criticism, Vol.57，No.4 (Autumn, 1999), pp.451~458.

都用岩畫以鏡子般的形式去反映早期人類的精神情感、思維觀念以及審美觀念。每一個區域裏都擁有自己的岩畫特點和忠實地反映原始先民心理演變過程的視覺圖像。這些岩畫點裏藏存著非常巨大數量的岩畫圖像，有狩獵岩畫、生殖崇拜岩畫、放牧岩畫、動物岩畫、太陽神岩畫、祖先岩畫、印跡岩畫等不同母題的岩畫。這些岩畫充滿了濃鬱的人文與巫術特色，特別是在中國這個岩畫記載最早、岩畫存量最豐富的國家裏，〔註25〕它形成了北起黑龍江、內蒙古，南至廣東、廣西、江蘇、臺灣，西至甘肅、青海、雲南、新疆等各個省區市，覆蓋面積較廣，所在地人文歷史豐富。他們將生動有趣的人文圖像憑藉著刻繪技術把不同母題刻繪在岩石這個二維空間之內，每一個圖像都彰顯出原始先民對於生命精神的高度讚美和對巫術思想的精準傳遞。其中，狩獵和與狩獵相關的岩畫占整個岩畫數量的 65%〔註26〕以上。因此，大約在12000 年〔註27〕之前，我們人類就開始經歷了一個比較漫長的由早期狩獵經濟向牧民動物飼養經濟〔註28〕演變的發展歷史。在那個時代，先民逐漸地開始使用了弓箭、弩、棍棒等工具來採集一些肉類食物，他們用狩獵圖像去訴說原始先民內在的巫術祈願與外在的生活習俗觀念。它們靜靜地被固定在岩石之上，雖然經過漫長的歲月對岩畫圖像的自然與人為的考驗，但是，它們好似在等待後人給予它們某種合理的詮釋。這為我們後代人瞭解原始先民的生活場景以及宗教習俗提供了重要的歷史文本。當然，這種文化現象已經成為中華傳統文化的重要組成部分，也就是說，岩畫的產生為我們後代的藝術創作特別是美術作品創作帶來了很豐富的史料借鑒作用，並以豐富的史前

〔註25〕蓋山林：《中國岩畫學》，北京：書目文獻出版社1995 年版，第30 頁。

〔註26〕蓋山林：《陰山史前狩獵岩畫研究》，《內蒙古師大學報（自然科學）》1984 年第 01 期。

〔註27〕寧克平在《中國岩畫藝術圖式》中對狩獵時代是這樣的劃分的：石器時代（距今約 10000～3000 年左右）。在這 10000 年～3000 年裏，又分出早期的狩獵時期（距今約 10000 年～6000 年）。狩獵鼎盛期（距今約 6000 年～4000 年）；原始牧業萌芽（距今約 4000 年～3000 年）。寧克平：《中國岩畫藝術圖式》，包青林繪圖，長沙：湖南美術出版社1990 年版，第 6～7 頁。陳兆復認為：「舊石器時代之後的狩獵者，約公元前 10000～6000 年。……後期的狩獵者，約公元前 8000～4000 年。……游牧飼養經濟，約公元前 3500～200 年。」陳兆復：《中國岩畫發現史》，上海：上海人民出版社1991 年版，第 7 頁。

〔註28〕〔意〕埃馬努埃爾‧阿納蒂（Emmanuel Anati）：《世界岩畫——原始語言》，張曉霞、張博文、郭曉雲、張亞莎譯，銀川：寧夏人民出版社2017 年版，第21 頁。

圖像資料來探尋人類如何通過岩畫來創造意象世界的。

岩畫是一種人類最古老的「原始視覺語言」（Primordial Visual Language）〔註29〕。岩畫圖像最早產生於舊石器時代，〔註30〕它是在人類沒有形成口語化語言之前而形成的一種圖形化的「媒介物」，這種獨具韻味的語言形式一直持續了四點三九萬年〔註31〕，讓我們憑藉著岩畫窺探出早期人類的情感世界，它提供了我們觀察史前人類原始文化模式和智力模式的一個獨特的視角，它更給我們呈現了先民的物象遊戲心態和巫術審美趣味。埃馬努埃爾·阿納蒂（Emmanuel Anati）認為：「在文字出現之前，藝術起到了文字的作用，藝術是記憶的手段，也是傳遞信息和想法的手段。」〔註32〕原始先民將所要表達的話語運用點、線以及面，並利用岩石的底部色彩，在岩石高低起伏的二度空間內，通過象形、構圖、色彩、線條等藝術造像手法共同架構一個或一組有意味的平面隱喻圖像。這些圖像很大的程度上都是使用原始擬人造型形象並在造型基礎上進行巫變〔註33〕。在寧夏中衛、內蒙古的磴口、巴丹吉林、連雲港將軍崖以及利比亞的塔德拉爾特阿卡庫斯提恩拉蘭的巴拉岩畫點，原始先民將所要表達的內涵用硬質工具刻繪出來，他們在一幅畫中憑藉著不同的動作和形象去建構超自然的語言現象。他們將這些圖像呈現在岩石表面上，「在有限的空間表現時間的動態藝術效果，創造出直觀並可觸摸的形象和符號。」〔註34〕以圖表意，圖意結合。並在受眾的內心深處形成了意象化的精神語言，而這種意象化的圖像就成為原始先民傳授知識、神靈崇拜、寄託生活理想以及宣洩娛樂情緒的「原始語言」。唐代張彥遠也說，原始岩畫就是

〔註29〕〔意〕埃馬努埃爾·阿納蒂（Emmanuel Anati）：《世界岩畫——原始語言》，張曉霞、張博文、郭曉雲、張亞莎譯，銀川：寧夏人民出版社2017年版，第12頁。這種「語言」在很大程度上是以圖為主，以圖顯意，這裡其實和我們所說的意象有些關係了，因為讀圖因人而異的。因此，讀圖之後而在主觀大腦中所形成的情趣和想像就存在差異了，不同的人對圖像的體悟也是不一樣的。

〔註30〕〔意〕伊曼紐爾·阿納蒂著，陳兆復主編：《阿納蒂論岩畫》，北京：文物出版社2019年版，第17頁。

〔註31〕Aubert, M., Lebe, R., Oktaviana, A.A.et al. *Earliest hunting scene in prehistoric art.* Nature, 576. (2019), pp.442~445.

〔註32〕〔法〕埃馬努埃爾·阿納蒂：《藝術的起源》，劉建譯，北京：中國人民大學出版社2007年版，第23頁。

〔註33〕基於巫術的視角對造型就行變化，造型的變化服從於巫術的觀念。

〔註34〕《中國美術分類全集》編委會：《中國岩畫全集》（西部岩畫1），瀋陽：遼寧美術出版社2006年版，第25頁。

一種視覺文字，因此他說書畫同體：「是時也，書畫同體而未分，象制肇創而猶略。無以傳其意，故有書；無以見其形，故有畫。……是故知書畫異名而同體也。」〔註35〕而且「它們都具有古樸純樸的風貌，造型概括簡潔，輪廓突出鮮明，往往運用剪影式的沒骨法來描繪人物，畫動物有時用線條勾勒的方法。」〔註36〕這種造型簡約而又具有審美情境的視覺語言，常常給人一種神秘怪異的情感和意境，「它描述了經濟和社會活動、想法、信念和實踐，提供了觀察人類智力生活和文化模式的獨特視角，」〔註37〕在一定程度上它拓展了先民的生命形式和審美需求。因此，岩畫是一種象形語言文字。

岩畫是人類最原始的「母語」〔註38〕。原始先民用岩畫圖像去揭示他們那個時期的生產、生活、精神以及宗教活動，是人類之間交流、傳播、傳達、記憶更好的文化形式，既是在現代的數字社會，人們更喜歡用圖像來表現生活中的意象。在史前社會，人類存在著相同的觀看物象的方式，也擁有著共同的理想、願望和思維，人們在日常生產和生活中形成了對物象粗略的認識和見解，當藝術家利用硬質或軟毛工具將這些物象簡約地刻繪在岩石上之後，人們一看便知物象表示的是什麼意思，不管這個圖像是具象還是抽象。因此，岩畫家是將那些比較普適化的圖像刻繪在岩石上，來表達人類在那個時期的思想情感和宗教文化。

岩畫具有特定的物質特徵。首先，岩畫的構圖具有自由性，有單體構圖，有群體式構圖，還有的呈現一定的秩序性構圖。不同的構圖給我們呈現了不同的視覺內涵。其次就是每一個畫面或者形象之間沒有按照正常的比例去構像。世界各大洲的岩畫中的畫面和形象都是按照先民主觀宗教的觀念和記事觀念進行構成的，每一個畫面和物象之間是不按照現實物象的比例進行塑造的，有的物象較大，有的較小，有的很誇張，有的則進行具象描摹。第三是呈現平面方式。岩畫將形象布置在一個平面或立面之上，是固定在岩面或者崖面之上的。它是一個非流動性的史前藝術作品。岩畫中的形象也是基於平面二維空間而去建構的。第四是以站立的形式與畫面形成平視角度。

〔註35〕（唐）張彥遠著，俞劍華注釋：《歷代名畫記》，南京：江蘇美術出版社2007年版，第1～2頁。

〔註36〕陳兆復：《中國岩畫發現史》，上海：上海人民出版社1991年版，第19頁。

〔註37〕〔意〕埃馬努埃爾·阿納蒂：《世界岩畫：原始語言》，張曉霞、張博文、郭曉雲、張亞莎譯，銀川：寧夏人民出版社2017年版，第3頁。

〔註38〕李祥石：《世界岩畫欣賞》，銀川：寧夏人民出版社2017年版，第307頁。

　　岩畫具有特定的媒材特性。首先，岩畫是以岩（崖）面將畫面呈現出來的，岩石或者崖面就成為先民們作畫的依託和載體。受眾通過自己的視覺目光與畫面進行接觸、交流。其次，觀畫的過程具有時間性和連續性。岩畫形象的排列有高有低，有大有小，有虛有實，形成了高低錯落的形式。你中有我，我中有你，這樣就體現了一種動態性的視覺連續畫面。因此，我們循序漸進地去觀賞一幅岩畫，通過移動觀者的物理位置和視覺目光，觀者所看到的整個畫面是由多幅小畫面共同構成的連續動態畫面，他們不但憑藉著不同的人物形象來呈現畫面的表現內容，而且，也是觀者的視覺向外延展和畫面形象平鋪的過程。如四川羅場的一幅舞蹈岩畫（圖1），畫面的上下幅從左到右，均有單體人物形象組成，通過我們的觀賞位置和視覺的不斷變換，使得畫面給我們呈現了舞蹈的連續動作，雖說不是一個人，但是先民們的動作將人物形象連接起來。再次，岩畫觀賞的公眾性。岩畫的外在視覺呈現是讓眾人遵守薩滿的教義或教規，或者來展示本氏族的一種風土人情。當然，也有的岩畫確實刻繪在深深地岩洞裏或者比較隱秘的地方，但是大多數的岩畫都是基於公眾的視角來刻繪的。例如廣西花山岩畫、雲南滄源岩畫以及連雲港將軍崖岩畫等等。

圖1：四川羅場岩畫

來源：李祥石：《世界岩畫欣賞》，銀川：寧夏人民出版社2017年版。

　　岩畫的產生、岩畫的田野考察以及岩畫審美研究三者並不是同步進行的，這需要我們研究者基於不同的理論構想和研究方法對岩畫圖像進行認識和

接受，從這些圖像中提煉和歸納出不同母題的審美特徵。這些史前藝術的審美理論構想很多具有某種假設性或者基於社會學、宗教學、民族學或者民俗學觀念而生成的，當然，在一定程度上講，這些理論為我們後代人研究原始先民的岩畫審美提供了某種指導或者研究方法。

　　大約在公元前 35000 年至 25000 年左右，〔註39〕人類就有意識的製造圖像和建構人類生活的畫面。對史前岩畫的研究最早起源於法國，後來，這種研究延伸到其他的國度。在研究過程中出現了不同的理論和研究構想，歷史上有以下幾種史前藝術研究的理論：如愛德華·泰勒（Edward Tylor）的「萬物有靈觀」、奧克拉德尼科夫（A. P. Okladnikov）「薩滿理論」、亞歷山大·馬沙克（A. Marshack）的「季節符號論」、愛德華·拉爾代（Edouard Lardet）的「為藝術而藝術」、所羅門·雷納克（Salomon Reinach）的「開心的魔術」、亨利·貝古安伯爵（Henri Begouen）的「狩獵的魔術」、路易·加比唐（Louis Capitan）的「洞穴教堂說」、喬治-亨利·呂凱（Georges-henri Luquet）的「從偶然到有意」、安耐特·拉明-昂珀萊爾（Annette Laming-Emperaire）的「神話理論」、「性象徵理論」、安德里亞斯·隆美爾和讓·克洛特（Jean Clottes）、大衛·路易斯-威廉姆斯（David Lewis-Williams）的「薩滿教理論」以及馬麗加·金芭塔絲（Marija Gimbutas）的「女神母親理論」，這些理論為研究史前藝術的最初動機和探尋自身的溯源提供了一些理論支持。

　　在當時，人類面對自然現象處於一種無知的狀態，深受「萬物有靈」思維的影響，認為這種自然現象是一種有生命的客體，彼此都存在著種種的神秘關係，並將其祭拜為具有象徵生命力的「神」。這種原始思維逐漸滲透到岩畫的創作之中，每一個圖像或多或少的添加了宗教巫術的因素，並使用神話思維去探求生命之本和宇宙之本。如寧夏賀蘭山岩畫、內蒙古陰山岩畫〔註40〕、連雲港將軍崖的農業和星空岩畫、廣西花山祭神岩畫以及新疆呼圖壁康家石門子的生殖岩畫等等。因此，早期的岩畫圖像是被宗教意圖所包圍著的對自然物象的感悟形式，包含著一種混沌不分的宗教審美情趣。

〔註39〕何丹：《圖畫文字說與人類文字的起源——關於人類文字起源模式重構的研究》，北京：中國社會科學出版社 2003 年版，第 117 頁。

〔註40〕內蒙古陰山和寧夏賀蘭山均以神格人面像聞名於世，給我們呈現出造型簡約、惟妙惟肖、雄渾剛勁、神秘威嚴的風格特徵。這些神格人面像好似是神靈的面像，每一個圖像均呈現出人類喜怒哀樂的面部表情，雖然刻繪的比較抽象。

　　史前岩畫圖像已經呈現了鮮明的意象性。史前岩畫通過先民對線條、二維空間現象的感知，並利用不同的塑造手法「活取」現實之像和臆想出來的圖像巧妙地刻繪在岩石上，他們所繪製的每一幅圖像都是高度融入了主體對客體的體悟，將這種體悟上升到一種具有「意指」的符號系統，使得這種符號化、物態化的藝術作品借助主觀的聯想和想像傳達出物象的內在神韻。他們所使用的點、線以及面並架構起的岩畫圖像，無疑彰顯著原始岩畫獨特的意象魅力，用物態感性的「象」來形成一種「有意味」的視覺幻化效果。他們將現實物象幻化為一種具有主觀審美虛構的「形象」，使得觀者能夠通過聯想或者想像與作者形成一種意象的時空共鳴，以象表情達意。這些具有自成一格的意象系統，為日後的中國國畫的形象塑造、構圖以及其他形式的藝術創作提供了借鑒，同時也為我們現代人繼承和弘揚傳統文化提供了不竭的源泉。

　　岩畫的審美研究是通過對具體的、感性的、鮮活的視覺畫面對其藝術特徵進行詮釋和概括。它是主體心理對感性物象作有意味的穎悟，這種體悟對象遍布在原始社會的任何一個現實角落裏，「他們將最大的注意力放在他們最關注的對象與關係最密切的各種動物以及各種和他們生活緊密相聯的事物與活動上，」〔註41〕將這些場景通過嫻熟的筆法與個人的情感相結合將其呈現出來。這裡面有祭拜，有動物，有舞蹈，有狩獵，有械鬥，還有交媾等等。這些具體的、感性的現實物象的出現也導致了岩畫題材不具有單一性。如賀蘭山的牛羊群、青海舍布齊的射牛圖、雲南滄源的「太陽祭」舞蹈以及阿拉善的游牧場景等。如巴丹吉林有一幅反映部落械鬥的岩畫（圖2），畫面的左側有三個士兵騎在馬上，並手持長矛或棍狀武器直指對方。與之相對的右側有四位雙腿叉開呈站姿的士兵並手持棍棒類武器，這個畫面顯然是將原始時代的部族或氏族之間的現實械鬥場景用簡約的岩畫圖像呈現出來。在此基礎上，主體對物象進行高度概括，情景合一、物我交融。作者從日常生活現象中通過主體內心自覺的概括並創構意象，這些由主體積極概括出來的意象畫面均是物我交融、體物得神的結果。岩畫需要視覺圖像作為一種人與物或物與物之間的溝通媒介，或者說，這種感性的視覺圖像所呈現的意象感知常常出現在一些巫術和神格化的祭祀場景中，將具有崇高感或壯美性的悲壯情志灑向無邊無際的人類生活的空間裏。岩畫的藝術審美要在原始思維的情感狀態下

〔註41〕寧克平：《中國岩畫藝術圖式》，包青林繪圖，長沙：湖南美術出版社1990年版，第20頁。

對感性、鮮活的物象進行動態的觀察和體悟，以情理交融為基礎，充分調動岩畫藝術家的審美情感性和豐富的想像力，經由直覺在藝術家表現原始活動的那一瞬間與主體相契合，創構出具有情景交融、主客統一的動態意象。

圖2：巴丹吉林岩畫

來源：范榮南、范永龍：《大漠遺珍：巴丹吉林岩畫精粹》，
北京：文物出版社 2014 年版。

史前岩畫的表達方式使用一些抽象的符號來彰顯象徵意象。黑格爾認為：「『象徵』無論就它的概念來說，還是就它在歷史上出現的次第來說，都是藝術的開始。因此，它只應看做藝術前的藝術，主要起源於東方。」〔註 42〕史前先民所刻繪的岩畫圖像均為抽象性的。它超出了現實物象的羈絆，加入人類的想像和聯想，表現作者的審美情趣，每一個物象都是將現實物象加以抽象。正如埃馬努埃爾·阿納蒂說的那樣：「岩畫揭示了人類的抽象、綜合和理想化的思維能力。」〔註 43〕原始先民想借用這種被抽象的符號來傳達某種象徵性的功能，用這個圖像來指代某種「意」，從由點、線、面等美術元素構成的岩畫圖像發展成為具有言、象、意相互融通的岩畫藝術意象。如古代岩畫中

〔註 42〕〔美〕黑格爾：《美學》，朱光潛譯，北京：商務印書館 1979 年版，第 9 頁。
〔註 43〕〔意〕埃馬努埃爾·阿納蒂：《世界岩畫：原始語言》，銀川：寧夏人民出版
社 2017 年版，第 3 頁。

不斷地出現弓箭的造型（圖3），弓在這裡象徵著女陰，而箭則象徵著男根。
手持弓箭射向對方，弓留在男性手裏，箭不在畫面之中，那就意味著男女兩
性交媾，繁衍子孫後代。還有的畫面中出現對男根進行誇張表現，將其誇張
成很長或者很粗，這也是象徵著先民對於繁衍後代的心理願望。換句話說，
岩畫中的弓、箭以及男根並不直接表示這個物體的本身或不是它們的真正含
義，這類符號已經失去了原有的本源意義，可是先民會運用抽象的思維在符
號與「它們留下的蹤跡之間建立一種間接聯繫」〔註44〕，使得這種抽象的符
號間接地指向另外一種象徵性內涵。

圖3：寧夏賀蘭山岩畫（拓本）

來源：韓叢耀主編：陳兆復、邢璉著：《中華圖像文化史》（原始卷）
〔M〕，北京：中國攝影出版社2016年版。

　　岩畫所在的地方時常被先民賦予「神聖場域」〔註45〕的特性。在原始社
會中，原始宗教文化充斥著整個社會，將某個物象視為神靈的再現是常有的

〔註44〕〔加〕吉納維芙・馮・佩金格爾：《符號偵探：解密人類最古老的象徵符號》，
　　　　朱寧雁譯，北京：北京聯合出版公司2019年版，第201頁。
〔註45〕〔美〕唐娜・L・吉萊特、麥維斯・格里爾、米歇爾・H・海沃德、〔墨〕威
　　　　廉・布林・默里：《岩畫與神聖景觀》，王永軍等譯，銀川：寧夏人民出版社
　　　　2017年版，第4頁。

事情，畢竟神靈無處不在。每一個圖像自身都擁有著某種神性，他們將這些具有神靈的物象用刻或繪的方法布置在不被別人能夠觸手可及的地方或被布置在洞窟中的頂端或者更高處的地方。這些地方選擇是有意而為之的，「它要透過真情實景的『實對』加入作者的感情及希望達到的表現效果——意境（立意）即『悟對』。這樣就要求藝術家提煉、歸納，用典型的環境來反映最典型的思想感情。……特別注意生動有節奏的佈勢，虛與實的對比統一，局部和整體的統一，疏與密的對比，形象的對比，空間大小對比，全體與細部、內部與外在的關係都要統一協調，利於突出最初的立意。」〔註46〕如在美國俄勒岡的哥倫比亞河畔、阿拉斯加等地，岩畫大多存在於靠近海邊忽高忽低的岩石之上以及河流或湖泊的岸邊之上。〔註47〕連雲港將軍崖的岩畫（圖4），整個岩畫圖像鑿刻在一個巨大的岩石之上，這塊岩石整體的是呈現斜度的，剖面呈現三角形，像屋頂。整塊岩石面朝大海和太陽，且這塊岩石處在比較高的位置，站在上面有一種一覽眾山小的感受。也就是說，岩畫圖像處於這塊岩石的上部和下坡處，祭祀的受眾就叩拜在岩石之前，做一些儀式儀軌活動，岩石上的每一個人物的動作姿態和場所環境發生著一種內在的交流互通機制。「在扎拉馬洞穴，有岩畫分布的洞壁突出部的岩畫，均被石灰流積層，即所謂荒漠岩漆覆蓋。在這種駝黃色的背景下，畫面會清晰地顯現出來，而在自然的灰色岩面上就要差得多。」〔註48〕廣西左江岩畫在懸崖絕壁上進行繪製，崖面和江面保持著垂直，畫面面朝左江，整個畫面內蘊著一種祭祀河神的話語體系。美國夏威夷還有先民將一些象徵著生殖崇拜的足跡或獸蹄印刻繪在一塊朝南的巨大岩石之上，岩石的前面有一塊平坦開闊之地，他們每當陽春三月，一些祈求生育的青年男女就對著這塊岩石上的足跡頂禮膜拜，他們在岩石旁歡快地跳舞和交媾，陽光、符號、岩石、平坦的地面以及周圍的環境都為史前先民「提供了交感的對象和形象的暗示」〔註49〕。這樣說來，岩畫的這種社會——地理環境內蘊著原始神性的生活因子，為岩畫整體營造具有宗教巫術的氛圍奠定了外部場域基礎。

〔註46〕馮曉林：《論畫精神——傳統繪畫批評的基本範疇研究》，北京：中央編譯出版社 2016 年，第 261 頁。

〔註47〕Beth Hill. *Guide to Indian Rock Carvings of the Pacific Northwest Coast.* Hancock House PuBlishers, 1975, pp.9~10.

〔註48〕〔蘇〕A・A・福爾莫佐夫：《蘇聯境內的原始藝術遺存》，路遠譯，西安：陝西師範大學出版社 1992 年版，第 49 頁。

〔註49〕韓叢耀主編：陳兆復、邢璉著：《中華圖像文化史》（原始卷），北京：中國攝影出版社 2016 年版，第 128 頁。

圖4：連雲港將軍崖岩畫

來源：自己拍攝

　　中國史前岩畫體現著先民個人創造精神。史前岩畫的藝術呈現是依靠個體對物象進行刻繪和記載，這些所謂的個體有的是巫覡，有的是當地的氏族成員，每一個個體都受到宗教巫術、審美價值、生活習俗、經濟生產等各方面的深切影響。他們個體對每一個物象的體悟以及刻繪在岩石上的形象都體現了自己的創造精神。史前藝術家運用自身的心和腦對物象進行快速記錄並將物象內化於個性化的創造活動之中，以宗教化的心理和思維對現實物象進行真實的書寫，由心對物象進行高度的提取，去掉物象中被個體認為是沒有價值的東西，對象進行簡化、捨棄細節、抓住主體特徵，保留下來的那些主要結構均是物與我、意與象的高度融合，並通過這種「圖像」去塑造一個經過個人創造與藝術昇華的意象。這些經過岩畫創作者對物象進行高度抽象之後的岩畫圖像已經和原有的物象不一致了，其中已經融入了先民個人的思想觀念和創構手法。如在雲南滄源岩畫中有一幅是關於對牛的崇拜或者說部落中的徽章是牛的圖案。畫面上就畫了兩個形象：人物和牛。乍一看，就是關於人和牛的故事，一般的對於圖騰崇拜的圖像都會將牛放在頭頂上，因為人類對於動物的情感已經超過了本身的客觀限制，他們「常以實際存在的動物為依據，憑著幻想，將各種動物最敏銳部分搭配起來，創造出現實世界上不曾存在過的幻想動物。」〔註50〕我們可以這樣認為，這些個體均是現實場景的

〔註50〕蓋山林：《中國岩畫學》，北京：書目文獻出版社1995年版，第131頁。

「參與者」和岩畫創構的「執行者」，他們每一個人的繪製形式、繪製方法以及形象排列順序都帶有明顯的個人創造精神，也均彰顯著個體的審美情趣和宗教精神。先民在刻繪每一幅圖像的時候，作畫者自身的思維、創作狀態等因素都會影響到個人創造精神和個人刻繪風格的形成。我們仔細端詳可以發現，廣西花山崖畫雖說具有程式化、千篇一律的風格特徵，但依然可見刻繪者的個性特徵，一些畫面的細節上還是有一些局部的差異性。以腿腳為例，有的蛙形人像站姿為直角站立，有的站姿呈現梯形；有的腳部穿著鞋，有的則沒有。又如在連雲港將軍崖的岩畫，畫面中大部分岩畫都是採用鑿刻線條的方式對老人和晚輩進行富有表情的鑿刻，但是也展現了個人的創造精神和個人風格，畫面中的嘴巴附近都有朝外的三條直線，但是有的形象嘴巴邊上的鬍鬚呈現彎曲狀，不作直線狀；有的人物形象的頭部畫的較圓，有的畫的則呈方形，更有的畫像頭上好似戴著一盞帽子；有的眼睛是採用雙圈紋飾，但是有的眼睛則扁圓形，在眼角的末端刻有兩條曲曲折折的皺紋線。通過以上案例的分析和闡釋，不管廣西花山岩畫還是連雲港將軍崖岩畫，兩地岩畫都具有程式化的藝術風格特徵，都採用線條對物象進行刻與繪。但我們還發現，在具有程式化藝術風格的同時，兩地岩畫高度凝聚了原始先民聰明的智慧。它生動地展現了當地人富於生命精神的原始風貌。這類具有個人創造精神的視覺圖像生動地反映了人與神、天與地、宇宙和我、自然與人間等方面呈現相互溝通的和諧關係，從中也蘊含了具有豐富個體精神的史前岩畫話語。

通過對岩畫背景的分析，我們知道，岩畫是一種沒有國界的「原始視覺語言」，它創造性的融入了個人、社會與宗教的思維，先民用岩畫意象與上天〔註51〕溝通，大多數岩畫形象都被宗教巫術的狂熱的表象結構包裹著，從而豐富和深化了創作者的想像力和創造力，它給我們呈現了一種隱喻化的藝術線條、造型、構圖以及岩畫審美，並且向我們呈現了諸如動與靜、虛與實、以線寫形、簡約、略形取神等多方面的審美形式。這些體現在岩石之上的那種天人合一的自然處世的態度、那種觀物取象的藝術創作視角、那種原始生命的審美意識、那種展現在岩畫畫面之中的原始宗教巫術思維，乃至具有獨特的

〔註51〕「敬奉四時運轉、雲行雨施以及可以降生人類各種自然災難的『上天』信仰體系」。李山：《西周禮樂文明的精神建構》，石家莊：河北教育出版社 2014 年版，第 1 頁。

平面意識、抽象思維、程式化以及形式美法則等等，這都是原始先民從現實物象之中通過主體積極與物象進行物我交融而架構起來的，均是對現實物象的審美概括和總結。他們用這種岩刻的方式將原始社會的風土人情、宗教態度以及審美趣味一一顯現出來，特別是原始岩畫創作者將萬事萬物的內在生命精神通過現有的岩畫圖像表現出來，以象表意、以意寓象、以象顯意，既超脫於形似之外，又內蘊於神韻之內。因此，我們不僅可以從中國史前岩畫藝術研究史前社會的經濟狀態、宗教文化、民俗風情、精神風貌，而且可以研究其中所體現的審美特徵。更重要的是，史前藝術的審美特徵還是我們當代藝術美學的「源頭活水」。

第二節　研究現狀

　　中華民族具有悠久的文明和歷史，這其中就包蘊了古人所創造的史前岩畫，從中體現了獨具特色的史前藝術生命精神，值得我們後人去借鑒、傳承與發展。中國史前岩畫的藝術審美是由史前先民在長期的勞作與生產實踐的審美過程中得到啟發並形成的，它是中華文明審美文化的具體物態化表現。研究中國史前岩畫藝術的審美特徵就是研究我們人類審美意識歷史的早期篇章，這對於我們研究人類早期的審美意識，繼承中華民族優秀的傳統與歷史，有著重要的歷史和現實價值。因此，我們對中國史前岩畫的藝術審美特徵要從理論和實踐的角度進行研究和概括。

　　對於中國史前岩畫點的分布，岩畫學界有著不同的觀點。目前中國史前岩畫的數量巨大，其分布已經遍布了大半個中國。從北魏地理學家酈道元所著的《水經注》中來看，他所記載的二十多處的岩畫遺跡就涉及了湖北、陝西、寧夏、安徽、內蒙古、河南、甘肅、廣西等省區。李祥石在《解讀岩畫》一書中說：「如今世界上有 160 多個國家發現有岩畫，共有 7 萬個岩畫點，總數約 4550 萬幅。我國也有 150 多個縣（旗）發現了岩畫，約有 100 萬幅。」〔註52〕陳兆復根據岩畫的地理位置、作品內容以及風格特徵的差異，將中國岩畫分為西南、北方、東南三個系統，將其界定為六個地區，分別是：（1）東北、內蒙地區：牡丹江崖畫、大興安嶺崖畫、白岔河岩刻、烏蘭察布岩刻、蘇尼特岩刻、陰山岩刻、阿拉善岩刻以及海渤灣岩刻。（2）寧夏、甘肅、青海地區：

〔註52〕李祥石：《解讀岩畫》，銀川：寧夏人民出版社 2012 年版，第 27 頁。

石嘴山岩刻、賀蘭山岩刻、青銅峽岩刻、黑山岩刻、祁連山岩刻以及青海岩刻。（3）新疆地區：北疆岩刻、阿爾泰岩畫、呼圖壁岩刻、哈密岩刻、托克遜岩刻、米泉岩刻、庫魯克塔格岩刻、崑崙山岩刻、和田岩刻以及克孜爾石窟刻畫。（4）西藏地區：魯日郎卡岩刻、任姆棟岩刻、恰克桑岩畫。（5）西南地區：珙縣崖畫、關嶺花江崖畫、開陽畫馬崖岩畫、滄源崖畫、耿馬崖畫、元江它克崖畫、麻栗坡崖畫以及左江壁畫。（6）東南地區：華安岩刻、連雲港岩刻、香港岩刻、澳門岩刻、珠海岩刻以及臺灣萬山岩雕群。〔註53〕蓋山林在《中國岩畫學》一書中強調東北農林區、北方草原區、西南山地區和東南海濱區四大區域，〔註54〕與陳兆復的區域劃分基本上是一致的。寧克平對於岩畫分布勾勒了一個大致的分界線，南以香港、南海島一直到雲南滄源地區，東以臺灣和連雲港區域，北至呼倫貝爾草原，西達新疆和西藏地區，在這個範圍內的70個縣（旗）區域。〔註55〕總之，中國岩畫的分布大致集中在三個區域：一個是以風景秀麗、潤澤優美的雲南、廣西、貴州地區；一個是富有粗獷、雄渾藝術風格的北方內蒙古陰山、阿爾泰山以及寧夏的賀蘭山；另外一個就是瀕臨海岸，包孕著古代岩畫抽象圖案風格的江蘇、廣東、臺灣、福建、澳門以及香港地區。南北岩畫點相互呼應，形成了一種具有史前人類文化進化〔註56〕與傳播原始民風民俗〔註57〕的地理格局。

　　長期以來，世界各國的學者們對岩畫的內涵進行探究與闡釋，眾多的學者們也都借用或沿襲了歷史學、文獻學、社會學、藝術學、考古學、民俗學等學科的方法和相關理論研究成果。在中國，從北方的內蒙古、賀蘭山、陰山再到南方的岩畫區域都遍布了學者們對於中國史前岩畫意象內涵的深切認知和探索足跡，儘管有一些學者並非以中國史前岩畫藝術的審美特徵為核心進行研究與探索，但是在一定的範圍內，這些零星的、片段的研究成果都將為史前岩畫的審美特徵研究提供大量的直接或間接性的線索和啟發。

　　中西學者對中國史前岩畫的研究情況。中國古代對於岩畫記錄可以追溯

〔註53〕陳兆復：《中國岩畫發現史》，上海：上海人民出版社1991年版，第79～220頁。

〔註54〕蓋山林：《中國岩畫學》，北京：書目文獻出版社1995年版，第1頁。

〔註55〕寧克平：《中國岩畫藝術圖式》，包青林繪圖，長沙：湖南美術出版社1990年版，第4頁。

〔註56〕寧克平：《中國岩畫藝術圖式》，包青林繪圖，長沙：湖南美術出版社1990年版，第6頁。

〔註57〕陳高華、徐吉軍主編，宋兆麟著：《中國風俗通史》（原始社會卷），上海：上海文藝出版社2001年版，第115頁。

至《詩經》〔註58〕、《韓非子》〔註59〕以及《史記》〔註60〕等古代歷史典籍，其中這幾部著作對腳印或足跡進行了局部的記錄。而大量地記載岩畫形象則出現在公元五世紀的北魏酈道元（A.D.466～527）的著作《水經注》中。書中記錄了動物形象、神像和人面像、符號岩畫、佛教岩畫、腳印岩畫、車轍與牛跡岩畫、刀、劍等武器岩畫以及動物的蹄足印岩畫。〔註61〕除了《水經注》對岩畫不同母題形象的記載之外，還有唐朝張讀的《宣室志》〔註62〕、宋人李石的《續博物志》〔註63〕、宋人王象之的《輿地紀勝》〔註64〕、清代紀昀的《閱微草堂筆記》〔註65〕以及一些地方志〔註66〕等書籍對岩畫進行有關

〔註58〕　《詩經·生民》曰：「厥初生民，時維姜嫄，生民如何，克禋克祀，以弗無子。履帝武敏歆，攸介攸止，載震載夙，載生載育，時維后稷。」（清）阮元校刻：《十三經注疏》（毛詩正義卷十七之一），北京：中華書局1980年版，第528頁。

〔註59〕　《韓非子·第十一卷外儲說左上第三十二》中有這樣的記載：「趙主父令工施鉤梯而緣播吾，刻疏人跡其上，廣三尺，長五尺，而勒之曰：『主父常遊於此』。」趙主父命令工匠在播吾山的岩石上面刻上人的腳印，寬三尺，長五尺，並刻繪上字：主父到此一遊。（張覺等：《韓非子譯注》（第十一卷外儲說左上第三十二），上海：上海古籍出版社2012年版，第318頁。）以上三本著作相關的著述均是描寫腳印或者足跡，均帶有某種神話巫術的性質，他們想通過「接觸巫術」來達到懷孕生子的母子，祈求子孫多多。當然，這裡面充斥著對原始宗教思維的極度崇拜和信仰。

〔註60〕　《史記·周本紀》述：「其母有邰氏女，曰姜原，姜原為帝嚳元妃。姜原出野，見巨人跡，心忻然說，欲踐之，踐之而身動如孕者，居期而生子。」（漢）司馬遷，（宋）裴駰集解，（唐）司馬貞索隱、（唐）張守節正義：《史記》（卷四周本紀第四），北京：中華書局1959年版，第111頁。

〔註61〕　蓋山林：《中國岩畫學》，北京：書目文獻出版社1995年版，第27～29頁。

〔註62〕　「泉州之南有山焉，其山峻起壁立，下有潭，水深不可測，……而石壁之上，有鑿成文字一十九言。字勢甚古，郡中士庶，無能知者。」（唐）張讀撰，蕭逸校點；（唐）裴鉶撰，田松青校點：《宣室志 裴鉶傳奇》，上海：上海古籍出版社2012年版，第39頁。

〔註63〕　「二廣深谿石壁上有鬼影，如澹墨畫……」（宋）李石：《續博物志》，北京：中華書局1985年版，第108頁。

〔註64〕　「仙岩。在武宣縣南四十里。可容數百人，石壁上有仙人影。」（宋）王象之著，李勇先校點：《輿地紀勝》，成都：四川大學出版社2005年版，第3539頁。「月氅星冠七大夫，遠看還有近看無，瑤池侍女成雙對，遺下群仙聚飲圖。」（宋）王象之著，李勇先校點：《輿地紀勝》，成都：四川大學出版社2005年版，第3740～3741頁。

〔註65〕　「喀什噶爾山洞中洞中，石壁剷平處有人馬像。」（清）紀昀著，韓希明譯注：《閱微草堂筆記》（卷十三·槐西雜志三），北京：中華書局，2014年版，第1013頁。

〔註66〕　如清末的《寧明州志》述：「花山距城五十里，峭壁中有生成赤色人形，皆裸體，

的歷史記錄。近代岩畫的發現始於 1915 年 8 月嶺南大學黃仲琴對福建華安仙字潭岩畫區域進行調查，[註67] 他將所考察的成果撰寫成一篇《汰溪古文》[註68] 論文，並發表於《嶺南學報》1935 年 1 月的第四卷二期上。儘管他在這篇文章中將岩畫作為文字的形式進行種種研究，但是，他開創了近代中國學者對於岩畫考察的先河。1954 年，廣西少數民族社會歷史調查組對廣西左江崖畫進行考察。1965 年，汪寧生等人發現了雲南滄源岩畫，出版了《雲南滄源崖畫的發現與研究》[註69] 一書。一直到 80 年代，中國岩畫調查形成了一個非常熱門的課題。與此同時，蓋山林開始建構中國自己的岩畫學科。從此以後，一些學者就開始大量地研究岩畫，大多數都是基於考古學、社會學以及藝術人類學層面上，如蓋山林[註70]，陳兆復[註71]，賀吉德[註72]，龔田夫、張亞莎[註73]，湯惠生[註74]，覃聖敏[註75]，汪寧生[註76]，李祥石[註77]，王克榮[註78]，王系松[註79]，周興華[註80]，蘇北海[註81] 以及寧可平[註82] 等一批學者對寧夏、青海、內蒙古、新疆、西藏、貴州、

或大或小，或執干戈，或騎馬。未亂之先，色明亮；亂過之後，色稍黯淡。又按沿江一路兩岸，石壁如此類者多有。」（黃成助：《寧明州志》（卷上·上嶺），臺北：成文出版社有限公司，1970 年版，第 21 頁。）還有《福建通志》以及《武夷山志》等地方志或多或少的記錄了崖壁畫的情況。

[註67] 蓋山林：《岩石上的歷史圖卷——中國岩畫》，北京：商務印書館 1997 年版，第 2 頁。

[註68] 黃仲琴：《汰溪古文》，《嶺南學報》1935 年第 02 期。

[註69] 汪寧生：《雲南滄源崖畫的發現與研究》，北京：文物出版社 1985 年版。

[註70] 蓋山林：《中國岩畫學》，北京：書目文獻出版社 1995 年版。

[註71] 陳兆復：《中國岩畫發現史》，上海：上海人民出版社 1991 年版。

[註72] 賀吉德：《賀蘭山岩畫研究》，丁玉芳整理，銀川：寧夏人民出版社 2012 年版。

[註73] 龔田夫、張亞莎：《原始藝術》，北京：中央民族大學出版社 2006 年版。

[註74] Tanghuisheng and Gao zhiwei. *Dating analysis of rock art in Qinghai-Tibetan Plateau.* Rock ART Research. November 2004, Vol.21 Issue 2, pp.161.

[註75] 覃聖敏：《駱越畫魂：花山崖壁畫之謎》，南寧：廣西人民出版社 2009 年版。

[註76] 汪寧生：《雲南滄源崖畫的發現與研究》，北京：文物出版社 1985 年版。

[註77] 李祥石：《解讀岩畫》，銀川：寧夏人民出版社 2012 年版。

[註78] 王克榮、邱鍾侖、陳遠璋：《烏蘭察布岩畫》，北京：文物出版社 1988 年版。

[註79] 王系松、許成、李文傑、衛忠：《賀蘭山岩畫》，銀川：寧夏人民出版社 1990 年版。

[註80] 周興華：《中衛岩畫》，銀川：寧夏人民出版社 1991 年版。

[註81] 蘇北海：《新疆岩畫》，烏魯木齊：新疆美術攝影出版社 2001 年版。

[註82] 寧克平：《中國岩畫藝術圖式》，包青林繪圖，長沙：湖南美術出版社 1990 年版。

江蘇以及雲南等地的岩畫點進行研究，並陸續發表研究論文，出版專著。與此同時，一些國外學者也開始研究中國岩畫，如斯文·赫定（Sven Hedin）〔註83〕、貝格曼、〔註84〕弗蘭柯（A. H. Francke）〔註85〕以及史密斯（Nicol Smith）〔註86〕等國外學者，對中國西部地區岩畫點進行岩畫考察，發表岩畫論文，出版研究著作。縱觀中國岩畫的研究現狀，成果頗為豐富，有的成果成為後輩從不同視角研究岩畫的重要參考文獻。但是，岩畫作為一種非文字化的視覺圖像，它具有更深層的交流、傳播以及意象功能，我們要從這些岩畫圖像中運用多學科的綜合知識去探尋圖像的審美特徵。

目前，中國史前岩畫審美特徵的研究比較龐雜〔註87〕，且研究成果呈現多元化和多視角的特點。特將以往學者們的研究成果簡單的分類和評述，以便提高對岩畫研究現狀的整體認識。它們大體可分為以下幾類：

第一類，一些學者親自到實地去勘察測量和考察，對現存的區域岩畫進行拍照、編號以及製作岩畫圖錄（彩色或黑白）。這一類旨在對圖片進行編錄，且以圖片（彩色或黑白）為主，並運用較簡短的文字進行岩畫點或圖像的介紹，涉及到岩畫藝術審美特徵的文字很少。如由《中國美術分類全集》編委會編纂的五本《中國岩畫全集》〔註88〕，裏面主要以彩色圖片的形式

〔註83〕1927 年中國學術團體和瑞典探險家斯文·赫定對我國西北地區的岩畫進行探究。

〔註84〕20 世紀 20～30 年代，瑞典考古學家貝格曼對新疆南部的庫魯克塔格山進行考察，庫魯克岩畫調查後來發表在他的著作《新疆考古研究》一書中。蘇北海：《新疆岩畫》，烏魯木齊：新疆美術攝影出版社 1994 年版，第 3 頁。

〔註85〕Francke. A. H. *Some more rock-carvings from Lower Ladakh*. The Indian Antiquary, sept. 1903, pp.361~362; Francke. A. H. *note rock carvings from lower ladakh*. The Indian Antiquary, Oct.1902, pp.398~401.

〔註86〕Nicol Smith. *Golden doorway to Tibet*. Indianapolis, New York: The Bobbs-Merrill Company, INC.1949.

〔註87〕對於史前岩畫藝術的審美研究，很多學者立足點是不盡相同的，有的是直接闡述，有的是間接通過圖像的象徵表現的，大體上所圍繞著這幾個方面：巫術、原始思維；岩畫的點、線、面；岩畫的考古、區域岩畫的考察、史前岩畫的審美、圖騰、原始藝術、原始文化研究、岩畫學以及岩畫符號等。

〔註88〕《中國美術分類全集》編委會：《中國岩畫全集》，瀋陽：遼寧美術出版社 2006年版。書中有一個簡短的介紹某個岩畫點的情況，後面則大量的利用彩色技術圖片將岩畫點進行攝相，一般一頁排版 2 張圖片，圖片均比較清晰，本人論文的大多數圖片來自這部著作之中。在彩色圖片之後對前面的圖片進行簡短的介紹。這五本精裝的書籍分為：北部岩畫、西部岩畫（1）和（2），南部岩畫（1）和（2）。

介紹了不同地區岩畫點的岩畫圖像、岩畫風格以及岩畫創構模式，通過大量詳實的藝術圖片將史前岩畫的原貌呈現出來。又如文焱主編的《西域岩畫圖案全集》〔註89〕，也是以圖片的形式呈現岩畫圖像的，該書收集了新疆、江蘇、福建、西藏、內蒙古、寧夏、雲南岩畫點的部分圖片。以西部和南部的岩畫點為主，這些黑白圖片全部是從岩石上拓下來的，圖片較清晰。再如范榮男和范永龍合著的《大漠遺珍——巴丹吉林岩畫精粹》〔註90〕，該著作認真記錄和編目巴丹吉林境內的岩畫並以圖錄的形式向我們展示了史前社會豐富多彩的人文和社會面貌。另外還有李偉、張春雨主編的《賀蘭山岩畫》〔註91〕。這部著作是以賀蘭山岩畫為主體進行圖錄編目，特別是以賀蘭口、蘇峪口、歸德溝、黑石卯、石炭井雙疙瘩、大西峰溝、黃羊灣、盧溝湖、回回溝、滾鐘口、大水溝、小西峰、廣武口、驢尾溝、樹林溝、四眼井、石馬灣、白芨溝、韭菜溝、麥汝井、白溝、插旗溝等區域，一共刊載了 1413 幅岩畫圖樣，在岩畫表象結構的審美特徵方面給我們提供了一定的線索和史料。另外還有李祥石編著的《世界岩畫欣賞》〔註92〕，這部著作主要以黑白圖錄的形式將岩畫給受眾的審美感受呈現出來。列舉了亞洲、歐洲、非洲以及美洲岩畫的局部造型，他認為：「岩畫的造型語言是一種表象的形式化語言，具有表情達意的符號性質，同時具有象形圖形和象徵符號、指示符號的作用，通過圖像的分析就可以理解要表達的情感和意願。」〔註93〕除了以上圖錄著作之外，銀川市賀蘭山岩畫管理處編纂的《賀蘭山岩畫》〔註94〕、

〔註89〕文焱：《西域岩畫圖案全集》，烏魯木齊：新疆美術攝影出版社、新疆電子音像出版社 2014 年版。整本書以黑白繪製的方式對新疆地區的岩畫進行整理，並附有一定數量的非洲、約旦、印度、也門、夏威夷等國外的黑白岩畫，不管國內還是國外的岩畫造型表現形式大多都是以線表現居多，動植物母題居多，充分顯示了原始社會以狩獵為主的經濟生活情態。

〔註90〕范榮南、范永龍：《大漠遺珍：巴丹吉林岩畫精粹》，北京：文物出版社 2014 年版。

〔註91〕李偉、張春雨主編，西北第二民族學院編纂：《賀蘭山岩畫》，上海：上海古籍出版社 2007 年版。

〔註92〕李祥石：《世界岩畫欣賞》，銀川：寧夏人民出版社 2017 年版。

〔註93〕李祥石：《世界岩畫欣賞》，銀川：寧夏人民出版社 2017 年版，第 347 頁。

〔註94〕銀川市賀蘭山岩畫管理處《賀蘭山岩畫》，上海：上海古籍出版社 2011 年版。這一本著作用文字敘述的形式對賀蘭山地區的岩畫進行分類整理，比如賀蘭山岩畫的分布及特點、賀蘭山的人面像、動物岩畫、符號岩畫、岩畫的製作與斷代研究等，並配有彩色圖版詳細說明。

李淼、劉方的《世界岩畫資料集》〔註95〕、張曉東、生海鵬的《嘉峪關黑山岩畫圖錄》〔註96〕、鮑幸君摹繪製的《阿爾泰山岩畫》〔註97〕以及韓積罡的《肅北岩畫》〔註98〕都在一定程度上運用一些歷史圖樣來闡述史前岩畫藝術的視覺審美特徵。

　　第二類，以「岩畫學」的學科概念進行定位與研究。這類研究主要以學科定位進行論述，往往是就現象研究現象，或侷限於一個學科領域，對岩畫的審美特徵也有局部涉及。如蓋山林 1995 年出版的《中國岩畫學》，他在 1983 年自己提出的岩畫學概念〔註99〕的基礎上向前推進，在書中專門列出一章來闡釋中國史前岩畫的審美問題。他在書中認為：「岩畫是先民審美意識和情趣高度集中的反映，其中凝聚著他們對於美的認識，美的表現，美的追求和美的享受。」並向我們呈現了自然美、節奏美、功利美以及和諧融洽的審美特徵。〔註100〕在書中，蓋山林先生對岩畫的背景、岩畫題材和母題、岩畫圖像的分布、岩畫點的發現、岩畫的社會功能與審美追求等方面進行了卓有成效的探討。這在一定程度上為本文的史前岩畫的審美特徵研究提供了較為充分的研究資料，特別是在第八章中，他以「岩畫中的審美追求」〔註101〕為題對岩畫圖像的審美進行闡釋，他很注重基於藝術學視角對岩畫的藝術風格和藝術特色進行深入淺出的分析，如從美學特徵、審美功利性、形式美、寫實與抽象、裝飾藝術風格、圖像程式化風格、自然美等方面所作的研究。他希望從該視角能夠瞬間呈現岩畫圖像的意象特徵。蓋山林對不同岩畫點的圖片分析圖片後面所發生的「故事」，並通過這些「故事」在受眾面前呈現一定程度的內在視覺意象效果。如狩獵岩畫，他首先要講述這種題材為什麼能夠在北方

〔註95〕李淼、劉方：《世界岩畫資料圖集》，北京：中國工人出版社 1992 年版。

〔註96〕張曉東、生海鵬：《嘉峪關黑山岩畫圖錄》，蘭州：甘肅文化出版社 2016 年版。

〔註97〕鮑幸君摹繪：《阿爾泰山岩畫》，烏魯木齊：新疆人民出版社 2006 年版。書中主要以圖錄的形式對阿爾泰岩畫、汗德爾特鄉、富蘊縣巴勒塔斯洞穴、青河縣、布爾津縣沖乎爾岩畫、哈巴河縣、吉木乃縣木斯套山等地區的岩畫進行以黑白的形式繪製出來，沒有文字敘述。

〔註98〕韓積罡：《肅北岩畫》，蘭州：甘肅人民美術出版社 2015 年版。

〔註99〕對於學科概念是蓋山林最早在 1983 年第六期的《潛科學》上發表了一篇名為《岩畫學芻議論》中提出的。

〔註100〕蓋山林：《中國岩畫學》，北京：書目文獻出版社 1995 年版，第 208～212 頁。

〔註101〕蓋山林：《中國岩畫學》，北京：書目文獻出版社 1995 年版，第 195 頁。

這麼興盛，聯繫到自然環境和狩獵的種類等等，再提出狩獵者弓和箭的人文歷史，又聯繫到弓箭的使用者以及狩獵的具體形式等等。通過這些分析，受眾可以從中找尋到圖像所帶給我們內心深處的審美印象。張亞莎在 2014 年出版的《岩畫學論叢》〔註 102〕，該書從岩畫發現與調查、岩畫探索與研究、岩畫理論與方法等幾個方面進行深挖，整本書以「岩畫考古」作為主要研究領域。另外，國際岩畫委員會首任主席、意大利學者伊曼紐爾·阿納蒂出版的《阿納蒂論岩畫》一書〔註 103〕，從四個部分對岩畫自身的內涵進行不同視角的界定，如從岩畫調研概況、論歐洲、論中國以及對岩畫藝術的若干論點等方面對岩畫進行多學科的概括。

　　第三類，一些學者以「田野調查」作為首要研究方法，將區域性的岩畫作為研究重點，以田野考古為主，其他學科為輔，對岩畫點的岩畫圖像所處的位置、大小、形態、內容以及題材文化進行不同視角的闡述，出版其成果或在一些期刊上發表論文。目前，中國岩畫藝術的審美特徵研究，首先要對岩畫點進行實地考察，從原始遺跡中找到相關的證據。在大部分的岩畫研究中，每一部著作或每一篇論文或多或少都使用了這種方法。近代最先用這種方法對岩畫進行考古的是黃仲琴。1915 年 8 月 26 日，黃仲琴來到華安沙建鎮的仙字潭岩刻點，花了兩個多小時對岩石上面造型奇特的象形字〔註 104〕進行詳細的研究，最後其研究成果發表在 1935 年《嶺南大學學報》四卷二期上，題為《汰溪古文》。在專著方面最典型的就是陳兆復 1991 年出版的《中國岩畫發現史》〔註 105〕，作者緊扣岩畫點所發現的不同圖像，對岩畫進行圖像表層、製作技巧、形式特徵以及形態分析等多方面的闡釋，以此來獲取岩畫的審美特徵。同時，他將考古學、藝術學、民族學、宗教學、社會學等多種學科相互結合。他在書中詳細探討了關於中國史前岩畫的藝術特徵和風格，概括有以下幾點：寫實主義風格、裝飾主義風格以及象徵主義風格。並在形式構圖中將「形式」和「韻律」賦予圖像表面之上。他的另外一部著作

〔註 102〕張亞莎：《岩畫學論叢》，北京：中央民族大學出版社 2014 年版。
〔註 103〕〔意〕伊曼紐爾·阿納蒂著，陳兆復主編：《阿納蒂論岩畫》，北京：文物出版社 2019 年版。
〔註 104〕當初黃仲琴教授目標對象是字體，那個時候還不認為它是古代先民具有神話巫術功能的圖像。在我們今天看來，這個岩畫點是類似於廣西花山以及康家石門子岩畫點的岩畫類似，都具有對某種神性的祭拜活動。
〔註 105〕陳兆復：《中國岩畫發現史》，上海：上海人民出版社 1991 年版。

《古代岩畫》〔註106〕基於原始宗教的層面進行符號意象分析，從原始宗教、符號、鳥獸圖騰以及生殖崇拜等方面提出中國岩畫與海洋文化之間存在著密切的關係。著作中列舉了具有突出視覺特徵的貓頭鷹神人獸面紋圖像，他將貓頭鷹的形象與天文現象相聯繫，並提出了「物候與天象結合，貓頭鷹便成了昂星宿的生命意象，也是太陽和春天的象徵，……它受控於看似毫無聯繫但又能隱喻互換的原始思維。」〔註107〕李祥石2012年出版的《解讀岩畫》〔註108〕提出運用象徵意義的形象來代替抽象的含義。他認為這類象徵圖像大多是宗教性的審美意象，這類圖像經過多次幻化之後，從單一的具有社會功利目的圖像經過漫長的發展演變為被「社會悅納的集體意象」〔註109〕，正像是「那震撼人心的夢魘般幻化的形，是一種充滿原始神秘感的幻象」〔註110〕。他還將人面像與萬物有靈、拜物教、圖騰崇拜以及巫術崇拜相聯繫，指出了人面像岩畫是「巫術意識的物化，達到娛神、溝通、情感交流的目的」〔註111〕，並引用榮格的話說：人面像岩畫是「將面具的佩戴者轉化成為一種原型意象」〔註112〕。劉五一的《具茨山岩畫》〔註113〕詳細考察了具茨山周圍的自然環境、歷史環境、文學環境、考古學環境，並結合這些環境，將每一個岩畫點中的杯形岩畫分析出來。除了以上著作之外，還有宋耀良的《中國岩畫考察》〔註114〕、劉五一的《中原岩畫》〔註115〕、喬華與楊慧玲的《遠古的呼喚：寧夏岩畫研究進程》〔註116〕、王曉琨與張文靜的《陰山岩畫研究》〔註117〕、

〔註106〕陳兆復：《古代岩畫》，北京：文物出版社2002年版。
〔註107〕陳兆復：《古代岩畫》，北京：文物出版社2002年版，第181頁。
〔註108〕李祥石：《解讀岩畫》，銀川：寧夏人民出版社2012年版。
〔註109〕李祥石：《解讀岩畫》，銀川：寧夏人民出版社2012年版，第95頁。
〔註110〕鄧啟耀：《宗教美術意象》，昆明：雲南人民出版社1991年版，第215頁。
〔註111〕李祥石：《解讀岩畫》，銀川：寧夏人民出版社2012年版，第202頁。
〔註112〕〔瑞士〕C·G·榮格：《人及其表象》，張月譯，宋運田校，北京：中國國際廣播出版社1989年版，第265頁。
〔註113〕劉五一：《具茨山岩畫》，鄭州：中州古籍出版社2010年版。
〔註114〕宋耀良：《中國岩畫考察》，上海：上海人民出版社2015年版。
〔註115〕劉五一：《中原岩畫》，鄭州：中州古籍出版社2012年版。該著作也是從考古概念對岩畫所在的河南省進行考察，並對岩畫自身所具有的圖像意義進行解析。
〔註116〕喬華、楊慧玲：《遠古的呼喚：寧夏岩畫研究歷程》，銀川：寧夏人民出版社2009年版。
〔註117〕王曉琨、張文靜：《陰山岩畫研究》，北京：中國社會科學出版社2012年版。

梁振華的《桌子山岩畫》〔註 118〕、王良范與羅曉明的《中國岩畫‧貴州》〔註 119〕等等。

　　類似的著作還有：汪寧生 1985 年出版了《雲南滄源崖畫的發現與研究》〔註 120〕，從雲南滄源崖畫的一般概念開始談起，對滄源不同岩畫點進行逐個敘述，重點闡述了滄源崖畫的內容和題材、主要目的和社會作用以及基於人類學視角的崖畫考察。在書中，作者對七百五十至八百個〔註 121〕崖畫圖形符號一一進行了闡發。蓋山林在 1986 年出版了一本《陰山岩畫》〔註 122〕。書中用了大量的篇幅介紹了陰山地區岩畫點的有關情況，為我們對岩畫的審美特徵研究提供了基礎。作者還對陰山地區古代狩獵者的歷史、生活情況、原始宗教以及藝術特色等方面進行了逐個闡釋，圖文並茂。劉青硯和劉宏編著的《阿爾泰岩畫藝術》〔註 123〕也是通過分析不同的視覺圖像而歸納出岩畫藝術審美特徵。它基於岩畫圖像符號並進行圖式、風格、目的等多方面的分析，在圖像的基礎上建構了形式、圖式和生活意象。王曉琨的《錫林郭勒岩畫》〔註 124〕是作者近年來對錫林郭勒岩畫遺存進行的考古調查報告。在這本書中，作者及其團隊採用文字、線圖以及照片相互結合的形式，全面報導了此次岩畫調查的有關情況。柳輝 2018 年出版了靈武岩畫考古調查的專著《靈武岩畫》〔註 125〕，全書分為五章，作者從靈武岩畫概況、遺址環境、田野考察等方面對史前先民的狩獵、祭祀、征戰、生殖等生產和生活場景進行真實的記錄，為研究岩畫藝術的審美特徵提供了第一手圖像資料。斑瀾、馮軍勝的《北方岩畫與草原文化建構》〔註 126〕一書著重探討了草原文化與岩畫、草原文化與環境、北方岩畫與狩獵生存方式、北方岩畫與生殖崇拜、北方岩畫與圖騰崇拜、北方岩畫與草原文化心理、北方岩畫與草原文化之藝術精神等，

〔註 118〕梁振華：《桌子山岩畫》，北京：文物出版社 1998 年版。

〔註 119〕王良范、羅曉明：《中國岩畫‧貴州》，北京：中國國際廣播出版社 2010 年版。

〔註 120〕汪寧生：《雲南滄源崖畫的發現與研究》，北京：文物出版社 1985 年版。

〔註 121〕汪寧生：《雲南滄源崖畫的發現與研究》，北京：文物出版社 1985 年版，第 68 頁。

〔註 122〕蓋山林：《陰山岩畫》，北京：文物出版社 1986 年版。

〔註 123〕劉青硯、劉宏：《阿爾泰岩畫藝術》，濟南：山東美術出版社 1998 年版。

〔註 124〕王曉琨：《錫林郭勒岩畫》，北京：社會科學文獻出版社 2019 年版。

〔註 125〕柳輝：《靈武岩畫》，銀川：寧夏人民出版社 2018 年版。

〔註 126〕斑瀾、馮軍勝：《北方岩畫與草原文化建構》，呼和浩特：內蒙古教育出版社 2012 年版。

將岩畫放置在一個北方這個大的地域環境中去探討。張亞莎在 2006 年出版的
《西藏的岩畫》〔註 127〕，主要基於圖像分析視角，如對動物世界、宗教符號、
鳥圖像等方面進行圖像學的分析。在書中，她還細緻的分析了西藏地區各個
岩畫點的藝術風格，將這一區域的岩畫大致分為 A、B、C、D 四種類型風格：
「剪影式圖案風格」〔註 128〕、「鹿／獸逐圖風格」〔註 129〕、輪廓式風格〔註
130〕、「塗繪風格」〔註 131〕，這對於我們概括一個區域的岩畫總體審美特徵提
供了一定的資料和幫助。而 2012 年出版的由賀吉德撰寫、丁玉芳整理的《賀
蘭山岩畫研究》〔註 132〕，對一些岩畫符號進行審美視角的考察和闡述。作者
通過分析賀蘭山的文化資源、賀蘭山文化的溯源、賀蘭山岩畫現象以及賀蘭
山岩畫形象等幾個方面，而對岩畫審美的特徵也包含在其中。例如賀吉德在
論述「匈奴風格」〔註 133〕時，通過分析動物軀體上的繁縟漩渦紋飾、幾何形直
線紋飾以及方格紋飾，總結出賀蘭山「匈奴風格」動物岩畫的審美特徵：裝飾
與粗獷恣情。當然，還有很多這樣的以區域為主要內容的岩畫書籍，如蓋山林、
蓋志浩的《絲綢之路岩畫研究》〔註 134〕、1976 年秦維廉的《香港古石刻——

〔註 127〕張亞莎：《西藏的岩畫》，西寧：青海人民出版社 2006 年版。
〔註 128〕張亞莎：《西藏的岩畫》，西寧：青海人民出版社 2006 年版，第 170 頁。這
　　　　種風格主要以塊面表現為主，給我們一種古樸簡潔的意象美。
〔註 129〕張亞莎：《西藏的岩畫》，西寧：青海人民出版社 2006 年版，第 185 頁。這
　　　　種風格是以線條為主要形式對物象進行刻繪，刻繪出來的動物形象具有流
　　　　動、纖細、華麗的裝飾趣味。當然，這種風格在張亞莎的《西藏的岩畫》著
　　　　作中稱為「鹿風格」，可是在賀吉德的著述中將這種風格稱為：「匈奴風格」。
　　　　它們在呈現藝術意象方面有著異曲同工之妙，都是呈現給我們一種裝飾、線
　　　　條流暢並運用曲線或直線進行勾勒物象的風格特徵。
〔註 130〕張亞莎：《西藏的岩畫》，西寧：青海人民出版社 2006 年版，第 192 頁。根
　　　　據張亞莎的闡述，A 型風格是以塊面表現為主，而 C 型風格主要使用線條
　　　　對物象的外在輪廓進行刻繪，這與內蒙古陰山、賀蘭山、黑龍江、雲南滄源
　　　　等地的岩畫在藝術風格上具有類似之處，當然，通過這種風格的呈現，我們
　　　　也從中能找到這些地區的岩畫意象特徵。
〔註 131〕張亞莎：《西藏的岩畫》，西寧：青海人民出版社 2006 年版，第 206 頁。這
　　　　種類型的藝術風格與左江花山岩畫、琪縣岩畫的繪製相同，也都是使用紅色
　　　　顏色為主，圖像細節比較豐富。
〔註 132〕賀吉德：《賀蘭山岩畫研究》，丁玉芳整理，銀川：寧夏人民出版社 2012 年
　　　　版。
〔註 133〕賀吉德：《賀蘭山岩畫研究》，丁玉芳整理，銀川：寧夏人民出版社 2012 年
　　　　版，第 184 頁。
〔註 134〕蓋山林、蓋志浩：《絲綢之路岩畫研究》，烏魯木齊：新疆人民出版社 2009
　　　　年版。

起源及意義》〔註135〕、1988年趙養鋒的《中國阿爾泰山岩畫》〔註136〕、1989年王克榮等共同出版的《廣西左江岩畫》〔註137〕、1990年王系松等共同撰寫的《賀蘭山岩畫》〔註138〕、1991年高業榮的《萬山岩雕──臺灣首次發現摩崖藝術之研究》、1992年周興華的《中衛岩畫》〔註139〕、梁振華1998年編著的《桌子山岩畫》〔註140〕、2000年斑瀾、馮軍勝的《陰山岩畫文化藝術論》〔註141〕以及李昆聲、黃懿陸2016年出版的《中國盤古文化暨大王岩畫研究》〔註142〕等等，這些具有地域性的岩畫著作也都為中國史前岩畫的審美特徵研究提供了歷史與文化資料和圖像方面的參考文獻。它們將極具地方特色的區域文化習俗資源融入到中華傳統的藝術意象之中，這些資源與岩畫圖像一起向我們呈現出異彩斑斕的傳統藝術風貌。限於篇幅，這裡不再一一說明。

　　第四類，在中國古代歷史典籍中所記載的岩畫線索。中國古代對於岩畫記錄可以追溯至《詩經》〔註143〕、《韓非子》〔註144〕以及《史記》〔註145〕等

〔註135〕 秦維廉（W. Mcacham）：《香港古石刻──起源及意義》（Rock Carving in Hongkong-an illustrated and interpretive study），香港：香港基督教中國宗教文化研究社1976年版。

〔註136〕 趙養鋒：《中國阿爾泰山岩畫》，西安：陝西人民美術出版社1987年版。

〔註137〕 王克榮等：《廣西左江岩畫》，北京：文物出版社1988年版。

〔註138〕 王系松、許成、李文傑、衛忠等：《賀蘭山岩畫》，銀川：寧夏人民出版社1990年版。

〔註139〕 周興華：《中衛岩畫》，銀川：寧夏人民出版社1991年版。

〔註140〕 梁振華：《桌子山岩畫》，北京：文物出版社1998年版。

〔註141〕 斑瀾、馮軍勝：《陰山岩畫的文化藝術論》，呼和浩特：遠方出版社2000年版。

〔註142〕 李昆聲、黃懿陸：《中國盤古文化暨大王岩畫研究》，昆明：雲南人民出版社2016年版。

〔註143〕 《詩經·生民》曰：「厥初生民，時維姜嫄，生民如何，克禋克祀，以弗無子。履帝武敏歆，攸介攸止，載震載夙，載生載育，時維后稷。」（（清）阮元校刻：《十三經注疏》（毛詩正義卷十七一一），北京：中華書局1980年版，第528頁。）

〔註144〕 《史記·周本紀》述：「其母有邰氏女，曰姜原，姜原為帝嚳元妃。姜原出野，見巨人跡，心忻然說，欲踐之，踐之而身動如孕者，居期而生子。」（（漢）司馬遷，（宋）裴駰集解，（唐）司馬貞索隱、（唐）張守節正義：《史記》（卷四周本紀第四），北京：中華書局1959年版，第111頁。）

〔註145〕 《韓非子·第十一卷外儲說左上第三十二》中有這樣的記載：「趙主父令工施鉤梯而緣播吾，刻疏人跡其上，廣三尺，長五尺，而勒之曰：『主父常遊於此』。」趙主父令工匠在播吾山的岩石上面刻上人的腳印，寬三尺，長五尺，並刻繪上字：主父到此一遊。（張覺等：《韓非子譯注》（第十一卷外儲說左上第三十二），上海：上海古籍出版社2012年版，第318頁。）以上三本著作相關的著述均是描寫腳印或者足跡，均帶有某種神話巫術的性質，

著作，其中在這三部著作就對岩石上出現的腳印或足跡圖像進行了局部的記錄。公元前三世紀的《韓非子》就對史前岩畫中的腳印作了記載。《韓非子·卷十一》中曰：「趙主父令工施鉤梯而緣播吾，刻疏人跡其上，廣三尺，長五尺，而勒之曰：『主父常遊於此』。」〔註146〕在「播吾」〔註147〕這個地方有史前先人在岩石表面刻畫腳印的宗教風俗。其次，《太平御覽》一書中關於對史前腳印岩畫的記錄。《太平御覽·卷三百八十八·人事部二九·色影跡》中曰：「《述征記》曰『齊有龍盤山，上有大腳，姜嫄所履跡。』」〔註148〕「湘東陰山縣北數十里有武陽龍麛二山，上悉生松柏美木。龍麛山有磐石，石上有仙人跡及龍跡。傳云昔仙人遊此二山，常稅駕此石。」〔註149〕北朝北魏時期著名的地理學家酈道元的《水經注》〔註150〕所涉及岩畫區域大概包括了內蒙古、陝西、青海、河南、四川、雲南、山東等區域。《水經注》中所提到的一些岩畫題材是很豐富的，包括一些動物形象、神像和人面像、符號岩畫、佛教岩畫、腳印岩畫、車轍與牛跡岩畫、刀、劍等武器岩畫以及動物的蹄足印岩畫。〔註151〕例如動物的造型形態，「河水又東北歷石崖山西，去北地五百里，山石之上，自然有文，盡若虎馬之狀，粲然成著，類似圖焉，故亦謂之畫石山也。」〔註152〕又說：「漓水又東南流入熙平縣，逕羊瀨山，山臨漓水，石間有色類羊。又東南逕雞瀨山，山帶漓水，石色狀雞，故二山以物象受名矣。」〔註153〕還有記錄動物印跡，「淮水又北逕山硤中，謂之硤石，對岸山上結二城以防津要，西岸山上有馬跡，世傳淮南王乘馬升仙所在也。今山之東南，石上有大小馬跡十餘所，今扔存焉。」〔註154〕除了以上古代史書對岩畫形象的

他們想通過「接觸巫術」來達到懷孕生子的母子，祈求子孫多多。當然，這裡面充斥著對原始宗教思維的極度崇拜和信仰。

〔註146〕張覺等：《韓非子譯注》，上海：上海古籍出版社 2012 年版，第 408 頁。

〔註147〕在河北省平山縣東南。

〔註148〕（宋）李昉等著：《太平御覽》，北京：中華書局 1960 年版，第 1795 頁。

〔註149〕（宋）李昉等著：《太平御覽》，北京：中華書局 1960 年版，第 1796 頁。

〔註150〕《水經注》最早是東漢桑欽所著的《水經》，在北魏時期由酈道元補注與闡釋。

〔註151〕蓋山林：《中國岩畫學》，北京：書目文獻出版社 1995 年版，第 27～29 頁。

〔註152〕（北魏）酈道元：《水經注校證》（卷三·河水），陳橋驛校證，北京：中華書局 2013 年版，第 71 頁。

〔註153〕（北魏）酈道元：《水經注校證》（卷三十八·漓水），陳橋驛校證，北京：中華書局 2013 年版，第 858 頁。

〔註154〕（北魏）酈道元：《水經注校證》（卷三十·淮水），陳橋驛校證，北京：中華書局 2013 年版，第 679 頁。

記載外，還有其他的一些歷史典籍為我們研究史前岩畫的審美特徵提供了某些線索。如唐代張讀的《宣室志》云：「石壁之上有鑿成文字一十九言，⋯⋯郡守因之名其地為『石銘里』蓋因字為銘，且識其異也。」〔註155〕王振鏞認為：石銘里這一地名是今天的岩溪鎮管轄範圍，位於九龍江東岸，而仙字潭則在九龍西岸，並不在良岡山麓。〔註156〕還有陶弼的《仙影山》、嘉慶二十四年的《新安縣志》、宋代李石《續博物志》〔註157〕宋人王象之的《輿地紀勝》〔註158〕、清代紀昀的《閱微草堂筆記》〔註159〕以及一些地方志〔註160〕等書籍對岩畫進行有關的記錄。

第五類，以中華民族傳統文化資源為立足點，以多學科相互交叉為契入點，對岩畫圖像進行審美文化與精神層面的分析與研究。如陳兆復、邢璉在2019年出版了《中華圖像文化史》（岩畫卷）〔註161〕，對史前岩畫以圖像的形式進行闡述，還原圖像產生的原境，對每一個岩畫點的圖像概貌、藝術特徵以及文化淵源進行詳細描述。他們認為：「岩畫圖像的意義不在於描摹所感之『像』，而在於象徵所知之『靈』。」〔註162〕蓋山林和蓋志浩在2002年

〔註155〕（唐）張讀撰，蕭逸校點；（唐）裴鉶撰，田松青校點：《宣室志 裴鉶傳奇》，上海：上海古籍出版社2012年版，第39頁。

〔註156〕王振鏞：《略論華安仙字潭岩刻研究》，福建省考古博物院學會：《福建華安仙字潭摩崖石刻研究》，北京：中央民族學院出版社1990年版，第229～230頁。

〔註157〕「二廣深谿石壁上有鬼影，如澹墨畫⋯⋯」（宋）李石：《續博物志》，北京：中華書局1985年版，第108頁。

〔註158〕「仙岩。在武宣縣南四十里。可容數百人，石壁上有仙人影。」（宋）王象之著，李勇先校點：《輿地紀勝》，成都：四川大學出版社2005年版，第3539頁。「月氅星冠七大夫，遠看還有近看無，瑤池侍女成雙對，遺下群仙聚飲圖。」（宋）王象之著，李勇先校點：《輿地紀勝》，成都：四川大學出版社2005年版，第3740～3741頁。

〔註159〕「喀什噶爾山洞中洞中，石壁劃平處有人馬像。」（清）紀昀著，韓希明譯注：《閱微草堂筆記》（卷十三‧槐西雜志三），北京：中華書局2014年版，第1013頁。

〔註160〕如清末的《寧明州志》述：「花山距城五十里，峭壁中有生成赤色人形，皆裸體，或大或小，或執干戈，或騎馬。未亂之先，色明亮；亂過之後，色稍黯淡。又按沿江一路兩岸，石壁如此類者多有。」（黃成助：《寧明州志》（卷上‧上嶺），臺北：成文出版社有限公司1970年版，第21頁。）還有《福建通志》以及《武夷山志》等地方志或多或少的記錄了崖壁畫的情況。

〔註161〕韓叢耀主編：陳兆復、邢璉著：《中華圖像文化史》（岩畫卷‧上），北京：中國攝影出版社2019年版。

〔註162〕韓叢耀主編：陳兆復、邢璉著：《中華圖像文化史》（岩畫卷‧上），北京：中國攝影出版社2019年版，第23頁。

出版了《內蒙古岩畫的文化解讀》〔註163〕，基於文化詮釋視角下對岩畫的內在文化特徵和審美特徵進行分類闡述。在書中，作者對車輛、太陽神岩畫、藝術風格以及文化進行單獨解釋，簡潔明瞭地揭示了內蒙古岩畫自身的區域審美和文化性。還有湯惠生、張文華兩位老師的著作〔註164〕從考古學、宗教學、社會學、文化人類學等多學科切入主題研究，他們的著作著重於強調二元對立理論對圖像的跨文化和跨學科原型分析，運用綜合分析的方法和微腐蝕斷代法對青海岩畫進行斷代分析，大量引證國外的期刊和專著成果，結合國外相關的理論進行本土圖像深層次研究，並對某一個圖像追蹤溯源，探索圖像的涵義，在圖像學的基礎上對岩畫意象進行的二元對立的思維闡述。如建構蹲踞式人形的意象研究。作者首先從廣西花山建立起對原型的圖像認識，並探索這種圖像所發生的時間，並類比在東南亞、日本以及中亞等地區的岩畫中的相關人物形象的造型和內涵，考察其間的異同，以拓展中華岩畫形象的審美特徵研究。戶曉輝的《地母之歌：中國彩陶與岩畫的生死母題》〔註165〕，將彩陶和岩畫作為前文字社會中的物化精神符號，分析中國彩陶和岩畫中的神像之間的內在聯繫。作者通過陶器和岩畫中的女性分析來建構起女性圖像與繁殖之間的聯繫，並從自身的造型、紋飾以及姿勢中具體建構以「母神信仰」為核心的生殖巫術意象。他說：「同一神話意象可以通過舞蹈、面具、岩畫、陶器紋飾、雕刻等表現形態加以表達，並在世代和族群之間傳播。」〔註166〕殷曉蕾的《中國原始岩畫中的生命精神》〔註167〕一書從原始岩畫中的生命精神產生的內外機制，自然崇拜階段、圖騰崇拜階段以及祖先崇拜階段的生命意識等幾個方面對具體的岩畫作品進行審美分析，從圖像自身的造型傳達方法、技藝以及線條的寫意性和象徵性，去探索史前岩畫自身所表達的意蘊和審美觀念。她在書中基於自然崇拜、圖騰崇拜、祖先崇拜等巫術視角，探討了原始岩畫藝術中的生生不息的生命精神。其他還有周興華的

〔註163〕蓋山林、蓋志浩：《內蒙古岩畫的文化解讀》，北京：北京圖書館出版社2002年版。

〔註164〕湯惠生、張文華：《青海岩畫：史前藝術中二元對立思維及其觀念的研究》，北京：科學出版社2001年版。

〔註165〕戶曉輝：《地母之歌：中國彩陶與岩畫的生死母題》，上海：上海文化出版社2001年版。

〔註166〕戶曉輝：《地母之歌：中國彩陶與岩畫的生死母題》，上海：上海文化出版社2001年版，第34頁。

〔註167〕殷曉蕾：《中國原始岩畫中的生命精神》，合肥：安徽教育出版社2014年版。

《解讀岩畫與文明探源》〔註168〕等。

　　第六類，還有一些專著以審美特徵或者藝術特徵作為切入點，以藝術技藝和審美觀念作為主要論述內容。朱媛在其《中國岩畫的審美之維》〔註169〕的著作中對於岩畫的審美思維或意象進行論述，全書從對象的界定、岩畫的構形要素、成像特徵、題材意蘊等方面進行詳實的概括，她認為：「中國岩畫的審美特徵研究應建立在中國岩畫中包含生命情懷的有意蘊的形式上。」〔註170〕她從藝術技藝的視角探討了史前岩畫意象的表現形式，包括構形要素、呈像特徵和題材意蘊等三個方面把原始岩畫的審美特性詳實地展現在讀者的面前。周菁葆的《絲綢之路岩畫藝術》〔註171〕通過對岩畫技術、母題、藝術風格、周圍環境等方面的田野調查並與其他岩畫點的岩畫相比較，對岩畫的時代和族屬等問題進行初步探討和分析，憑藉著這些分析，先民用圖像直接反映了古代社會的生活方方面面。朱狄的《雕刻出來的祈禱：原始藝術研究》〔註172〕一書列舉了中外的原始藝術，並總結了中國古代岩畫藝術自身具有動物側面性、人物正面性、圖式化以及重疊等造型藝術審美特徵〔註173〕。班瀾和馮軍勝在《中國岩畫藝術》〔註174〕一書中對中國岩畫藝術中的意象進行了論述，包括岩畫的形式美、岩畫的象徵性、岩畫的造型意味以及中國南北方岩畫的審美特徵比較等等內容。他們認為「從美學研究的視角，把原始岩畫作為美學的根，應當不謬。儘管原始岩畫有不同於現代藝術的獨特性，但其中深蘊著美的原則，以及美感特徵，都積澱為審美的心理，流貫到今天人類的文化與藝術之中。岩畫的混沌之美、神秘之美，岩畫的寫實與抽象的風格，岩畫母題的意味，岩畫造型的規律，都需要有深入的研究。」〔註175〕鄧啟耀的

〔註168〕周興華：《解讀岩畫與文明探源》，銀川：寧夏人民出版社2008年版。

〔註169〕朱媛：《中國岩畫的審美之維》，上海：上海人民出版社2013年版。

〔註170〕朱媛：《中國岩畫的審美之維》，上海：上海人民出版社2013年版，第176頁。在這裡，我認為朱媛所提到的形式就是圖像外在的形式，有點、線、造型、構圖等美術元素構成的圖像，從這些元素中來分析和架構對於岩畫審美特徵的研究框架。

〔註171〕周菁葆：《絲綢之路岩畫藝術》，烏魯木齊：新疆人民出版社1993年版。

〔註172〕朱狄：《雕刻出來的祈禱：原始藝術研究》，武漢：武漢大學出版社2008年版。

〔註173〕朱狄：《雕刻出來的祈禱：原始藝術研究》，武漢：武漢大學出版社2008年版，第444～450頁。

〔註174〕班瀾、馮軍勝：《中國岩畫藝術》，呼和浩特：內蒙古人民出版社2008年版。

〔註175〕班瀾、馮軍勝：《中國岩畫藝術》，呼和浩特：內蒙古人民出版社2008年版，第4頁。

《雲南岩畫藝術》〔註 176〕一書基於裝飾藝術、藝術圖式等視角對雲南岩畫進行藝術層面的解讀，將岩畫圖像與少數民族的習俗相結合，追蹤溯源，對比觀照。張曉凌在《中國原始藝術精神》中積極建構史前審美意識等章節，將審美視角貫穿於每一個章節。他認為岩畫是原始先民造型觀念和審美心理的重疊，〔註 177〕張曉凌在文章中特別提出了原始藝術和原始造型具有原始意象的觀點，〔註 178〕這些原始的自然、人物和動物物象被重新整合於超越審美層次的結構中，形成了「虛幻、攝人心魄的審美特徵」〔註 179〕。除了以上的著作之外，還有納・達楞古日布撰寫的《內蒙古岩畫藝術》〔註 180〕、張學智的《寧夏岩畫藝術》〔註 181〕等著作，也從藝術特徵和審美特徵的角度做了闡述。

第七類，從史前原始社會史、某個岩畫形象類別以及原始文化等方面對岩畫審美的間接闡述，這些論述在一定程度上拓展了岩畫的外在審美空間。

1. 以岩畫存在的社會發展史作為線索進行審美特徵研究。

對這一部分的研究主要集中於對中國原始社會發展史方面。學者們都從各自所研究的時代背景、文化學術思潮出發，結合具體的岩畫藝術風貌與重要的學術觀點、學說，來探討史前社會的美學與藝術精神。宋兆麟、黎家芳、杜耀西三位學者結合考古學、藝術學、社會學、人類學等學科，研究了中國史前社會發展脈絡以及史前社會的文化與藝術，概括出了原始繪畫藝術精神的重要審美特徵：「畫面簡潔，風格樸素，線條比較流暢，色彩鮮豔，形象栩栩如生，具有濃厚的生活氣息，是漁獵生活在藝術上的反映。」〔註 182〕岑家梧先生也從原始社會發展以及相關文獻入手，揭示了史前岩畫藝術的審美精神。《中國原始社會史稿》是岑家梧的遺著，也為後來學人研究史前社會岩畫的審美特徵提供了強大的史論支持。岑家梧在其著作中對史前社會發展（母系氏族和父系氏族）進行論述，特別對史前社會中的文化（宗教、藝術、語言文字等）分類論述。

〔註 176〕鄧啟耀：《雲南岩畫藝術》，昆明：晨光出版社 2004 年版。

〔註 177〕張曉凌：《中國原始藝術精神》，重慶：重慶出版社 1992 年版，第 20 頁。

〔註 178〕張曉凌：《中國原始藝術精神》，重慶：重慶出版社 1992 年版，第 132 頁。

〔註 179〕張曉凌：《中國原始藝術精神》，重慶：重慶出版社 1992 年版，第 304 頁。

〔註 180〕納・達楞古日布：《內蒙古岩畫藝術》，海拉爾：內蒙古文化出版社 2000 年版。

〔註 181〕張學智：《寧夏岩畫藝術》，銀川：寧夏人民出版社 2018 年版。

〔註 182〕宋兆麟、黎家芳、杜耀西：《中國原始社會史》，北京：文物出版社 1983 年版，第 398 頁。

他認為：「藝術通過形象反映社會生活的意識形態，……在藝術產生的過程中，是勞動先於遊戲，實用的功能先於審美的感情。」〔註 183〕

2. 對岩畫中的某個類別進行研究。如崔鳳祥、崔星編著的《原始體育形態岩畫》，將岩畫中涉及到運動的圖像幾乎全部收錄在內，他們認為：「岩畫反映了原始時代的民族體育文化，是東方文化體系中的一種獨特構體。」〔註 184〕楊慧玲的《神話與人格：寧夏人形岩畫》〔註 185〕，專門對寧夏、廣西、福建以及國外的岩畫人形進行研究，最後得出結論：史前岩畫中的人形受到時代、民族、區域環境、外來文化的影響，並從比例、體型、動作、構圖特徵、風格等各方面進行綜合比較和分析。黃亞琪的《廣西左江蹲踞式人形岩畫研究》〔註 186〕從廣西人形岩畫環境與作者入手，分別從風格、分布空間、創作思維模式以及岩畫保護等方面進行探討，總結出左江人形岩畫是借助於駱越民族的宗教信仰，將人形幻化為一種符號意象結構，並利用這種人形岩畫構建了西南稻作民族文化圈。又如王毓紅的《羊書：一種象形表意石頭文》〔註 187〕，這部著作主要基於羊這一專門的類別進行研究，從羊岩畫的符號自身、構形模式、類型形態、六種組合以及書寫系統、文飾、內在形式結構等多方面進行研究，從而基於史前羊岩畫並運用隱喻的手法給我們呈現出簡單明瞭的羊書文字。這類的著作還有高嵩和高原合著的《岩畫中的文字和文字中的歷史》〔註 188〕等等。

第八類，學者對原始文化、原始藝術的研究著述。如朱狄的《原始文化研究——對審美發生問題的思考》是研究史前文化與藝術精神的專著，該著作論述了從西方十九世紀以來的「原始思維的特徵」、「舊石器時代藝術」、「現代原始部落的藝術」、「神話學」以及相關文獻入手，揭示了「審美狀態是從道德狀態發展而來的，而不是相反，對原始部族的人們來說，部族是它們道德觀念的界線，宗教祭禮則是他們藝術觀念的界限。是道德觀念規定了他們的

〔註 183〕岑家梧：《中國原始社會史稿》，北京：民族出版社 1984 年版，第 131 頁。
〔註 184〕崔鳳祥、崔星：《原始體育形態岩畫》，北京：人民體育出版社 2010 年版，第 6 頁。
〔註 185〕楊慧玲：《神話與人格》，銀川：寧夏人民出版社 2015 年版。
〔註 186〕黃亞琪：《廣西左江蹲踞式人形岩畫研究》，北京：科學出版社 2018 年版。
〔註 187〕王毓紅：《羊書：一種象形表意石頭文》，北京：商務印書館 2012 年版。
〔註 188〕高嵩、高原：《岩畫中的文字和文字中的歷史》，銀川：寧夏人民出版社 2007 年版。

藝術觀念。」〔註189〕這種原始宗教的存在是由於巫術文化的盛行和原始思維的普遍化導致的。在 1872 年，英國人類學家愛德華・泰勒在《原始文化：神話、哲學、宗教、語言、藝術和習俗發展之研究》一書中著重研究了史前社會存在著「萬物有靈觀」〔註190〕。他從巫術、神話以及儀式的種類對「萬物有靈觀」進行論述，認為「在原始人看來，整個自然界都居住著並且充滿著靈物，是靈物使之活躍繁榮……事實上這這兩種靈物也像他們以之為基礎的最初的萬物有靈觀學說一樣彼此是緊密相連的」〔註191〕。如弗朗茲・博厄斯在《原始藝術》〔註192〕一書中，以原始藝術為背景，探析了史前藝術所具有的審美精神特徵：「表現」、「象徵」等。

　　第九類，一些研究岩畫意象的論文〔註193〕。如馮軍勝的《陰山岩畫的

〔註189〕　朱狄：《原始文化研究——對審美發生問題的思考》，北京：生活・讀書・新知・三聯書店 1988 年版，第 788 頁。這部著作朱狄將西方愛德華・B・泰勒的萬物有靈論、詹姆斯・G・佛雷澤的巫術論、列維-布留爾的互滲論、西格蒙德・佛洛依德的圖騰與禁忌論、佛朗茲・博厄斯的原始思維和原始藝術以及 B・馬林諾夫斯基的功能主義文化觀及慣例概念作為對原始文化中的審美進行研究的基礎和前提，將審美注意力集中到原始社會中的文化體制下，運用「歷史學根據社會的無意識表現來組織材料」。朱狄：《原始文化研究》，北京：生活・讀書・新知・三聯書店 1988 年版，第 12 頁。

〔註190〕　泰勒的萬物有靈，它是一個具有神秘現象和神秘理論的原始宗教信仰，它強調超自然性，相信萬事萬物都有自己的靈魂（精靈、幽靈、鬼魂），且每一個靈魂都有自己的未來生存世界，即使肉體死去，那麼，這種靈魂依然發揮著強力，當然這種強力是原始先民基於功利目的而進行的崇拜。這種崇拜需要通過儀式將靈魂的巫術力量調動起來並將其發揮到極致，久而久之，崇拜物變成了某種神靈。泰勒在著作中使用了大篇幅來闡述萬物有靈思想，從精靈學說、靈魂存在、自然宗教、不同種類的精靈崇拜、以及多神教等多方面。他在一章中這樣說靈魂的未來生存：在一些部落裏，當世界上的一個生靈死後，它的靈魂也幻化成其他不同的物象，惡人變成兇猛的野獸，而善良的人的靈魂會變成蛇。其實這裡的「蛇」我們認為就是基於蛻皮的因素而導致人類的想像。貴族人死後，其靈魂將生活在華麗的飛鳥世界，而老百姓則幻化為比較低級的蟲類動物。

〔註191〕　〔英〕愛德華・泰勒：《原始文化：神話、哲學、宗教、語言、藝術和習俗發展之研究》，連樹聲譯，謝繼生、尹虎彬、姜德順校，桂林：廣西師範大學出版社 2005 年版，第 552 頁。

〔註192〕　〔美〕弗朗茲・博厄斯：《原始藝術》，金輝譯，劉乃元校，上海：上海文藝出版社 1989 年版。

〔註193〕　在中國知網上鍵入「岩畫」二字，就出現了 3324 條有關岩畫的文獻，這些文獻包括各類的研究，如意象、審美、考古、交叉以及其他類的岩畫研究，由於篇幅有限，所以，有的本人沒有列出，請予以見諒。

意象性構成》〔註194〕，他以陰山岩畫為研究載體，具體探討了構成岩畫意象的三個因素，從創作者的心理視角來分析岩畫所形成的「直率質樸」的岩畫意象風格。他認為：「這些岩畫除了充滿暴力的線條的表現，它們簡練的、誇張的、變形的造型手法，也是使岩畫形象含蓄多多，構成意象的表現的重要形式因素。」〔註195〕還有他的論文《中國岩畫神靈母題意象之研究》，將神靈意象分為三種：自然崇拜神靈、祖先崇拜神靈以及生殖崇拜神靈，這三種神靈意象與狩獵生產、氏族生活形成了緊密而又互相影響的關係。又如葉舒憲的《鷹熊、鴞熊與天熊——鳥獸合體神話意象及其史前起源》論文，闡述了史前宗教巫術中的動物形象是如何結合的？並作了歷史溯源。他把鳥獸合體的形象歸因於宗教出神入化的締造，將這兩種類型動物通過原始神話思維加以組合，從而形成一種新的幻覺意象。再如吳海進、潘博的《原始舞蹈意象心理分析》〔註196〕這一篇論文，論文中闡述了原始環形舞蹈中的圓形動態意象，對這種原始「萬物有靈」的動態意象並結合原始部落的繁衍、團結等方面作象徵意義的論述。還有馮軍勝對於岩畫神靈母題意象有自己獨到的觀點：「神靈意象的產生是以萬物有靈觀念為思想基礎的。」〔註197〕另外還有魏臻的《圖像符號化的意象之美——甘肅榆木木山岩畫》〔註198〕、鄧紹秋的《藝術化生存：原始意象與頓悟自性》〔註199〕等等。

當然，還有一些標題為研究岩畫審美的論文。《廣西民族研究》1987年第2期李福順的《中國岩畫審美淺談》，從選擇美的環境、選擇合適的工具與材料、按照美的規律進行藝術創造以及一雙特殊的審美眼睛等方面對岩畫的造型、構圖、技術以及母題等方面展開審美探尋。又如陳望衡教授在《湖北美術學院學報》上發表的《中國史前岩畫審美解讀》一文，認為史前岩畫是原始先民在精神世界上的真實反映，他認為岩畫的審美特徵主要體現在「感性

〔註194〕馮軍勝：《陰山岩畫的意象性構成》，《內蒙古社會科學（漢文版）》2000年第05期。

〔註195〕馮軍勝：《陰山岩畫的意象性構成》，《內蒙古社會科學（漢文版）》2000年第05期。

〔註196〕吳海進、潘博：《原始舞蹈意象心理分析》，《大舞臺》2010年第05期。

〔註197〕軍勝：《中國岩畫神靈母題意象之研究》，《內蒙古大學藝術學院學報》2004年第02期。

〔註198〕魏臻：《圖像符號化的意象之美——甘肅榆木山岩畫》，《現代裝飾（理論）》2016年第02期。

〔註199〕鄧紹秋：《藝術化生存：原始意象與頓悟自性》，《求索》2004年第07期。

思維、巫術意味、稚拙情趣、線條造型、自由精神等諸多方面。」〔註200〕斑瀾的《中國南北方岩畫的審美特徵比較》〔註201〕一文通過對岩畫的「形式美構成要素」、「寫意與象徵」、「壯美與優美」的細緻解讀，將史前岩畫創作者的生存環境與生存方式進行比較，從而形成某種鮮明的南北方不同的審美心理和意象特徵。朱媛的《中國岩畫中「點」的審美特徵》一文認為中國史前岩畫造型中的點有各式各樣，大小、深淺、排列均不一，並給我們呈現了「抽象玄妙、顯著精要、粗率勁直的藝術風格」〔註202〕。她的另一篇論文〔註203〕從岩畫造型元素的「線」視角著手，提出了史前先民所用線條刻繪的形象具有率真、簡約和整齊劃一的審美風尚。除了以上還有一些論文如吳楚克1992年12月發表在《內蒙古社會科學（文史哲版）》上面的《烏蘭察布岩畫的審美歷程》、羅徠在2005年3月發表在《西南民族大學學報（人文社科版）》上面的《西藏岩畫的文化內蘊與審美品格》、王亮的《中國原始岩畫的審美特徵》〔註204〕、段緒懿和黎成田合作發表的《四川珙縣麻塘壩岩畫的審美意蘊》〔註205〕、王小平的《中國審美意識起源與中國的岩畫和文字》〔註206〕以及朱媛的《論中國岩畫的取象規則》〔註207〕等等。

　　還有一部分學者的論文從岩畫造型、考古、符號、崇拜文化等視角切入對岩畫審美進行研究。對於岩畫造型問題以往不少學者都在努力探求這個岩畫最基本的現象，中國史前岩畫造型藝術理論中的許多範疇都是基於「巫術」以及「原始思維」觀念而提出的。邱鍾侖《廣西左江岩畫人像的再探討》〔註208〕

〔註200〕陳望衡：《中國史前岩畫審美解讀》，《湖北美術學院學報》2013年第04期。

〔註201〕斑瀾：《中國南北方岩畫的審美特徵比較》，《內蒙古大學學報（人文社會科學版）》2002年第第03期。

〔註202〕朱媛：《中國岩畫中「點」的審美特徵》，《文藝爭鳴》2010年第10期。

〔註203〕朱媛：《中國岩畫線條的審美特徵》，《北京理工大學學報（社會科學版）》2010年第03期。

〔註204〕王亮：《中國原始岩畫的審美特徵》，《大眾文藝》2014年第04期。

〔註205〕段緒懿、黎成田：《四川珙縣麻塘壩岩畫的審美意蘊》，《藝術教育》2014年第02期。

〔註206〕王小平：《中國審美意識起源與中國的岩畫和文字》，《中華文化論壇》2014年第11期。

〔註207〕朱媛：《論中國岩畫的取象規則》，《北京理工大學學報（社會科學版）》2013年第06期。

〔註208〕邱鍾侖：《廣西左江岩畫人像的再探討》，《雲南民族學院學報（哲學社會科學版）》1996年第04期。

一文認為廣西左江岩畫造型是巫術文化的產物。馮軍勝的《中國岩畫造型的面的表現藝術》〔註209〕一文基於岩畫造型中的面的元素，對岩畫造型中的面分為幾種表現形式，並列舉出一些面的分割與組合，來歸納出史前岩畫造型的不同質感和不同形態。邢璉的《岩畫中的具象與抽象》〔註210〕一文認為，岩畫屬於造型藝術，也是人類本能欲望的變形體現，史前先民把「宇宙人情化」通過運用象徵、隱喻或者誇張等手法，先民將被幻化後的物象形態用抽象或者具象的形式把它栩栩如生地表現出來。它是巫術的載體，是憑藉「原始印象」將現實的物象通過具象與抽象的方法去創作諸神的、英雄的、氏族的符號。李福順的《岩畫形象造型程式化概說》〔註211〕一文介紹了程式化的概念、程式化的三個階段、岩畫程式化的動因以及岩畫造型的趨向。又如崔谷平的《巴康岩畫與生殖崇拜》〔註212〕一文基於巴爾達庫爾和康家石門子兩處岩畫中的生殖形象對原始先民所崇拜的生殖觀念進行闡釋。戶曉輝從岩畫中的生殖圖像方面為我們展示一個重要的核心命題：生殖崇拜。他從岩畫中出現的不同符號以及社會文化生活整體對生殖崇拜進行考量。這種對生殖崇拜仰望歸結於創作者對圖像的點、線、面的綜合把握。高偉在《將軍崖岩畫與女陰崇拜》〔註213〕一文中以海州地區的民俗文化為依託，對將軍崖岩畫中的有關生殖崇拜的內容進行研究。李福順在《試談中國岩畫中的太陽神崇拜》〔註214〕中對已發現的太陽人面像進行研究，並根據太陽和人面兩種元素的結合，從而推導出史前人類對太陽的人格化和對太陽神崇拜。蓋山林《太陽神岩畫與太陽神崇拜》〔註215〕一文中以我國近年來發現的太陽神岩畫造型為資料，對史前社會普遍存在的太陽神崇拜進行梳理和文化闡釋。張亞莎發表在

〔註209〕 馮軍勝：《中國岩畫造型的面的表現藝術》，《內蒙古社會科學（漢文版）》2003年第03期。
〔註210〕 邢璉：《岩畫中的具象與抽象》，《三峽論壇》2010年第05期。具象與抽象是藝術特別是美術創作者對於外在事物基本理解和創作的重要方式，這種思維在原始社會受到原始思維和巫術與狩獵活動的影響，原始先民將這種他們所看見的具象的造型賦予岩畫表面，形成具有簡化形象的動植物。
〔註211〕 李福順：《岩畫形象造型程式化概說》，《美術》1991年第12期。
〔註212〕 崔谷平：《巴康岩畫與生殖崇拜》，《新美術》1998年第02期。
〔註213〕 高偉：《將軍崖岩畫與女陰崇拜》，《東南文化》1998年第04期。
〔註214〕 李福順：《試談中國岩畫中的太陽神崇拜》，《民間文化論壇》1994年第01期。
〔註215〕 蓋山林：《太陽神岩畫與太陽神崇拜》，《天津師大學報（社會科學版）》1988年第03期。

2006 年第 2 期《西藏研究》上的《西藏岩畫中的「鳥圖形」》將西藏岩畫中的鳥圖形與苯教相結合，找出鳥圖形在西藏岩畫中的形象注解，它是我們解讀古代象雄文化的一個重要切入點。陳兆復在《三峽論壇（三峽文學・理論版）》發表了一篇關於符號的論文《符號岩畫引論》以河南具茨山岩畫為著眼點，對全球的符號岩畫加以介紹，特別闡釋了杯狀穴岩畫的。除了以上的論文外還有蓋山林《從圖畫記事談陰山岩畫》〔註 216〕、陳兆復的《古代少數民族的岩畫》〔註 217〕、李洪甫的《論中國東南地區的岩畫》等等。

　　還有一些屬於多學科交叉的岩畫研究論文，有的偏重文化，有的偏重宗教，還有的偏重於其他方面，不管其偏重哪一方面，這些論文直接或間接的為本人研究岩畫藝術的審美特徵提供了一些知識點和切入點。如龔田夫、張亞莎發表在《中央民族大學學報（哲學社會科學版）》2006 年第 3 期的《中國人面像岩畫文化淺談》一文，她以考古、文化、審美等視角對人面像岩畫從其概念、分布與環境特徵、製作工藝與圖形分類、發生與傳播以及文化內涵等方面的研究，總結出人面像岩畫是一種發生在中原漢民族和少數民族之間的、伴有原始宗教文化屬性的、造型別具一格的單一邊緣文化。薛正昌的《賀蘭山岩畫文化》〔註 218〕，這篇論文基於不同學科對賀蘭山的岩畫進行文化闡釋。又如蓋山林《陰山骷髏岩畫・頭骨崇拜・祖先崇拜》〔註 219〕，蓋山林先生基於宗教思維，對原始岩畫中出現的頭骨或骨骼進行宗教靈魂的探索，並探尋出頭骨或骨骼具有某種宗教崇拜儀式。再如王毓紅的《岩畫本質的哲學反思》〔註 220〕，這篇文章以考古學、藝術學、哲學對岩畫本子進行哲學層面上闡釋，從而構想出一個「視覺語言符號系統和等級形式單位組合的岩畫理論。」〔註 221〕還有楊超的《論岩畫闡釋中的多元視界》〔註 222〕，此論文為我們提供了一種多元的闡釋岩畫視角，儘量還原岩畫所存在的原境。除了以上的論文還有湯惠生的《凹穴岩畫的分期與斷代

〔註 216〕蓋山林：《從圖畫記事談陰山岩畫》，《黑龍江文物叢刊》1984 年第 02 期。
〔註 217〕陳兆復：《古代少數民族的岩畫》，參見中國民族學研究會編：《民族學研究》（第三輯），北京：民族出版社 1982 年版。
〔註 218〕薛正昌：《賀蘭山岩畫文化》，《寧夏社會科學》2004 年第 02 期。
〔註 219〕蓋山林：《陰山骷髏岩畫・頭骨崇拜・祖先崇拜》，《北方文物》1987 年第 04 期。
〔註 220〕王毓紅：《岩畫本質的哲學反思》，《文化學刊》2013 年第 02 期。
〔註 221〕王毓紅：《岩畫本質的哲學反思》，《文化學刊》2013 年第 02 期。
〔註 222〕楊超：《論岩畫闡釋中的多元視界》，《東南文化》2010 年第 01 期。

——中國史前藝術研究之一》〔註223〕以及蓋山林的《北方草原岩畫與原始思維》〔註224〕等等。

在國外岩畫近代發現史上，對於岩畫的發現和記錄遍及南美、法屬圭亞那、拉丁美洲、墨西哥、歐洲以及非洲，〔註225〕特別是從1598年在南美發現岩畫的安布羅西奧・費爾南德斯・布蘭多（Ambrosio Fernandes Brandao）〔註226〕到北歐的挪威教師彼得・阿爾遜（Pederr Alfsson）在1627年在瑞典波罕斯浪記錄了岩畫，使得不同國籍的學者開始逐步去探尋岩畫。後來，索圖拉伯爵（Sautuola, Marquis de）、阿爾戈林（O. Almgren）、克拉里斯・皮克尼爾（Clarence Bicknell）、步耶爾（Breuil）、馬勒里（G. Mallery）等一些不同國籍的考古學家對岩畫區域進行詳細考察和記錄，並出版一些著作，發表了一些研究論文。

國外一些學者基於岩畫的不同視角對岩畫圖像進行分類研究，並且取得一定的成績，值得我們注意。如澳大利亞學者、國際岩畫聯合會主席羅伯特・貝德納里克（Robert G. Bednarik）在《岩畫科學：古代藝術的科學研究》〔註227〕（Rock Art Science: The Scientific Study of Palaeoart）一書中，他從自然岩畫和人工岩畫之間的標誌性區分（The Discrimination of Natural and artificial Rock Marking）、岩畫藝術的技藝（The Technology of Rock Art）、岩畫發現時的現場記錄（The Recording of Rock Art）、岩畫藝術圖像的詮釋（The interpretation of Rock Art）、岩畫藝術的歷史保護（The Conservation of Rock Art）、岩畫藝術的年代探尋（The Dating of Rock Art）、岩畫科學的研究方法（Some Methods of Rock Art Science）以及岩畫研究資源（Resources in Rock Art Research）等幾個方面詳細論述了岩畫藝術的科學研究。他認真分析了史前岩畫的不同藝術類型：早期狩獵者、進化狩獵者、牧民、複合經濟體、混合階段，從岩畫意象呈現的視覺理性思維視角對岩畫進行分析，對岩畫審美

〔註223〕湯惠生：《四穴岩畫的分期與斷代——中國史前藝術研究之一》，《考古與文物》2004年第06期。

〔註224〕蓋山林：《北方草原岩畫與原始思維》，《文藝理論研究》1992年第03期。

〔註225〕Robeart G. Bedbarik. *Rock Art Science-The Scientific Study Of Palaeoart.* New Delhi: Aryan Books International, 2007, pp.7~9.

〔註226〕Robeart G. Bedbarik. *Rock Art Science-The Scientific Study Of Palaeoart.* New Delhi: Aryan Books International, 2007, pp.7.

〔註227〕Robeart G. Bedbarik. *Rock Art Science-The Scientific Study Of Palaeoart.* New Delhi: Aryan Books International, 2007.

意象的外在呈現提供了詳實的科學數據。又如澳大利亞學者喬·麥克唐納（Jo McDonald）和彼得·維斯（Peter Veth）合作出版的岩畫著作《岩畫藝術指南》〔註228〕（A Companion to Rock Art），總結了一些學者對史前岩畫藝術的多種看法和研究方向，並運用來自世界各地的 160 幅岩畫圖像進行說明與闡釋。討論了岩畫審美、岩畫形式、岩畫風格、薩滿教、區域研究、身份認同、岩畫遺產、景觀、性別以及岩畫年代測定的技術等等問題。克里斯·曼塞爾（Chris Mansell）在《英國古代岩畫藝術：土著石雕指南》〔註 229〕（Ancient British Rock Rrt: A Guide to Indigenous Stone Carvings）一書中，利用舊石版畫對杯形圖像、抽象圖像符號、岩石的裝飾、岩畫風格等類別進行了討論，特別是這些符號的目的和內涵。當然，這裡面隱含著對岩畫審美研究的一些細節。另外還有美國人 G·瑪勒里（Garrick Mallery）編著的《美洲印第安人的圖畫文字》〔註 230〕（Picture-writing of the American Indians）用接近 1300 多張圖片和 54 個插圖來說明原始民族使用圖畫作為傳遞信息的重要載體，這些大量的圖片均是民族學家和探險家收集到的，這些圖畫和插圖包括歌曲、條約或帳目的記憶圖片、超自然和神話動物的宗教符號、原始民族遷徙和狩獵的場景、傳統部族的紋飾標記、日常活動以及遊戲的象形圖等等。加拿大學者吉納維芙·馮·佩金格爾所著的《符號偵探：解密人類最古老的象徵符號》〔註231〕，這本書基於原始岩畫中的符號元素對岩畫進行詮釋。除了上述的著作之外，還有詹姆斯·伯爾和哈里森·麥克雷（James Burr. Harrison Macrae）的《佩科斯河風格的岩石藝術：史前影像》〔註 232〕（Pecos River Style Rock Art: A Prehistoric Iconography）、漢斯·喬治·班迪等（Hans-Georg Bandi）的《石器時代的藝術：四萬年的岩畫藝術》〔註233〕、君特·博格豪斯（Günter Berghaus）

〔註 228〕Jo McDonald, Peter Veth. *A Companion to Rock Art*, Wiley-Blackwell, 2012.

〔註 229〕Chris Mansell. *Ancient British Rock Art: A Guide to Indigenous Stone Carvings.* wooden books Ltd, 2007.ltd, 2007.

〔註 230〕Garrick Mallery. *Picture-writing of the American Indians.* New York: Dover Publications, 1972.

〔註 231〕〔加〕吉納維芙·馮·佩金格爾：《符號偵探：解密人類最古老的象徵符號》，朱寧雁譯，北京：北京聯合出版公司 2019 年版。

〔註 232〕James Burr, Harrison Macrae. *Pecos River Style Rock Art: A Prehistoric Iconography Texas.* Texas A&M University Press, 2018.

〔註 233〕Hans-Georg Bandi, Henri Breuil, Henri.Lhote, Erik Holm, Lilo Berger Kirchner. *The Art of The Stone Age: Forty Thouand Years of Rock Art.* New York: Crown Publishers, Inc. 1961.

的《史前藝術新視角》〔註234〕（New Perspectives on Prehistoric Art）以及埃爾斯佩思・帕里（Elspeth Parry）的《津巴布韋馬托波山的岩畫藝術指南》〔註235〕（A Guide to the Rock Art of the Matopo Hills, Zimbabwe）等等。

除了以上的專著之外，還有一些研究性的外文論文，也值得我們研究中國岩畫審美特徵時參考。如托馬斯・海德的《岩石藝術美學：岩石上的痕跡、精神的印記、大地上的視窗》〔註236〕（Rock Art Aesthetics: Trace on Rock, Mark of Spirit, Window on Land）、《岩畫美學與文化的挪用》〔註237〕（Rock Art Aesthetics and Cultural Appropriation）、瓊・羅斯、伊恩・戴維森的《岩畫與儀式：澳大利亞中部岩畫的考古學分析》〔註238〕（Rock Art and Ritual: An Archaeological Analysis of Rock Art in Arid Central Australia）、托馬斯・海德和約翰・克萊格的《藝術的力量：岩畫與審美》〔註239〕（The Power of Art: Aesthetics and Rock Art）、喬納森・雷諾茲的《生活岩畫藝術》〔註240〕（Living Rock Art）以及羅伯特 G・貝德納里克的論文：《風化指數在岩石藝術科學和考古學中的應用》〔註241〕（The Use of Weathering Indices in Rock Art Science and Archaeology）等等。

學者們在研究中國史前岩畫時有效地借鑒了國外的研究成果和視角，有的則以岩畫考古資料作為基本史料，與發現的符號進行相互印證，相互推動，對其圖像精心細讀，結合宗教以及不同民族的風俗和文化，特別是中國學者

〔註234〕 Günter Berghaus. *New Perspectives on Prehistoric Art.* Westport, CT: Praeger, 2004.

〔註235〕 Elspeth Parry. *A Guide to the Rock Art of the Matopo Hills.* Zimbabwe. Amabooks, 2002.

〔註236〕 Thomas Heyd. *Rock Art Aesthetics: Trace on Rock, Mark of Spirit, Window on Land.* The Journalof Aesthetics and Art Criticism, Vol.57, No.4 (Autumn, 1999), pp.451~458.

〔註237〕 Thomas Heyd. *Rock Art Aesthetics and Cultural Appropriation.* The Journal of Aesthetics and Art Criticism, Vol.61, No.1 (Winter, 2003), pp.37~46.

〔註238〕 June Ross, Iain Davidson. *Rock Art and Ritual: An Archaeological Analysis of Rock Art in Arid Central Australia.* Journal of Archaeological Method and Theory, December 2006, Vol13, Issue4, pp.304~340.

〔註239〕 Thomas Heyd, John clegg. *The Power of Art：Aesthetics and Rock Art.* Cambridge Archaeological Journal, Vol.16, No.2, 2006. pp.261~262.

〔註240〕 Jonathon Reynolds. *Living Rock Art.* Archaeology, Vol.60, No.4 (July/August 2007), pp.55~60.

〔註241〕 Bedbarik.R.G. *The Use of Weathering Indices in Rock Art Science and Archaeology*, Rock Art Research. May2012, Vol.29. Issue1. pp. 59～84.

基於本土岩畫審美視角進行不同方面與不同類別的研究，使這一原始藝術的研究傳承至今。

　　總之，上述的研究成果體現了四個方面的特徵：1. 學者們從岩畫田野考古的視角對史前岩畫藝術以及審美層面進行考察，為我們現當代研究藝術審美起到了很重要的推進作用。2. 岩畫的學者們運用不同學科的一些核心概念、範疇深入研究與探索，如原始社會的「萬物有靈」巫術思維、「原始巫術」、「圖騰崇拜」、「人面神格」等，在一定程度上彰顯了中華民族的美學與藝術精神的內在含蘊，也直接或間接地為中國史前岩畫藝術審美體系的構建提供了一些引導和知識點。3. 一些學者利用古今中外的文獻資料對區域內的岩畫進行文化建構和圖像分析，揭示了具有獨具特色的岩畫文化和審美特徵。4. 不同學者基於地區岩畫特色和岩畫類別對岩畫進行不同層面的分析，出現了具有一定學術價值和研究性成果，為開拓岩畫審美特徵研究的新局面作出了重要貢獻。

第三節　研究思路

　　中國史前岩畫藝術的審美特徵研究需要立足於圖像的探索和詮釋。不管世界任何角落的岩畫，我們在研究岩畫的審美特徵時，要充分對現場圖像進行認真、細緻以及原境化〔註242〕的讀取，因為原始社會的岩畫都是以圖像的方式呈現在我們面前的，巫鴻在尋找中國早期藝術圖像學證據的時候，使用考古材料和神話傳說來建立起一種「平行結構」。我在寫這部著作時，首先對《中國岩畫全集》（五卷本）的一些圖像進行了圖像化思考和認知，撰寫了30多萬字的審讀感受，這30多萬字是根據岩畫圖像來進行分析和闡釋的。中國史前岩畫幾乎全部是基於圖像層面的。不管在西班牙的阿爾塔米拉洞窟還是在中國廣西花山岩畫，它們都是通過美術元素中的點、線、面創構圖像，圖像中包含著象徵符號、指示符號、象形圖形以及抽象符號，而我們所說的岩畫就是憑藉這些由點、線、面所組成的視覺圖像呈現出來的。因此，我在撰寫

〔註242〕　原境（Context），這個詞彙一般可以翻譯成上下文（語境），特指的是一種原始的環境和氛圍。如我們研究原始岩畫，既要強調整體又要重視具體的原始環境和氛圍。研究岩畫圖像不能基於一個方向進行研究，要在其他方面進行溝通和探尋。原境和重構（Reconstruction）是相互連在一起的，原境雖然隨著時間消失了，但是，我們研究岩畫圖像需要對其進行重構原始的環境和氛圍。

這部著作的時候從岩畫的藝術圖像視角對岩畫的審美特徵進行詮釋。它既是被史前先民刻繪出來的圖像，又可以視為形象的載體，特別是通過岩畫的媒介、造型、構圖、藝術風格等方面……。

首先，對相關史料圖片進行全面、深入的挖掘和整理，為進一步推動岩畫藝術的審美特徵研究建立堅實的資料基礎。在這裡，本人基於《中國岩畫全集》（五卷本）、《西域岩畫圖案全集》以及《巴丹吉林岩畫精粹》等書籍中的圖片以及現場考察的照片，對史前岩畫圖像進行原型分析和比較研究，儘量還原圖片的原境。我從岩畫圖像的基本構成談起，如構成形式、構成要素、構成形態，在此基礎上對圖像進行審美觀照，並概括出圖像由內到外的審美特徵、表現方法、表現形式等方面。

其次，以岩畫藝術中的具體問題為導向對岩畫審美特徵進行研究，先進行一些宏觀性的論證分析，總結和歸納出岩畫圖像中的一些特點，基於圖像來分析岩畫的造型規律和特點，基於圖像自身的塑造來體察先民社會生活中的生命精神之奧秘。

再次，我們對岩畫進行整體的跨文化分析，結合考古、歷史、民俗、美學等不同學科相互印證，對岩畫圖像的內涵進行研究。在此基礎上，對岩畫不同母題進行分類研究，力圖揭示出較為紮實的岩畫審美特徵。在此過程中，要積極吸取相關學科的研究成果，並保持研究課題的前沿性和創新性。

最後，在以上三點基礎上，本文自始至終高度重視將中國史前藝術理論的現代轉化問題，努力探索中國史前岩畫審美與現代藝術美學、中西美學與藝術理論的對話與融合之路，試圖建構一個既能繼承古代文化、又具有現代意義的中國史前岩畫藝術的審美理論框架。

中國岩畫的審美特徵研究要基於多學科的研究思路。任何一個圖像都不是由單一的學科造就的，例如在康家石門子的岩畫點上，這些男女裸體的隱私部位都被原始先民誇大了，這裡面就隱藏著不同學科研究的知識點，我們要考慮符號學、藝術學、民俗學、宗教學等不同的學科，這就要求我們要運用不同的學科相互交叉進行研究。

第四節　研究方法

史前社會是人類社會在發展過程所經歷的五種形態之一，也是人類走向

現代文明的重要基礎。史前社會是動物與人在生產勞動實踐過程中互相分離的一個形態體，史前岩畫又是我們後代學人探索和研究人類童年的社會生產生活圖像、原始宗教、生殖崇拜以及原始思維等方面的重要切入點。本著作首先以馬克思主義方法論為指導，在內容和觀點論述上努力堅持以歷史唯物主義與辯證唯物主義相結合，堅持以歷史與邏輯相統一的方法。在此基礎上，著作擬採用以下研究方法：美學、二重證據法與思辨相結合、田野考察法、跨學科研究法、歸納法、文獻法以及宏觀與微觀研究等方法，從這些方法對岩畫藝術作審美溯源，從岩畫圖像中找到岩畫意象的外在諸多呈現層面，從線條、造型、構圖、意象創構以及藝術風格等各方面共同對岩畫審美特徵進行架構和梳理。

首先，美學研究方法。岩畫是美學的研究對象，也是中國傳統審美意識和繪畫藝術的主要源頭，中國史前岩畫包孕著先民對生命精神的體認，孕育著史前的審美意識，更包含著原始先民對物象的觀看和處理方式。岩畫中各種式樣的圖像「形成了鮮明而豐富的審美特徵：線條的裝飾性、時間性和情感性等線性特徵作為最為突出的審美因素，無疑彰顯了原始岩畫獨特的藝術魅力」〔註243〕。史前岩畫的造型體現了史前先民稚拙、粗獷而又簡約的審美風尚，也使得我們可以通過岩畫圖像來研究史前審美意識的發展與變遷，為我們當下的藝術作品提供一定的歷史研究資料。

其次，將二重證據與思辨方法相結合，試圖建構中國史前岩畫藝術的審美方法論框架。這種方法以岩畫遺址與理論的相互印證，從而實現理論的創新，讓更多的相關學術資源發揮它自身的重要作用，實現歷史與現實、理論與實證高度融合與統一的同時，將創新精神融入其中，並多層次、多視角地互印證，從而開創研究中國史前岩畫藝術審美特徵的新局面或新視角。

再次，田野考察法：在採用田野考察法的時候，尤其要重視對岩畫存在的地理環境、石材、岩畫圖像的基本面貌、岩畫存在的大致範圍以及當地古代社會文化進行詳細的記錄和拍照，對每一張岩畫造型要詳細地記錄它的位置和與其他岩畫之間的距離，同時注意對岩畫的保護工作。考察完畢之後，對岩畫資料、照片、所繪製岩畫的草圖進行整理並多層次、多視角、多視點全方位地進行分析。

〔註243〕朱志榮、朱媛著：《中國審美意識通史》（史前卷），北京：人民出版社 2017年版，第 6 頁。

　　第四，跨學科研究法：中國史前岩畫藝術的審美特徵是一個綜合性的研究對象，它不僅僅是基於岩石媒介創作畫面，對所刻繪的圖像進行分析，而且中國岩畫還與其他的學科有著千絲萬縷的聯繫，如與文化人類學、生態地理學、考古學、文化生態學、宗教學、藝術學、傳播學、美學、符號學等學科，因此，我們研究中國史前岩畫藝術的審美特徵就要將這些學科的知識資源進行整合與歸納，實現相互印證，相互結合，共同將一個問題探索出來。正如劉錫誠所說的那樣：「研究原始藝術現象……必須超越作品表面所提供的信息，把目光投注到中國文化的深處，投注到相關學科所提供的豐富的資料和方法，才能全面地把握住所要研究的對象的整體。」〔註244〕例如如果沒有藝術學的知識，我們就無法分析岩畫的造型是如何塑造的，岩畫自身所呈現的形式特徵和藝術風格特徵就無法領會；沒有符號學的知識，我們就無法理解原始先民在一些岩石上刻繪了很多具有抽象語義的符號都分別代表著什麼意思，沒有考古學的參與，中國史前岩畫就不能被發現等等。因此，為了真正把握中國史前岩畫藝術的審美特徵內涵，我們要綜合運用多個學科，多學科相互交叉，知識交融，你中有我，我中有你，從不同學科的知識交叉範圍中找到相關的知識點，以便更全面地論證中國史前岩畫意象與藝術理論精神在現實中的建構與呈現。除了以上列舉出的學科之外，我們還要借助於歷史學、社會學甚至更多的學科，進一步拓展和更新岩畫意象的研究思路。

　　第五，現場實物圖像研究方法。中國史前岩畫藝術的審美特徵主要保存於原始的岩畫圖像之中，以圖像為原點，從圖像中來分析岩畫的審美特徵。原始先民是以圖像向我們當下人講述那個時代曾經發生的事情，有圖必有意，圖像後面所隱藏的某種內涵均是要通過圖像向們呈現的，雖然有的古籍中詳細記錄了岩畫的線索，但是，文獻記錄缺乏對當時創作的論證，有的記錄甚至有些類似傳說或神話的意味，我們要借鑒田野考察對岩畫現場圖像進行審美研究。潘天壽說：「時代正由讀寫為主向視聽為主，而視聽時代一個重要特點便是密集信息造成圖像的濃縮和語言的省略，畫家更是沒有完整的時間啃大部頭的史論著作。」史前岩畫圖像大多數都是承載著某種宗教語言性質的，而這些圖像藝術品都是人類意象世界的產物和結晶，因此，我們要借助於田野調查的研究成果，對具體現實的圖像進行分類研究和審美特徵研究，並加以概括和歸納，總結出史前岩畫意象的理論脈絡。

〔註244〕劉錫誠：《原始藝術與民間文化》，中國民間文藝出版社1988年版，第200頁。

　　運用這種方法時要注意以下三個問題：首先，對現場的實物圖像要體現實證精神，要尊重歷史實物圖像，尊重其周圍的社會環境以及居民現在的居住狀態，依據歷史實物圖像對史前岩畫審美特徵進行深刻入究，不盲從，不跟風，要秉持對實物圖像實事求是的探索求證精神，不能偏離現場實物圖像的表層結構而作主觀化的猜測和臆斷。其次，我們要把中國史前岩畫審美特徵放置在整個中國美學思想發展史的大的構架之中，來考慮史前岩畫審美特徵在整個美學發展進程中的地位和意義，從一定的學術高度進行前後分析和研判，注重不同時代的政治、經濟以及當地民俗對岩畫審美的影響，深切體悟現實實物圖像中所體現的原境性。再次，要注意保護現場圖像，在調研完畢的時候，要注重恢復圖像的原來面貌，盡最大努力保護和修復周圍的原生態環境。

　　第六，文獻研究法。文獻是研究中國史前岩畫審美特徵的主要陣地，是除了考察法之外另外一個重要研究方法。涉及到岩畫的文獻比較多，比較多元化，而且，我們能直接從市場中或者網絡中直接擁有文獻。這些文獻資料涉及到不同的方向，有的是介紹藝術本身的，有的是宗教的，還有的是考古的，這些不同方向的研究資料為我們研究岩畫的審美特徵提供了可以借鑒的新視野和新切入點。本著作在撰寫的過程中，下載、購買、借閱文獻資料（書籍）400 多本，特別是中國知網提供了大量的這方面的論文，包含不同學科，不同研究視角，並且將這些資料通過軟件識別，做成可以識別的、容易查閱的 word 或 pdf 文檔。

　　第七，歷史方法。原始文化和史前岩畫的研究方法之一就是我們確定怎樣用現代的視覺語言和思想觀念去還原當時的所發生的場景。由於現代人和原始人類之間發生時間和空間的斷裂，我們無法將對面的史前人類或者巫師請過來來講述岩畫是如何創作的，每一幅岩畫的內涵是什麼，等等，我們只能通過對圖像進行審讀來還原史前的歷史文化語境，以那個年代的思想去敘述那個時代所發生的故事。牛克誠也要求研究岩畫要從歷史切入的方法進行研究，還原岩畫的生存的原有環境。從以上兩位專家的言語中我們可以得知，我們研究原始藝術就要回歸到那個時代的「原境」，用那個時代先民自己的話語去講述岩畫圖像自有的時代內涵，撇去現代人的思維偏見，運用史前社會所形成的思維觀念、造型方式以及審美情趣對岩畫圖像進行概括和總結。

　　本書在充分掌握有關歷史資料與圖像的前提下，積極運用文獻查閱、網絡調研、個案研究、專家訪談等研究手段，結合中外學者的研究成果，積極通過網絡、電話或者電子郵件諮詢有關專家與學者，並將宏觀研究和微觀研究統一起來，形成一個既能體現整體與局部，又能呈現繼承與創新的岩畫論文。

　　綜上所述，史前岩畫藝術的審美特徵是中華民族在長期的審美實踐與生產過程中逐漸積累形成的，其中就包涵了中國史前岩畫的藝術實踐。它是由史前先民在長期的勞動與生產實踐的過程中得到啟發並創造的，是中華民族審美實踐的具體結晶和體現。這種獨具特色的史前藝術審美，值得我們後代學人借鑒、傳承與發展。我們在研究原始岩畫審美特徵的時候，要最大限度地將以上的方法與手段融合為一，「應盡量中西參照，方法多元，視野開闊，在重視中國美學獨特性、整體性的基礎上對其進行規範、總結，使其更加學理化，從而為當代美學，乃至為世界美學提供源頭活水。」〔註245〕我們要從全球意識和當代意識出發深化對中國史前岩畫的審美特徵研究，加強與全球岩畫學者之間的對話與交流，會通中西，兼容古今，以當下的審美精神和岩畫研究的實際出發，充分汲取中華民族優秀的藝術形式和理論，並將其發揚光大，不斷地將我們祖先的藝術話語通過一定的渠道傳播出去，並且把國外的一些研究成果傳播到中國來。在世界岩畫藝術的審美特徵研究範圍中，我們需要有中國傳統文化和中國岩畫學者的話語，在此基礎上，積極在全世界建構基於中華傳統美學視野下的岩畫審美話語。本書引用了相關學科的成果，但是並沒有侷限於此，而是基於前輩研究的成果提出了自己的新說、新解，用原境的話語去訴說岩畫自身的原始意象。雖說原始岩畫是靜止的、不會言語的，但是我們要從空間、想像力、跨學科、跨文化以及尋找同類圖像等方面對其進行平行互證。

第五節　研究意義

　　史前岩畫就是現代文明的「源頭活水」。中國史前審美意識主要通過先民的造物、繪畫體現出來，特別是通過岩畫這種形式將先民的內在審美意蘊和

〔註245〕朱志榮、朱媛著：《中國審美意識通史》（史前卷），北京：人民出版社2017年版，第15頁。

外在對生活熱情洋溢的讚頌鮮明生動地表現在畫面上。岩畫是人類進行藝術創作的最初級的藝術形式和藝術種類，是原始人類社會物質和精神的高度濃縮，孕育了中華民族樸素而又逸靜的審美意識。它的線條、造型、構圖等形式以及意象等方面的特點，時時刻刻地都被後代人所借鑒，成為我們造物和研究對象的一個重要的切入點。研究岩畫就可以幫助我們回答原始思維、宗教巫術以及原始藝術的特點是如何發生與建構的。因此，我們研究岩畫就是在研究人類的最初發展階段的文明，它對中國藝術審美視域的全新建構具有某種拓荒作用。它「將中國審美意識史溯源上溯了數萬年，而且對於我們今天將中國傳統的美學精神發揚光大、走向世界提供了重要的感性資源」〔註246〕。

　　史前岩畫意象是中國審美意象的濫觴。〔註247〕岩畫是反映原始社會的經濟生產、原始宗教思維以及人文景觀的一面鏡子，它是基於藝術的視角而進行的一種具有不同風格意味的主觀詮釋，它是我們歷朝歷代藝術意象的最初來源，只有從藝術作品發生的源頭開始查找，我們的藝術創作和意象研究才能找到出發點和落腳點。中國史前大量的藝術品被先民通過巫術或者其他的實踐形式創構出來，特別是大量的岩畫作品，這些作品一方面憑藉刻、鑿、繪等藝術技巧並運用美術元素將一個個生動的場景意象地呈現出來，把作品中的每一個物象的動作與姿勢以及它所展現出來的「大象無形」和「玄妙之美」的審美特徵表現在岩石這個狹小的二度空間之內，它們都是先民接觸世界、感悟世界、呈現世界的最初明證，自然也成為具有審美意味的「實踐者」和「執行者」。這些物態化的形態為後來中國審美意象走上獨立發展的道路功不可沒。在廣西花山岩畫、雲南滄源岩畫以及新疆庫魯克岩畫區，這些岩畫都將先民最初所具有的審美意識萌芽生動地展露了出來，造型中的每一根線條都內蘊著古代先民樸拙、質樸、簡約的審美風尚，岩石上的每一幅作品都是我們傳統意象的源頭活水，都揭示了原始先民的經濟生產、精神生活、哲學思想、宗教思維以及先民自身觀看宇宙的方式。另一個方面，原始先民所創構的岩畫意象充分體現了先民觀看現實物象和體悟世界的方式，他們憑藉

〔註246〕朱志榮、朱媛著：《中國審美意識通史》（史前卷），北京：人民出版社2017年版，第4頁。

〔註247〕韓叢耀主編，陳兆復、邢璉著：《中華圖像文化史》（岩畫卷・上），北京：中國攝影出版社2019年版，第32頁。

這些刻塗在岩石或在崖壁上的圖像,「以象表意」、「以象達意」,將每一幅圖像所表現的意象通過圖像的外在形式活靈活現地呈現出來。

中國史前岩畫的審美特徵研究可以激活中國傳統藝術美學的潛在資源,實現其價值,並讓其在當下發揮重要的作用。首先,中國傳統藝術品類繁多,且都深深地植根於傳統社會之中,我們研究中國史前岩畫的審美將為其他的傳統藝術審美提供了一個契機,極大地拓寬了傳統藝術審美的研究資源,豐富和完善了中國史前藝術史的研究。其次,研究中國岩畫的審美特徵可以拓展和彰顯中國古代文論在當下的學術價值。中國史前岩畫藝術的審美特徵研究將提升岩畫研究的新視野和新視角,用線、形、意的話語去訴說先民的祈願,這為當下的旅遊文化和文化創意產業的發展注入了新的活力。再次,研究史前岩畫的審美特徵可以豐富中國古代意象理論體系,通過對岩畫審美意象的研究,拓展夏商周以前的意象研究,使得我們的意象史研究可以追蹤溯源,以史前作為起源點,以線的形式嚮明清發展,使得中國審美意象成為一個研究整體。可以說,沒有中國史前岩畫的加入,中國古代審美理論就不完整,它顯然是中國古代美學體系中一個重要的組成部分,以當下的研究視角來詮釋具有傳統美學中的一個「點」,對於整個美學界的學者們來說具有極其重要的現實和歷史意義。

中國史前岩畫的審美特徵將為當下的各類藝術意象的研究注入新的活力。自從 17 世紀彼得·阿爾遜(Pederr Alfsson)〔註 248〕在瑞典波罕斯浪發現岩畫,人類就對岩畫這種藝術種類開始了孜孜不倦的探索。中國岩畫分布區域比較廣,從大約四萬年一直發展到明清時期,而且我們明清以前甚至現當代的文化藝術形式均可以追溯至古代岩畫,它的塑形方法、經營位置、題材內容、構圖方法、線條塑形等各個層面都將為我們研究現當代其他藝術意象提供有力的參證,從而不斷推進中國藝術意象研究的進程。

中國史前岩畫的審美特徵研究,可以為藝術意象理論、藝術史以及美術史提供新的研究思路和研究方法。本研究對象是多學科的整合研究,也就是說,我們研究藝術史、美術史以及各類藝術意象都需要使用很多學科的資源。中國史前岩畫的審美特徵自身有著自己的研究特點,我們要從田野考察開始,對文獻和遺跡通過二重證據法進行比較研究,在此基礎上對各類岩畫母題

〔註 248〕〔意〕伊曼紐爾·阿納蒂著,陳兆復主編:《阿納蒂論岩畫》,北京:文物出版社 2019 年版,第 8 頁。

意象研究，形成宏觀與微觀相結合的研究思路，這種研究思路為我們當下研究藝術史或美術史提供了借鑒。中國史前岩畫是原始先民自身的話語傳播形式，它運用點、線、面等美術元素將一個個生動活潑的造型意象傳播開來，我們要緊密結合現實圖像、文獻研究、歷史研究、跨學科研究以及田野調查研究等研究方法，來探尋和建構中國史前岩畫意象，這類研究還為我們研究現代一些少數民族的藝術意象提供了研究思路和方法。

我們要立足於當下的藝術審美，結合中國史前岩畫的審美特徵對當下的藝術現象進行深度的挖掘。當下，我們生活在一個後現代藝術的世界裏，不同的藝術種類具有不同程度的審美表現。我們要從當代這些審美表現出發，不斷地挖掘和探究中國古代繪畫藝術的審美及其表現形式，特別是對中國史前意象要進行深層次挖掘和探究，還原先民造物的初心，並將先民的文藝思想進行彙編整理，使之成為我們後代學人研究史前社會的重要參考資料。

總而言之，研究中國史前岩畫的審美特徵是基於傳統文化視角下的一種圖像的審美觀照，是對後代造型藝術的溯源，研究岩畫藝術的審美特徵有利於豐富和彌補當下造型藝術呈像的一些審美缺憾，豐富現當代的旅遊文化形式，增加現當代旅遊文化場所，為當下的文化創意產品設計提供一些鮮活的生命力。當下藝術的研究既要體現藝術的時代性和文化性，又要彰顯中華民族優秀文化傳統的審美精神。這就需要這類具有古典審美意味的傳統物態化資源為當代藝術創作提供新的視角，為現當代的建築裝飾提供了新的題材和審美資源。因此，我們要積極挖掘古代藝術的審美表現，特別是史前岩畫藝術的審美特徵，並基於這類藝術的審美特徵來為現當代的文化形式服務，以此拓展人們的審美視域，滿足人類自身的精神需求。

第一章　史前岩畫線條的審美闡釋

　　中國畫線條的運用，可以追溯到史前的岩畫藝術。那時大量原始岩畫中的圖案造型都是以線條進行構像，「線」是岩畫造像的主要介質，是先民非常重要的表現形象手段。中國史前岩畫屬於線性藝術，包括它的形象塑造、構圖布局以及表現題材等方面，都貫穿著線性的思維脈絡。正如宗白華先生所說的那樣：形象的姿態是從線條中展現出來的。[註1] 史前先民用線條去勾勒輪廓，用線條去填塗輪廓內的面，並對物象進行具象和裝飾性的描摹，來表達主觀化的審美情感。先民們充分利用鑿刻或者繪製等技法將栩栩如生的輪廓形象，通過舞動的線條清晰地表現出來。每一個岩畫點的線刻岩畫都有自己明顯的表現形態、特徵、方式以及功能取向。原始先民嫻熟地運用線條來表現原始社會中不同物象的面貌和先民對物象所灌注的精神情感，它給我們呈現了筆簡意豐的審美特點，無意中傳達了一種稚拙、樸實而又生澀的線條審美風尚，表現了史前先民對生命律動的深切感悟。因此，岩畫始終體現著中華民族藝術生命的「內在」審美精神和審美特質。它的出現，對後來的中國漢畫像石、山水畫、花鳥畫的線性塑造和表現起到了引領作用。

　　縱觀我國的史前岩畫，我們可以發現大量的線性岩畫造型作品。例如在珠海高欄島上的岩畫，以曲線為主，複雜的曲折線條將一艘正在行進的航船抽象地勾勒出來。在香港地區周邊的島嶼上存有大量的鑿刻人物和行船的岩畫。這些岩畫用直線和圓曲線勾勒圖像，線條曲折有致，豐富多姿，由線條

〔註 1〕宗白華：《宗白華全集》（第三卷），合肥：安徽教育出版社 1994 年版，第 463 頁。

所勾勒出來的圖案呈現幾何化形態。西藏日土縣任姆棟的鹿岩畫，畫面中的形象均以雙曲線勾勒動物的外輪廓，以單線（弧線）對物象的腹部進行裝飾，同時以螺旋紋線條刻繪了鹿和豹子的臀部、肩部，清楚地表現了動物運動時的骨骼和肌肉。寧夏賀蘭山大西峰溝的站立老虎岩刻，以粗細不均的曲線清楚地刻繪了一隻站立的老虎，張口獠牙。老虎的臀部和肩部均是以螺旋紋線進行裝飾，老虎的腹以平行直線進行填充，從整體上向我們呈現了原始岩畫線條的僵直、嚴峻以及威嚇的心理感受。總而言之，散落在我國各地的史前岩畫藝術作品，大多數的藝術形象均以不同形態的線條為主要外在表現形式，它們多數作品都呈現出了「抽象的主題、幾何圖形和線條痕跡」〔註2〕。對各種物象的內外結構進行構像。他們用流暢的線條去描摹或誇張現實中的物象和場景，並用簡約化的線條將其概括和簡化，從而使得所構之像姿態優美、生動逼真，展現了他們對物象和場景的美好追憶，凸顯了原始物象的生命精神和審美內涵。

第一節　線條的形態

　　史前先民將線條作為表現物象形態的主要媒介。在世界上任何一個岩畫點上，大多數的先民都嫻熟地運用線條去表現物象的形態。從中國連雲港將軍崖的人物到大洋洲的澳大利亞阿納姆的精靈，線條這種形式遍布在世界各大岩畫點上。它範圍之廣，數量之多，令人驚奇。並且，其繪畫的風格以及視覺性尤為顯著。先民們以單線、複線對物象的輪廓進行勾勒，對物象的運動軌跡進行記錄，並以線條的稚拙藝術風格來傳情達意。先民們在表現人物形態的時候，更加強調對於人形的大體表現，尤其關注人物的動作、姿態和神情，而非細節，試圖讓線條去體現人物內在的生命精神。在表現動物的時候，先民們重點用簡約的線條去表現外形，以線去抓取動物的姿態和內在生命韻律。在表現抽象符號的時候，線條更是成為他們表現自己內心對物象激動不已的重要媒介，他們迫切地想通過線條去表現他們對物象的認知、情趣及審美狀態。

　　岩畫中的線條呈現出不同的形態。先民在岩畫創構活動中，對現實物象進行高度地概括和抽象，他們運用不同屬性的線條形態，去表現他們內心所要呈現的視覺畫面，馬列維奇將這種運用不同形態的線條進行個性化表達稱為

〔註2〕Jo McDonald, Peter Veth. *A Companion to Rock Art*. Wiley-Blackwell, 2012, pp.385.

「附加元素」〔註3〕。這就使得一些岩畫圖像呈現出簡約、抽象、概括之美，並逐漸認識到線條存在著不同的形態，如直線、曲線、幾何線以及自由線等等。這些不同形態的線條有的曲中帶直給我們呈現了寧靜之感，有的自由並呈現活潑之感，有的僵直給我們呈現了拘謹的視覺感受，還有的體現出其他的情感色彩。他們通過這些不同形態的線條去真情意切地表現物象外在的形狀以及作者對物象的體悟程度。先民使用簡約而又具有概括性的不同形態線條就能將一些物象表現得栩栩如生、生機盎然。這充分表現了先民使用線條的嫺熟性和高度的概括能力，突出了先民們對生命的熱愛。

　　首先，岩畫線條中的直線形態。直線這種線條給我們呈現出一種剛強、僵直、呆板以及傷感的明確線性屬性，特別是在原始社會的後期，這種「直線壓倒了曲線、封閉重於連續，弧形、波紋減少，直線、三角凸出，圓點弧角讓位於直角方塊。」〔註4〕「其中粗直線顯得強有力而又遲鈍、粗笨、稚氣；細直線顯得敏感、尖銳，有緊張感；粗糙、斷續的直線顯得焦慮不安。」〔註5〕這類線條在現代的藝術作品中不是很活躍，但是在中國史前岩畫中比較普遍。當然，除了曲線之外，直線在中國史前岩畫中使用的頻率非常之大，而且在任何一個岩畫圖像之中都能感受到作者在用直線形態去概括物象的形狀。他們往往表現一個物象的主要結構或形態，如人的軀幹，動物的軀幹以及物象的局部等。連雲港將軍崖中的人面形象大部分部位是通過直線去表現的（圖5），以直線把臉部直接分割成不同的幾何造型，造型具有濃厚的抽象意味。廣西花山崖畫無論人物、動物的軀幹還是各種配飾，方中帶直，直中帶曲，先民們均使用直線去表現他們對河神的敬重和崇拜。廣西靖西岩懷山的岩畫形象也都是先民使用大量的直線形態，三至四條直線相互交叉，去表現星紋。還有一幅在新疆阿勒泰地區哈巴河縣多尕特的岩畫《舞蹈人像》，生動地呈現了史前舞者的舞姿。創作者用簡約的四根直線將舞者的舞姿繪製出來。舞者兩臂伸展，好似在呼喚什麼一樣，兩腿叉開並有尾飾。岩畫中的舞蹈乃是以有限的直線形態去傳達無限的審美意蘊，通過直線的交叉書寫使得主客觀相統一，心物交融、物我一體。這些形形色色的直線形態給我們直觀地

〔註3〕〔俄〕卡西米爾·塞文洛維奇·馬列維奇：《非具象世界》，張含譯，北京：中國建築工業出版社2015年版，第38頁。

〔註4〕李澤厚：《美的歷程》，北京：生活·讀書·新知三聯書店2009年版，第31頁。

〔註5〕馮軍勝：《中國岩畫造型的線條藝術》，《內蒙古社會科學（漢文版）》2002年第06期。

勾勒了一個經過先民高度概括形成意象圖形的過程。他們用率直的直線形態去代替柔和的曲線形態,這種直線形態超越了現實的物象,甚至更超越了原始巫術的精神力量。每一個經過直線表現的形態都準確地呈現了物象的粗略面貌,這些被直線形態塑造的物象顯然具有直接、理性、概括、簡略與象徵的審美特性,非常恰當地給我們呈現了先民的精神訴求和言外之意。

圖5:連雲港將軍崖岩畫

來源:自己拍攝

岩畫中的直線形態有長短之分。中國史前先民具有優秀的物象概括能力。他們能將一些不重要的細節刪除掉,用長短的直線形態去勾勒大形。先民常常利用長的直線形態去勾勒物象的整體面貌,如人物的雙肩、脊柱以及從腋下到小腿。其他物象的主要結構。如肅北縣大黑溝樹木的主幹,就是用一條長的直線形態從上到下表現出來。先民也能將比較粗的局部很嫻熟地歸納成一種由幾個短直線構成的長直線形態。先民還經常使用短直線形態去呈現一些細節的裝飾,如人的面部幾何短線和動物的軀體裝飾。史前先民用短直線形態勾勒的部位主要是一些細小的局部,如內部輪廓內的一些經過先民概括後的細節。這些細小的短直線形態為岩畫圖像建構更加唯美的藝術境界增添了裝飾氛圍。例如在內蒙古交勞格道岩畫點上有一幅人物與動物的岩畫(圖6),畫面上先民使用褐紅色繪製了一個站立、雙腿叉開、雙臂伸展的正面人物形象和一個輪廓形狀的側面動物。特別是人物的繪製,作者用一條長直線將人物的脊柱從頭到腳簡約地呈現出來,而雙臂和雙腿的則用短直線去表現。

圖6：內蒙古呼倫貝爾盟大興安嶺交勞格道岩畫

來源：《中國美術分類全集》編委會：《中國岩畫全集》（北部岩畫），瀋陽：遼寧
　　　美術出版社2006年版。

　　其次，岩畫線條中的曲線形態。人類在童年的時候，並不是在岩石上直接
刻繪出直線，而是以一種螺旋線式的曲線對物象進行審美表現。「曲線有優雅
柔美的品質。有規則的曲線給人速度感、彈力感，具有明快、柔軟的雙重性格；
自由的曲線更舒展、自由，也更圓潤、有彈性（沒有彈性和韻律的曲線是不美
的）。」〔註6〕史前岩畫形象中的曲線形態可以分為圓弧線、波狀線、蛇形線以
及有或無規律的自由曲線。這些不同種類的曲線均是先民「近取諸身，遠取諸
物」〔註7〕的取象結果，體現了先民們較為自由、灑脫、生動活潑的審美品位。
英國藝術理論家荷加斯在《美的分析》中對線條有自己的闡析：「曲線，由於相
互之間在曲度和長度上都可不同，因此而具有裝飾性。……波狀線，作為美的
線條，變化更多，它由兩種對立的曲線組成，因此更美，更舒服。……其動作

〔註 6〕馮軍勝：《中國岩畫造型的線條藝術》，《內蒙古社會科學（漢文版）》2002 年
　　　第 06 期。
〔註 7〕黃壽祺、張善文：《周易譯注》，上海：上海古籍出版社 2012 年版，第 343 頁。

就是生動的。」〔註8〕在中國史前岩畫中,曲線形態的使用在岩畫形象的造型表現中佔有首屈一指的地位。我們觀看任何一個岩畫點上的岩畫,曲線形態往往以表現動物為主,特別是動物的外在輪廓,先民利用曲折的線條將對象的體態栩栩如生地表現出來。物象的曲線越多越能顯示出物象的繁雜和裝飾性。如臺灣萬山孤巴察岩畫中的一幅岩畫《漩渦紋與蛇狀曲線》,整幅岩畫運用大量的抽象曲線和漩渦紋刻繪於岩石表面,有複線同心圓,也有半圓、蛇形線穿插在其中。其中抽象曲線形態形成的蛇形線條相互交錯,帶有濃鬱的原始宗教祭祀氛圍。同樣,這種曲線在國外的岩畫點上也大量出現過,這樣就證實了曲線這種線形態不但在中國的岩畫形象上頻繁使用,在國外也是如此。如在英國諾森伯蘭有個 Roughting Linn 的岩石上(圖7),大量的圓曲線和漩渦紋展示了複雜的物象設計,以最裏面的一個點為基礎,在它的上面有二至三層同心圓線,圓線刻繪極為工整和規矩。從中心點伸出了一個豎線,這表示植物的主幹。在同心圓圈的最上面有八條短豎線。這些曲線形態在太陽陽光的照耀下熠熠生輝,把先民的巫術思想寓於這些曲折婉轉的線條之中,簡約而又傳神。

圖7:英國諾森伯蘭岩畫

來源:Chris Mansell. Ancient British Rock Art: A Guide to Indigenous Stone Carvings. wooden books Ltd, 2007.

〔註8〕〔英〕威廉·荷加斯:《美的分析》,楊成寅譯,佟景韓校,桂林:廣西師範大學出版社 2002 年版,第 93~96 頁。

曲線呈現了線條參差不齊的藝術形態。先民們認為，曲線象徵一種柔和的性格，曲線能將物象的高低起伏、參差不齊的外形刻繪得很具體，能展現物象的面貌，能體現出岩畫形象的外在精神風貌。每一條曲線形態均受到製作者的雕刻技術、審美心理以及周圍環境的影響，給我們呈現了一種自然、古樸、稚拙性的藝術風格。如賀蘭山的老虎岩畫，先民所刻繪的老虎均使用參差不齊的線條將物象的外在形態栩栩如生地呈現出來。在整條的曲線形態中，有的粗壯，有的纖細，有的繁密，有的疏鬆，呈現出節奏、韻律感。又如新疆阿勒泰布拉特的鹿石像（圖8），整個鹿的形象被作者用純淨優美的曲線形態繪製出來，特別是鹿角被先民以弧線將鹿角一段一段地、細節鮮明地呈現出來。

圖8：新疆阿勒泰地區富蘊縣布拉特岩畫

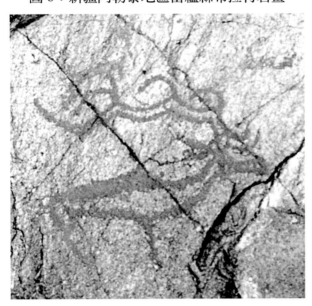

來源：《中國美術分類全集》編委會：《中國岩畫全集》（西部岩畫2），瀋陽：遼寧
美術出版社2006年版。

再次，岩畫中由各類線條組成的幾何形態。幾何形態在中國史前岩畫造型中較多，先民在用線條構成幾何形態時，更加注重線條的概括性和高度簡約性，幾何造型並不是先民對物象簡單或草率的勾勒，這種形態往往是由具有理性觀念的線條分割架構而成。一方面去表現一個物象的外在形態或者記事，如田地、人面以及具有象徵意義的抽象符號等。另一方面具有某種神秘的宗教觀念。這些幾何形態中的線條大都呈現出一種稚拙的風格特性。這可能是受到鑿刻技術的影響吧！如寧夏石嘴山有一幅反映放牧的岩畫，畫面上

被作者用直線將牧羊分割成好幾塊幾何形態，整個軀體呈現出一種方形的造型結構，充分顯示出幾何形態的直觀性。

幾何形態中的線條給人直接而又鮮明的審美感受。山東日照天台山有一幅《祀日圖》岩畫，畫面上用線條組合成幾何形態，並清晰地勾勒出人舞蹈的樣子，用線條式的三角形將山直接表現出來。在國外的塔西里岩畫點上，畫面上人物的胸部均被作者刻繪成由各類的線條組成的幾何形態，有三角形、平行四邊形、梯形等形態，這些幾何形態的線條將對象直接分割成幾個部分。

最後，岩畫形象中曲直交叉的線性形態。中國史前岩畫形象中存在很多單個形象中既有直線形態，又有曲線形態的情況。在表現動物的時候，這兩種形態彼此交叉使用。直線形態一般表示軀幹，有時候表示雙臂等部位。而曲線形態一般表示動物的角、尾巴、四腿等部位，在形態中呈現出曲直結合、剛柔結合、感性和理性相互交疊的審美趣味。在賀蘭山岩畫中有一幅獵手的形態（圖9），作者充分使用了兩種形態的線性屬性，畫面中作者將狩獵者的外在軀幹概括成圓弧線，顯得圓潤飽滿、流暢自然。裙底和雙臂概括成直線，而弓箭則被橢圓形造型代替，簡潔而又形象，將狩獵者和動物之間的姿勢淋漓盡致地表現了出來。先民們交替使用這兩種線條，一方面體現了求新求異的審美情趣，另一方面也彰顯了史前社會濃鬱的圓潤和諧的審美品位。

圖9：寧夏賀蘭山岩畫

來源：《中國美術分類全集》編委會：《中國岩畫全集》（西部岩畫1），瀋陽：遼寧美術出版社2006年版。

　　總之，線條是中國史前岩畫形象的重要表現媒介，也是先民們表現人和動物各種精神風貌的主要形式。線條對於岩畫先民來說，不但是一種主要的表現媒介，而且先民們通過不同的線條形態可以表現出不同的審美情趣。這些豐富多彩的線條所構成的各種形態，明顯地可以喚起受眾對各類形態的聯想和想像，這就使得岩畫中的抽象線條成為反映現實物象形態的重要形式。先民們主動借用直線、曲線、幾何線以及曲直線性形態去呈現物象的基本外形和內外結構。他們用這些線條形態去訴說過去的社會民俗民風，用這些線條形態默默地祈禱氏族的子孫繁盛，用這些線條形態去暢想他們對美好生活的嚮往。在這裡，先民們使用寥寥的數筆線條就能將物象簡略地概括進去，充分表現了史前岩畫線條豐富的審美意蘊，凸顯了先民們高度的概括能力和寫意意識。

第二節　線條的特徵

　　中國史前岩畫在表現物象的時候，史前先民高度重視線條的抽象性。他們用這些經過高度抽象的線條形態對物象進行書寫和寫意。每一個岩畫圖像均呈現出抽象和簡約的審美特徵。它們也都是先民觀物取象、物我融合、虛實結合、體悟得道的產物。史前先民用線條直接呈現物象的形態，把自我的生命精神和物象的內在韻律結合在一起，從而形成了具有主觀化特徵的審美意味。抽象和簡約這兩種表現特徵在很大程度上影響了中國古代繪畫藝術，特別是中國古代寫意的人物畫和山水畫。研究岩畫的線條表現特徵對我們以後研究青銅器、漢畫像石以及中國園林都有很好的借鑒作用，對當代的繪畫實踐也具有啟發意義。

一、線條的簡約性

　　古代先民在岩畫中塑造物象的時候，更加強調使用簡約的線條來實現他們的夙願。先民們的每一個刻繪都和簡約的線條有著千絲萬縷的聯繫。簡約的線條不但塑造了生動的物象外形。更重要的是，這種高度簡約化的線條給我們呈現了原始先民的生命精神和內在審美趣味。圖像中的每一條簡約的線條都將意象造型呈現得淋漓盡致。它打破了物體塑造的基本規矩，使高度濃縮、律動化的線條成為內蘊原始哲學並超越一切時空的形式載體，用這些簡約的線條去體現一些不可言說的文本內容。這種簡約化的線條也顯示出原始先民對現實物象的高度提煉能力。

中國史前岩畫形象呈現一種線的簡約性，這為後來的中國古代繪畫提供了一些借鑒。中國史前岩畫在其創構之初，岩畫作者巧妙地借用了簡約化的線條對運動和靜止的物象進行高度提煉和歸納。他們將物象中非常繁雜的細節有意識地作了刪除，對物象的某個特徵高度簡化和濃縮。在這裡，「這種造型能力和意識的發展，也帶來了新的造型觀念：不是對人或物象逼肖求似，而是在極為簡練的形式中獲得對象單純而鮮明的印象。」〔註9〕在對待現實物象的時候，先民們積極尋找物象中的最佳表現部位，用最簡單的線條將物象的特徵言簡意賅地表現出來。他們「根據客觀的形，用『線』去概括提煉、組合創造成為一種藝術符號和程序。」〔註10〕中國史前岩畫中的「簡」是對物象形態的一種主體感悟和「昇華」，以簡約的線條寫形，以簡約的線條呈現形，主動去掉那些細枝末葉，保留那些體現本質特徵的線條。

史前先民對物象的簡約一般可以分為兩種：一種是直接對現實物象觀察之後獲得的啟發和影響，這一部分依據現實的物象進行概括和歸納。另一種是對現實物象進行抽象和符號化的圖案處理，如簡化成直線、十字形、圓形、幾何形等。這一部分的紋飾大都呈現某種精神觀念或者宗教信仰，如生殖崇拜、天體崇拜或者太陽崇拜等等。縱觀我國南北方的岩畫，以上述這兩種簡約化手法在岩畫圖像創構活動中出現頻率較高。史前先民一般將具體物象進行抽象化或者符號化，然後選取最容易揭示物象的結構和特徵的地方，最大化地省略內部的細節，並運用粗細不等的線條去表現外在的輪廓，如畫帳篷就只刻繪帳篷的內在支撐結構，畫獵人持弓就畫他的外在輪廓，把動物的頭和身軀簡化成一條線，史前先民將簡約的線視為一種表達自我審美情趣的造型方法。對於史前岩畫中的犛牛的走動、獵人的蓄勢待發、動物受傷倒地的嘶叫以及圍獵場景的氛圍等，原始先民都運用不同粗細的線條就將這些動態的物象簡約化地記錄下來，每一個物象僅僅為寥寥數筆。正如伍蠡甫先生說的那樣：「繪畫……要求筆墨儘量從簡，方能突出意境，寄寓深遙。」〔註11〕如連雲港將軍崖的老祖母與孩子們的形象，先民只是從頭下面向下引一條垂直線就代表了人的軀體；內蒙古阿拉善曼德拉山的戰鬥岩畫，用彎曲的一條線

〔註9〕王朝聞：《中國美術史》（原始卷），濟南：齊魯書社2000年版，第294頁。

〔註10〕馮曉林：《論畫精神——傳統繪畫批評的基本範疇研究》，北京：中央編譯出版社2016年，第65頁。

〔註11〕伍蠡甫：《中國畫論研究》，北京：北京大學出版社1983年版，第113頁。

去表現一隻手臂拉弓射箭的姿勢，用一條直線表現從脖子到胯部，一條「U」線條表示兩條腿叉開。線條把物象從無數個面突然轉換到由簡潔的線條組成的視覺圖像上，這些簡潔的線條構成了人類提取自然物象的重要依據，這使得物象的外在造型更加具有視覺簡約化的效果。因此，線條的簡約性充分表現了原始人類的造型語言的特點。這種簡樸而又稚拙的審美趣味偏好，能展現出史前生活的真實和先民旺盛的生命力，昭示了原始先民的審美風尚和審美特徵，是後代審美發展的重要基石。

　　史前先民用線條把物象簡化成一個平面形象。不管是俄羅斯希什金諾的牛形象〔註12〕、挪威北部諾爾蘭岩刻中的馴鹿形象〔註13〕，還是中國新疆吐魯番柯爾城村的大角羊形象〔註14〕與印度皮摩波特卡〔註15〕岩刻中的魚形象，這些岩畫均有一個共同的表現特徵，即這些物象均被岩畫家運用極其簡約化的線條勾勒成一個平面的形象，只勾勒外在的輪廓而省略了物象內的一些細節，讓岩石的表面來充當它們的軀體。這種造型方式往往表現為：先民使用線條刻畫出物象的外在形態，不管是經過雕鑿還是繪製，都將現實物象的三維空間轉變為人眼中的二維空間觀念。這種轉變可能存在某種難度，但是，先民為了傳達某種情意，他們用粗細不等的線條來勾勒物象的內外輪廓形態。特別是外在形貌，省略軀體內的一切細節，將物象表現為一種高度簡約化的平面二維圖形。人物多取正面並用線勾勒，而動物則使用側面的視角來表現平面性。因為只有這樣表現，才能從岩畫的平面圖像中去突顯物象最本質、最重要的特徵。在阿塞拜疆巴庫地區（圖10），史前先民用堅硬的對象將一頭具象性的牛鑿刻在岩石上。這個野牛形象的塑造方式與中國史前岩畫的構造方式相類似，都是使用簡練的線條將牛身外輪廓塑造成平面式樣。牛軀體內的細節已經被省略，牛軀體被岩石的肌理表面所代替，只留給我們一個有簡約輪廓線構成的平面圖像。從整體上來看，這個圖像就是利用簡約的

〔註12〕內蒙古自治區文物工作隊編印：《文物考古參考資料》，1980 年第二期，第 18頁。

〔註13〕陳兆復、邢璉：《外國岩畫發現史》，上海：上海人民出版社 1993 年版，第 78～79 頁。

〔註14〕《中國美術分類全集》編委會：《中國岩畫全集》（西部岩畫 2），瀋陽：遼寧美術出版社 2006 年版，第 104～105 頁。

〔註15〕陳兆復、邢璉：《外國岩畫發現史》，上海：上海人民出版社 1993 年版，第 184頁。

線條勾勒外形，並圍合而成的一個平面圖像。這個圖像類似於一個平板，緊緊貼在岩石之上。這個平面形象在空間上只有上下和左右的兩度空間，沒有縱深，物象的特徵也隨著平面的造型形態清晰地顯露出來。

圖 10：阿塞拜疆巴庫岩畫

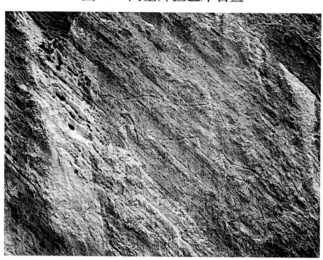

來源：唐詩傑

　　史前先民運用線對物象進行簡約概括。史前先民在創作岩畫的時候，線條的概括和表現物象意蘊的能力比較強。他們將物象的面簡化並從中提取具有一維度的線條，運用不同屬性的線對物象的造型進行再創構。憑藉著線條的疏密、虛實，對物象進行基於寫意視角的呈現，以「線」概括和書寫萬物，把萬事萬物的變化概括為「線」的變化。西藏藏西日土塔康巴岩畫中的巫術圖形，就是從巫師穿著的衣服中概括出線條的。特別是巫師腰部的可轉動的服飾，它是作者提取有斜度的線條，然後用這幾條有斜度的線條概括出來的。在駱越民族集聚的廣西花山岩畫上，人物形象都被先民高度簡約地概括，將曲線概括成直線。這種通過概括而成的簡化式樣，使得我們將簡約化的審美感受通過幾何化的對象物來展示，無不浸潤著先民對於原有物象的審美情趣。雲南滄源岩畫中太陽圓圈中的人物形象，呈現高度的簡潔性，特別是腿部運用一條直線來代替。寧夏賀蘭山和青海的虎圖像以及西藏的鹿圖像，都是作者從虎和鹿的原型中提取有關的紋理，特別是從動物的腿部提取螺旋線，並用這種線來概括虎與鹿較強的運動性。如江蘇連雲港將軍崖的太陽神和人面像，人物形象被創作者使用密集的線條概括和歸納出來，疏密有致。線條大多

都是以短直線為主，人面像的中間有一條連通植物的長線，直而飄逸，人面像中間穿插著用線條組合成的幾何造型。整幅畫借用線條的形象，將線條的曲折變化與宇宙相聯繫，構造了東夷部落對天體和農業的崇拜觀念。這種高度概括的簡約性線條充分體現了原始人類對物象神態寫意性的審美追求和原始社會的生活風貌。又如內蒙古曼德拉山岩畫《牧鹿圖》，此圖是作者根據現實物象高度凝練和概括的結果。作者將一個騎在馬背上的獵人簡化成一豎和兩短橫，意在表現追逐獵物時的激烈場面。中間一隻鹿被作者簡化為幾何化的造型，用方條紋飾對鹿造型進行處理。這幅作品讓我們探尋到了原始先民對於線條掌握的熟練程度，同時也表明在原始社會時期人類早已經對線條這種視覺元素形成了一定的簡約概括能力。先民並不是以動物自身的形象來展示巫術世界，恰恰相反，他們是被簡化成線條的動物形象。對物象原有形態的簡約化處理顯示出了先民對於物象的概括能力和認知能力。

　　史前岩畫中的線是先民從現實物象中積極提取和概括的並形成抽象符號的。史前岩畫的抽象符號是將現實的物象通過高度歸納和提煉到作者的精神層面的。他們基於某種巫術，提煉出最能代表物象生命精神的「線」。這種「線」往往是情感的寄託或神明形式的呈現。他們將這些提煉出來的具有象徵性的粗線和細線以某種秩序對這些線進行有組織的排列，使得這些高度抽象化、簡約化的線條能夠完美地呈現史前先民的思維觀念。如內蒙古阿拉善的重圈紋、貴州開陽縣畫馬崖壁畫中的圓圈和帶芒狀的圓圈，他們均是對水波紋和天體進行高度概括和歸納的結果，取而代之的是被簡化了的最能顯示事物意味的純粹的抽象符號。又如巴丹吉林的一幅岩畫《射虎》，右邊刻繪的是一個持弓的獵者。人物軀幹採用一條豎線，活靈活現地展現了一個狩獵者的生命姿態。這裡被提取和概括的線包括直線、曲線（蛇形線）、螺旋線、波折線、弧線以及由線條組成的幾何紋飾和捲曲不規則的抽象式樣。這些曲線一般呈現出有意「亂塗」的概念，或成組或單線，無不展示著原始人對物象的高度概括性。再如在大麥地岩畫區有一幅關於天象的抽象符號岩畫，在這幅畫面裏，原始先民將現實中所感知到的大風造型用線簡化成回字紋。這種巨大的風給人們帶來了很大的恐慌，在回字紋下面有三個抽象的符號，一個左邊的上手舉臂的人，或驚呼或舞蹈，這個抽象符號完全用相互穿插的線條把原始先民驚呼的造型呈現出來。右邊下方一隻小狗，整個畫面造型非常抽象，但是很有趣。

　　岩畫作者將物象的結構進行簡約化呈現。在史前岩畫的結構表現中，為了使得作者能夠更快地抓住物象的行為姿勢，史前先民在原有具有複雜性質的物象之上，抓取物象本質性的內容，提取物象中最主要、最重要的結構部分。同時將物象的內在的不是太重要的結構省略，並對物象的結構高度簡化抽象，將曲線的結構簡化成直線結構，把粗的形體結構幻化為一條線。先民就用一條線將物象的主要結構呈現出來。正如宗白華先生所說的那樣：「以最簡單的線條結構表示宇宙萬象的變化節奏。」〔註16〕如岩畫形象中的大腿和臂膀，先民用一筆去彰顯圖像所隱含的意義。雲南元江它克岩畫點上的蛙人，作者用三條豎斜線將正在跳舞的先民的胸腹部表現出來，中間一道線是脊柱，而左右兩邊線則是胸腹外在的輪廓結構線。廣西花山岩畫中的大大小小的人物形象，均是用直線構成了四肢和軀幹，從而創構了一個個結構簡明的岩畫形象，由內而外透露著一種剛直不阿的肅穆感。在表現巫覡做法時的場景時，先民簡化巫師的衣服或者身體之上的結構細節，身軀和四肢的結構均被作者高度簡化成一條直線，從頭部到腳部，整體結構處於一種被簡化了的狀態，沒有太多的細節，只有比較幹練、簡明的結構呈現。如在史前岩畫中有很多三角形的圖符，這種三角形就是一種對女性生殖器結構高度簡化的視覺形象，象徵女性生殖器的倒三角形。整個結構忽略了兩腿之間內在造型的曲折性，完全取直，使之在視覺效果上符合具象意義上的「生殖結構」。

　　以簡約化的線條去呈現動物和獵人的形象。在史前的南北岩畫點上，特別是北部岩畫區，遍布著大量的具有不同姿勢的動物和獵人形象，有的奔跑，有的靜止，有的持弓待射，有的哄趕獵物等等。這些各種各樣的形象大都是先民使用不同屬性的線條進行簡約刻繪而成。他們對這些形象進行高度提煉和歸納，能體現對象物外貌的地方就使用直線、曲線以及不規則的線條進行刻繪，原始先民將這些形象的外在面貌通過線條簡要地描繪出來，從而創構出精妙絕倫的岩畫審美形象。這些被簡化的線條均是從生命客體形象中高度提取的，它呈現著大量的感性面貌，這也是對現實物象的直接感悟和體驗，可以說每一個線條都凝聚著先民對生命客體的高度體認。這些被簡化的形象可以喚醒人們對感性生命的親切想像，每一根線條都流暢地表達了先民用有限的線條去表達天地萬物無限的生生之韻。如內蒙古曼德拉山岩畫點中的一幅

────────────────

〔註16〕宗白華：《宗白華全集》（第二卷），合肥：安徽教育出版社1994年版，第109頁。

《獵羊》岩畫（圖11），畫面上反映了二個獵人射殺北山羊的情景。一隻北山羊站在中間，前後各有兩個狩獵者，各執一張弓，拉弓待射，前後夾擊，圖中人物的拉弓待射的動作用等粗的線條三筆勾勒出來，特別是前面的狩獵者，軀體用一豎線高度概括，下體粗長，表示男性。弓箭也比較自由的寫意，隨意勾勒出它的造型。為了突出北山羊，作者用比較粗的線條省略了羊身軀上的一些細節，將靜態的山羊呈現出來，整個造型簡練、古樸。每一個造型均既使用了簡約的造型形式，又運用了拙笨的刻繪手法，將獵羊的整個緊張氛圍生動地呈現出來。它體現了原始先民基於生命狀態對物象的審美活動，給受眾帶來了原始社會的自由、大膽的視覺質樸美。

圖11：內蒙古阿拉善右旗曼德拉山岩畫

來源：范榮南、范永龍：《大漠遺珍──巴丹吉林岩畫精粹》，北京：文物出版社
　　　2014年版。

　　總之，縱觀大江南北的各大岩畫區，線條是原始先民對物象高度簡約的主要介質。歷史上不同時期留下來的不同題材的岩畫，無不以線條的簡約形式去呈現物象的內外生命精神，其中既包孕著特定的巫術、場景、人文等各方面的社會內容，又凸顯了作者對岩畫中物象的提煉而生成的視覺圖像。他們以借用線條表現物象為主，輔以點或面，強調以線繪形，以線表意，以線呈現結構，用不同屬性且具有動態化的線條將物象簡略地勾勒出來，突出物象的基本特徵和行為姿勢。其中摹形寫意、神合體道，能動地對圖像進行「心物合一」的線性簡約化處理，將物象最表面的形式與意蘊用線的方式簡要地

加以呈現。這種表現方式體現先民對於物象的真實情感和精神慰藉。首先，原始先民簡化了原始場景中的「意」。「意」是提煉原始物象的主旨，也是岩畫形象的統領者。其次是簡化了原始物象的「象」，被簡化的象是意的承載者。現實中的物象造型均被原始先民加以高度歸納和提煉呈現在岩石表面上。除去那些具有寫實性的細節，每一根線條的舒展、流暢，每一根線條的長短都蘊含著藝術家對物象的審美情趣。他們用最簡潔的藝術話語去訴說原始先民的審美情趣，通過這種簡潔的線條來寄託原始人類豐厚的心靈和宗教信仰精神。原始先民將這種高度歸納的「意」和「象」通過簡約的岩石形象合二為一，突出圖像的簡約性和直白性。這些簡略化、平面化的意象造型直率地表達了原始先民的內在心聲和宗教訴求。先民們正是以這種動態的線條所形成的形象去凸顯主客體內在生命精神的外在延續。這類動態的線條不但是作者對於岩畫形象的一種情感表現，更是一種帶有宗教巫術觀念的控制力量。一方面，這種動態美體現了現實物象的視覺屬性，即以線去實現對物象的遠程遙控。另一方面，這種線條承載著先民對萬事萬物的情感性認知。先民將這些由動態線條構成的生動岩畫圖像以最快速的方式表現了岩畫藝術的瞬間性，它體現了原始先民用最簡約的線條呈現出筆簡意厚的審美品位，在一定程度上向我們直觀地呈現了史前先民的生命意味，又彰顯了史前時代的審美價值和審美趣味。

二、線條的抽象性

　　線條的抽象性是中國史前岩畫形象的一個重要的表現特徵。德國藝術史學家 W・沃林格說：「藝術活動的出發點就是線形的抽象。」〔註17〕以線條勾勒的史前岩畫被認為是最早的抽象藝術形態。那時的岩畫作者注重用最簡約的抽象線條去表現物象。他們力求擺脫或超越於現實物象和自我，將對象所擁有的一種意象、精神以及審美情趣特徵瞬間幻化為流動的線條，從注重物象的「再現」到追求元素抽象符號的「表現」，以純粹的構成形式進行創構。從一定程度上講，岩畫中的抽象線條完全是作者對物象穎悟的結果，它被作者賦予了思想情感和主觀能動性。每一根線條都是作者的精神意願和情志的抽象抒發，它抽取了物象中的內在生命精神，形成了由幾何、自由形態組合成的「自我」空間，從而形成了基於精神情感的抽象表現式樣。這樣的表現方式往往會形成

〔註17〕〔民主德國〕W・沃林格：《抽象與移情——對藝術風格的心理學研究》，王才勇譯，瀋陽：遼寧人民出社 1987 年版，第 63 頁。

用「一筆」就可以將物象的外在輪廓和內心情感敘述出來的視覺效果。

史前先民運用抽象的線條去構建合適的岩畫圖像。在史前社會，人類經歷由原始狩獵經濟發展到複合型經濟，社會經濟模式每向前發展一個階段，必然就要求人們的思維跟上這種經濟模式的節拍。在經濟發展的同時，大量的社會精神文明以及物質文明需要比上一個經濟模式更強的傳播形式或者方式，原有具象寫實的形式已經不再適應這個經濟模式了，先民們更加需要一個能用線條刻繪出的且能夠蘊含更多意義和內涵的抽象圖像。因此，這種以線條為主要形式的抽象圖像的創構就成為社會發展的一種歷史必然。〔註18〕縱觀世界各大岩畫點，如貴州牛角井白岩腳人物抽象畫，不管人面像的外部還是內部構成都採用赭色的抽象粗線繪製，人物五官用圓圈和豎線表示，線條流暢而又細膩。又如中國廣東珠海高欄島的抽象航船圖像，中國香港的曲折有致的人面與獸面圖案，以及英國諾森伯蘭 Roughting Linn 的抽象植物圖像等，每一個岩畫點都遍布著先民利用抽象的線條去建構富有象徵意義的岩畫造型，並運用這些曲折婉轉的抽象線條去建構屬於本氏族的象徵目的。這些地方的先民們往往使用誇張、變形以及抽象寫意的手法將現實物象幻化成一種抽象符號，並借用這種抽象符號來傳達更為深刻的宗教巫術意義，「加之那種奔放無羈的個人抽象思維的注入，使先民的記事方式以及巫術、宗教信仰得以象徵寫意式地實現。」〔註19〕也「正是這些表現形式和表現手法的運用，使岩畫從最初的具象寫實走上了抽象寫意發展道路。」〔註20〕

中國史前岩畫是被主觀符號化了的視覺抽象圖像。縱觀史前岩畫中不同的視覺符號，它們都是史前先民主觀情境下對某物的高度概括和抽象的結果，每一個抽象符號都是主觀想像和審美趣味的產物，儘管這些抽象的圖像被先民符號化了，但是這些抽象圖像依然描繪出一種主觀精神層面的行為，隱隱約約地給我們呈現了先民對於自己看不見的神祇的一種高度崇拜。原始先民運用這種豐富的想像力的思維去構建由幾何形、自由形以及不同屬性的線條組合而成的岩畫形象。岩畫創作者對物象中的線條和內涵進行高度抽象，並演變成不同的符號或者幾何造型形態。他們基於現實物象的某些特徵，而又不滯於

〔註18〕張曉凌：《中國原始藝術精神》，重慶：重慶出版社1992年版，第200頁。

〔註19〕朱志榮、朱媛著：《中國審美意識通史》（史前卷），北京：人民出版社2017年版，第46頁。

〔註20〕朱志榮、朱媛著：《中國審美意識通史》（史前卷），北京：人民出版社2017年版，第43頁。

現實特徵，把對現實物象的理解幻化成內心詮釋的物態化式樣。而這類物態化式樣又是凸顯先民和神靈溝通的重要媒介。內蒙古磴口縣的人像面具把每一個人面與太陽形象相結合，人面像的臉上先民用大量的線條構成的符號化圖像，如重圈紋等。每一張臉都具有超越於現實的面部特徵，顯示出先民主觀符號化的觀念。蕭北縣大黑溝岩畫創作者將鹿的軀體主觀抽象成三角形，貴州開陽畫馬崖岩畫和四川珙縣岩畫出現了萬字紋飾，連雲港將軍崖的老祖母岩畫都變成了由幾根直線勾勒的抽象符號，康家石門子生育岩畫中的人物形象被原始人類完全擯棄具象描述而轉向抽象的幾何化圖式，左江岩畫中的舞者身軀也被藝術家創構出一種類似梯形的造型等等。這些主觀視域下的符號，都凸顯了岩畫創作者基於自身的主觀情感和審美情趣的需要，創作了超越於現實的主觀岩畫抽象符號，造型由繁到簡，由具象轉向抽象，逐漸將現實物象演化成超越於現實的直線、曲線、漩渦線、三角形以及鋸齒紋等符號，從而形成了具有形式規律的美的抽象圖案。每一幅岩畫形象都濃烈滲透著原始先民對物象的主觀符號化觀念。我個人認為，這些抽象的造像均內蘊著先民主觀臆造的成分，他們把現實的具體物象幻化為一種符號或者圖案，讓這種物象變得更加容易記錄。如在西西里島上的薩米尼卡岩畫遺址上，岩面上大量刻繪了抽象的線條，有的單獨出現，還有的成排地呈現。這些抽象化的線條符號「作為某種身份或所有權的標記，這樣其他人就會知道洞穴已經被『佔用』。」〔註21〕

原始岩畫大多都是運用抽象的線條形式，如直線、曲線、蛇形線、螺旋紋、捲曲紋飾等形式或各種線相互交叉使用。我們在史前岩畫中看到一些符號，這類符號大多是一些抽象或者具有意味的線條。它們是先民建構在某種物象基礎上，將物象的形態升格為一種精神性的形態，並對其進行高度概括和抽象化的符號，線條就代表了這種物象內在的精神性，是先民的抽象精神物質化，每一個符號中抽象線條都是先民對自己的人生和生命精神的書寫。如大浪灣岩畫中的螺旋紋〔註22〕、萊‧比利塔洞穴〔註23〕中的曲線、加加洞穴內的蛇形線以及雲南滄源岩畫中一些用直線或者折線條表現的抽象符號。這些抽象的曲線符號從一定程度上表現了原始先民對於形象塑造、生活和

〔註21〕〔加〕吉納維芙‧馮‧佩金格爾：《符號偵探：解密人類最古老的象徵符號》，朱寧雁譯，北京：北京聯合出版公司2019年版，第146頁。

〔註22〕蓋山林：《中國岩畫學》，北京：書目文獻出版社1995年版，第81頁。

〔註23〕朱狄：《原始文化研究──對審美發生問題的思考》，北京：生活‧讀書‧新知三聯書店1988年版，第264頁。

原始思維的崇尚之情，也彰顯了先民對物象的概括和想像能力。

在具體的運用中，這類符號有的使用具象物象與抽象的曲線相結合的方式，如呼圖壁縣康家石門子岩畫，有一幅是兩隻具象靜止不動位居於畫面兩側的北山羊，在北山羊的中間有一些曲線的抽象線條，這些曲線線條可能是植物。還有的就是以純抽象的線條進行表現，線條比較繁縟，圖像相互穿插，緊密相依。如在香港和臺灣地區的岩畫點上，有大量的岩畫均使用了方形螺線、漩渦線、蛇形線等。先民將這些具有形式化的線條組成一定的抽象圖像，這些圖像由抽象的線條意象而成，有蛇圖騰、人面、獸面等不同的抽象圖像。青海盧山的抽象岩畫中使用了蛇形線，內蒙古阿拉善岩畫中出現了波折線，貴陽畫馬崖的先民用圓圈與其他符號相結合。這些線條在呈現視角方面有的單一，有的集合，有疏有密，有粗有細，有的則具有娛樂和記事功能。大多數的這類作品具有精神意味性。如在賀蘭山賀蘭口洪積扇上〔註24〕，原始先民用曲線條刻繪了一隻公羊和一個類似於倒寫的「U」的抽象符號（圖12）。這種「U」中間加一個點的符號是國際學界公認的女性陰部符號。圖形的線條纖細且較小，「U」形符號是由女性大腿與腹部三角地帶而形成的，代表著女性的生殖器。圖畫中陰莖勃起的公羊和女性倒寫的「U」形符號組合，意為公羊和女性的「獸交圖」。通過這幅圖像我們可以得知，這些線性符號帶有明顯地抽象性語意，都是原始先民用有意味的線條將其所要表現的訴求通過抽象符號體現出來，更是古代先民對於人與動物的齊物觀念在岩畫中的重要顯現。

圖12：寧夏賀蘭山岩畫

來源：賀吉德：《賀蘭山岩畫研究》，銀川：寧夏人民出版社 2012 年版。

〔註24〕賀吉德：《賀蘭山岩畫研究》，丁玉芳整理，銀川：寧夏人民出版社 2012 年版，第 118 頁。

原始先民所創構的主觀抽象符號具有構成性。中國史前岩畫本身就具有主觀符號化的屬性。整個符號主要由點、線以及由線建構而成的面所構成的，「點」在這些符號之中一般呈現出圓點，也有的呈現方形或不規則，例如北方的人面像、青海生殖岩畫中的蛇和小圓點以及生殖岩畫中的凹穴等等。這些點大多數呈現集群式構造，也有的是單獨呈現。集群式構成的圖式一般具有某種生殖或宇宙星空的觀念，而單獨呈像的點則抽象意味更濃。線條則為物象呈現出清晰的視覺外貌，它往往用單線來構建物象的外形或者用集群線條構成一個抽象符號。線條有的比較灑脫，如構成人像，則用三筆就可以形成較主觀的符號了。有的呈現出理性思維觀念，如人面像中的臉部外形以及眼睛等部位。物象的外形通常使用一整條曲線，內部則使用短線進行填塗，線與線之間相隔的距離均等。「面」一般具有南北相異的藝術特點，北方的面在構建主觀符號的時候，往往由線來形成面，而南方的面大多數是作者用血液、兔尿或樹脂蘸上赤礦粉用手指（毛髮）塗繪在崖面上。面有虛實、大小之分，有的面和線建構在同一個畫面之中，如新疆阿勒泰的《孕牛圖》（圖13），母牛的外形是被先民用線概括的，省略外形的細節，取直，而軀體內則是用敲擊的方式敲出一些印跡作為面，畫面讚頌了母牛的懷孕和待產過程。

圖13：新疆阿勒泰汗德尕特蒙自治鄉岩畫

來源：《中國美術分類全集》編委會：《中國岩畫全集》（西部岩畫2），
瀋陽：遼寧美術出版社2006年版。

　　中國史前岩畫形象中的抽象線條給我們呈現出不同的幾何圖像。岩畫形體被先民幻化為不同的幾何圖像，但是，這幾類幾何圖像是不一樣的。大致可以分為以下二類：

　　第一類，沒有經過先民細心排列和組合而形成的幾何圖像。這類圖像在史前岩畫形象中較多，就是說整個岩畫形象被這類單一的幾何圖像填滿，例如廣西花山岩畫中的人物形象，就是一種單一的矩形幾何圖像。雲南滄源岩畫中的人物形象採用單個三角形。寧夏蘇峪口的狩獵人則是一種倒置的梯形等等。儘管這些岩畫形象均採用單一的幾何圖像，但是先民也注意到其中的形體虛實變化，將直線和曲線共同建構在這類的幾何圖像之中，整體構圖簡潔，動靜相宜，虛實結合，從圖像中明顯呈現出一種有秩序性的刻繪。

　　第二類就是先民使用較複雜的幾何小圖像，排列成一個大的幾何圖像。所謂複雜，就是先民在一個大的幾何圖像之中使用多種幾何造型而共同建構比較繁瑣的幾何圖像，包括三角形、矩形、圓形以及菱形等。例如連雲港將軍崖的人面像，作者將對象物的形象進行抽象幾何化，整個人面像分為上下兩部分，上部是用菱形去刻畫額頭，線條較僵硬，呈現出一種安靜的姿態。下部是用三角形去刻畫腮部，用圓圈去書寫眼睛和頭形。斜線使用比較多，具有動感的視覺效果。這樣，動靜結合，上下呼應，使得這個裝飾的造型顯得飄逸中見穩健，靜態中見自由。

　　中國史前岩畫的創作者通過抽象的方式對物象進行象形表現。一般情況下，史前藝術家首先要對物象的外在形象進行一定的認知，在對物象的全面認知和理解的基礎上對物象進行線性勾勒。這種勾勒是按照一定的程式化、抽象化或者式樣化對物象進行誇張性地簡略刻繪。先民們不但用單一線條將物象的外形描繪得淋漓盡致，而且他們把物象最本質的、最重要的特徵以象形的方式呈現給我們。史前先民利用抽象的線條創構出擬人形、工具、武器、動物形以及其他的象形圖像，這些象形圖像均是基於物象的內外形，而超越於現實物象，它是先民依據自己對物象的外在感受和認識對物象進行的意象刻繪，將物象上所呈現出來流暢的、自由灑脫的線條通過一定的主觀意象化表現出來，用形式來呈現物象的外在感受，從而形成具有形似性強、自由靈活、突破現實物象束縛的「似與不似」的視覺抽象紋飾。它是藝術家運用「觀物取象」、「超以物象」等多種意象思維處理的結果。在史前岩畫中有很多類似這樣經過抽象過的象形圖像，如新疆呼圖壁康家石門子溝的生殖岩畫中的

女性，作者為了表現女性舞姿，將女性的上身和下身服飾概括成三角形，拋棄了對造型的準確把握和對女性形象的細緻刻畫，其中尤其重視運用抽象的線條表現意象化的審美感受，從而凸顯女性腰部的纖細。如內蒙古夏勒口的《追羊圖》圖像更是精彩之極（圖14）。畫面上的史前先民對人物形象高度濃縮，作者將快速跑動的人物的脊柱象形刻繪了一條斜直線，先民根據人物快跑的姿勢，就用一個半圓形來模仿物象。整個岩畫把人物追逐鹿的形象用抽象化的象形語言生動地呈現出來。

圖14：內蒙古達爾罕茂明安聯合旗夏勒口岩畫

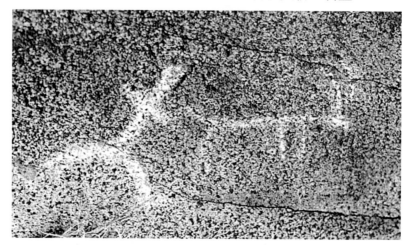

來源：《中國美術分類全集》編委會：《中國岩畫全集》（北部岩畫），瀋陽：遼寧美術出版社2006年版。

抽象化的象形表現主要表現以下三個方面。

首先，對物象外形的象形表現。史前先民用象形的表現方式將物象的造型進行寫意化的描摹，「象形」寓於岩畫造型中，它是以現實造型為基礎對客觀物象進行「以形寫神」，以物象中的形貌為基點，對物象的整體造型特徵進行抽象的意象視覺傳達，抓住物象的內在神韻，忽略一些細部的特徵，以便達到「以通神明之德，以類萬物之情」〔註25〕。甘肅肅北的北山羊就是創作者利用一條粗細相對的線條，粗線代表北山羊的軀體，細線則代表動物的四條腿，形象較簡略，保留住岩畫形象的主要特徵，北山羊或走或停，有的機警注視著前方，有的則轉頭向後看，造型不僅形似而且傳神。

〔註25〕黃壽祺、張善文：《周易譯注》，上海：上海古籍出版社2012年版，第343～344頁。

　　其次，對物象動態的情趣表現。中國史前岩畫的形象大多是動態的形象，如狩獵活動、交媾活動、圍獵活動、祭祀活動以及動物奔跑等等。很多母題都將這種動態的情趣用抽象線條象形地呈現出來。他們形態簡略，以揮灑自如的線條表現物象的神情和姿勢，以動態的線條將物象的生命精神和物象特有的精神風貌書寫出來。如史前岩畫中的人面像，大都具有喜怒哀樂的表情。有一幅岩畫人面像，作者用簡略的線條刻繪了一個頭型，在頭形內作者刻繪了兩個大眼睛，圓圓的，鼻孔朝上，嘴巴也被作者用圓線條勾勒出一張張大口的形象，整個形象用簡略、抽象的線條象形地描述了一個神情驚恐萬分的人臉。

　　再次，抽象化的象形岩畫具有某種象徵意義。中國史前岩畫更加注重其圖像的象徵意義，常常以圖像去隱喻某種事象或者某種物象。如新疆阿勒泰汗德尕特蒙自治鄉的《孕牛圖》（圖15），畫面上刻繪了一頭身體碩大的野牛形象，身體周圍用類似於直線的符號，先民利用這頭牛將某種象徵意義予以外化：這裡的野牛象徵著孕育、待產以及食物之源。這些岩畫體現了原始先民的審美趣味由早期具象的審美描摹逐漸轉向「以形寫神」的「象形化」的抽象審美境界。

圖15：新疆阿勒泰汗德尕特蒙自治鄉岩畫

來源：《中國美術分類全集》編委會：《中國岩畫全集》（西部岩畫2），
瀋陽：遼寧美術出版社2006年版。

　　先民從現實的物象中抽取最本質的形式，並以此建構抽象的視覺圖像。具象中的抽象「意味著從一個對象中抽取它與意識的一切聯繫，抽取出一切

感覺印象以及一切特定的思想後所剩下的東西」〔註26〕，這種以具象寫實為基礎的抽象表現方法不僅受到個人主觀意願的羈絆，同時又受到主觀情感對物象的支配，抽取現實物象中的形式美、秩序性以及規律性，歸納造型形態，從而形成「一種迴避刻意再現自然形態而注重於表達抽象意念的繪畫。」〔註27〕這類抽象，它的首要目的是表現現實物象中「形而上」的普遍的藝術形式。這種具象中的抽象在很大程度上是借助於形式美規律將這種提取的元素視覺化，對原型本身圖像的中心屬性仍予以保留。中國史前岩畫的視覺圖像大多以這種表現手法進行提煉，在自然天體物象中去抽取現實物象中的某種審美元素對視覺造型進行重構。太陽就要抽取太陽光和圓圈造型，因為太陽神的造型就是以現實太陽為基礎結合人面構合而成，如內蒙古烏海市桌子山召燒溝岩畫《太陽神》，畫面上鑿刻了一個太陽神的形象，面部頗似人類的面部，頭戴光冠，頭頂有長長的飾物。這幅岩畫將人面與太陽的造型元素特徵進行抽取並結合，來表達對於太陽的圖騰崇拜觀念。這類圖像表達了具象的人臉以及太陽帶給原始人類的溫暖、無限威嚴、至高無上的神秘力量。

　　抽象的「線」已經成為南北方太陽神人面像創構的主要介質形式。原始先民通過不同形態的線條去表現某類視覺造型，在很大程度上來說是原始先民在主觀情意之下對現實形態的物象的抽象表達和審美價值判斷，更是對自然形體的高度歸納和概括。原始太陽神人面岩畫也要遵循著線的發生學的規律。無論是在紅旗溝用較粗線刻繪的太陽神人面像，還是在賀蘭口以纖細線條勾勒的人面神像，它們都有著共同的藝術特徵，即線條的抽象藝術性。原始先民通過對現實物象的有效觀察，對物象進行高度提煉和概括，每一筆所繪製出來的造型均是先民抽象語意的外在物態化延伸。在這裡，先民一般以直線或者曲線作為主要藝術表現外在形式，如使用曲線勾勒太陽外形，或用曲線繪製五官的某種內在結構。這些結構大都是基於現實而超越現實的造型。每一個太陽神人面像的五官的位置均使用經過概括的線條自由地來表現，有的五官將兩個眉毛抽象成一條直線，把鼻子和嘴巴概括成一條直線和一條拱形線。還有的面部五官的線條自由組織，面部中間一條線，左側只繪眉毛和

〔註26〕〔俄〕瓦西里・康定斯基：《論藝術的精神》，查里譯，北京：中國社會科學出版社1987年版，第6頁。
〔註27〕〔俄〕瓦西里・康定斯基：《論藝術的精神》，查里譯，北京：中國社會科學出版社1987年版，第8頁。

左邊單眼，或不繪五官，只繪面部的皺紋。更有甚者，面部的五官完全由先民通過抽象意象化的繪製方式進行刻繪，線條均是互相交疊，形成了高度意象化的抽象繪畫話語。如連雲港將軍崖的人面像具有纖細的線鑿刻視覺效果，畫面中的每一個造型都是原始先民對現實化的五官或臉部附著物的高度抽象。原始先民將人面像的外輪廓抽象提煉為一種近似圓形、方形或心形的造型，臉的內在結構使用輻射線或菱形線對臉頰、額頭以及眼角的魚尾紋進行抽象提煉，眼瞼用多根線條，並將線條延伸到外輪廓邊緣，鼻子被一條中線替代，在中線的兩邊有多條向外輻射的線條，類似於鬍鬚和嘴巴。原始先民將現實的人面圖像逐步幻化為一種被淨化了的抽象線條或者結構。這種被淨化了的線條或結構不是一般意義層面的形式或者圖案，而是具有一種流動的、有意味的、審美化的以及富有生命律動特徵的藝術元素。〔註 28〕

　　抽象的線條作為對物象形體的摹仿昇華，充分體現了先民對宇宙萬事萬物的情感寄託。縱觀中國史前岩畫的各種形象，每一個形象在運用線條進行塑造的時候，都使用了抽象的表現手法，如南北方的人面像、廣西花山岩畫蛙形人物以及青海舍布齊的獵牛等岩畫形象，這些視覺圖像已經超越了現實的形體，以主體的審美體悟視角，融合了藝術家的審美情趣，且每一條線都將物象形體抽象概括得十分準確。這些形象反映了先民對自然物象較深的概括能力和感知能力，並在一定程度上傳達了對宇宙萬事萬物的情感寄託。先民們憑藉著不同屬性的線條，先民把自己所觀察到的或所感知到的審美感受，以抽象的線性表現方式體現出他們對於物象的一種精神感受來表述。因此，中國史前岩畫既能夠與主體相契合，又能夠與現實物象形狀相形似。史前先民既通過抽象的線條表現了自我的生命精神，又展現了物象的精神、面貌以及審美情趣。

　　總之，線條的抽象性是中國史前岩畫形象的一個重要的表現特徵，是先民對物象的高度概括和情感昇華的結果，是感物動情、物我融合的產物，是先民思想情感的高度濃縮和彙集，被作者主觀化了的審美形式。先民運用不同的線性形態對物象進行抽象幻化，將其轉化為具有可看、可感、可認的物態化符號實體，近似於物象，而又超越物象，其中融合了主體豐富的審美情感。但是這些富有抽象意味的線條在表現對象的時候，所刻繪出來的線條都是

〔註 28〕李澤厚：《美的歷程》，北京：生活‧讀書‧新知三聯書店 2009 年版，第 45
　　　　頁。

從現實物象中提取出某些最本質、最重要的東西，以少象多，以富有抽象意味的形式規律，來象徵著史前先民們豐富的情感世界。這些線條已經超越了原有物象的本體，在先民情感的基礎上進行詩意性的聯想和生發。他們將現實物象中的複雜線性形態抽象構成具有象徵意義的符號。先民通過不同的線性形態架構了一種具有象徵語義的抽象圖像。先民將這些線性形態進行有秩序地排列和組合，將對稱性、象形性、摹仿性充分融入這些具有律動性的抽象的審美形式之中，將其轉化為具有可看、可感、可認的物態化符號實體。以此來象徵著生機盎然的史前世界。先民憑藉著這些具有形式美、象徵性的抽象線條去體悟宇宙萬事萬物生命精神，將最能代表和最能體現畫面語意的線條抽象性地呈現出來。當然，這個抽象寫意的階段是岩畫創構活動中必須經歷的一個藝術的審美歷程。

三、本節小結

線條的簡約性和抽象性是中國史前岩畫的重要表現特徵。他們都為岩畫形象的創構提供強有力的物態化話語支持。史前先民在每一個岩畫形象的表現中都摻雜著他們對物象的外形、結構以及精神風貌的直接干預。他們通過這類線條對物象進行有秩序地組織和創構，使每一筆和每一個形象都憑藉這種感性特徵去描摹史前先民生活的世界。每一個岩畫形象都是先民對物象的抽象和簡化的結果，史前先民對現實物象的細部加以省略，刪除一些不必要的細節，把這種高度簡約和高度抽象的形象放置在二維平面上，以簡約化的線條形態去傳達物象的外在形式美，並從這種外在表面形象中去提取某種具有生命精神的動態話語。自然而然地，先民基於物而超越於原物，更加注重對物象的主觀體悟和物我融合。他們倡導拋棄原有物象的造型束縛，使主觀情趣和生命精神成為刻繪圖像的重要表現內容。這在他們的內心深處形成了一個自我情感表現和抒發內在視域的意象世界。他們借用這兩種表現方法去書寫物象的基本面貌和建構先民自己的生命精神話語。岩畫形象的內外結構中均體現了先民觀察生活和讚美生活的重要理念。先民從各類物象之中提取和概括具有簡潔語義的線條，以線寫物，以線狀物，體現了先民對現實生活敏銳的觀察能力，使得每一幅岩畫均呈現出別具特色的藝術表現方式和審美情趣。

第三節　線條的表現方式

　　中國繪畫藝術總的說來自始至終是一種線的藝術，中國史前岩畫作為中國繪畫藝術的源頭自然而然地成為線的藝術的代表。而這種線的藝術又是經過史前先民對物象進行高度提煉和歸納的，把線條發展為一種表現先民的審美情感、審美品格以及主觀目的的重要視覺表現形式。中國史前先民將各種形態的線條作為先民表現物象的中介。這種表現是基於物象自身的結構和外形，經過先民內心的篩選和重組，利用線條的屬性對物象進行主觀的摹仿和意象性的呈現。他們用每一條線性形態盡最大可能去呈現現實社會中的時空性和情感性，以不同的線條去展現遠近、上下、左右的空間性以及宗教巫術審美意味。每一條線均具有虛實，虛中有實，實中帶虛，虛虛實實，給我們呈現出一個具有具象性、時間性、空間性和虛實相生的史前岩畫表現方式。

一、線條的具象性

　　岩畫的具象在史前岩畫的作品中佔據著很大的比例，它是岩畫造型藝術的主流，具象性的藝術風格在一定程度上展現了先民對物象的準確觀察程度和觀物取象的能力。史前時代的先民們將表現物象逼肖的外在造型作為藝術創作的一種主要目的，希望借助這種逼肖的表現方式獲得原始人類所祈求的結果。〔註 29〕具象性的刻繪是其他造型語言表現的重要基礎，即使是抽象、簡約、虛實、省略細節、突出主體特徵、誇張等造型方法也要基於現實物象的具象寫實進行演化和塑造。後來的半抽象、抽象、寫意等表現方式也都是以具象表現作為基礎的。史前岩畫的物象表現大都取材於客觀現實，這類題材是為現實生活服務的，以寫實化的視覺現象作為對話對象。有些岩畫圖像還可以很容易地從我們的現實生活中找到它存在的源頭。史前社會蘊含著豐富的物種，為具象表現方式的誕生提供了重要的推動力。先民對生活物象具有敏銳的感知和觀察能力，借用物象的線性形體與結構去表達主體對具象性現實的精神訴求，使得具象性的表現方式向我們呈現出細膩、生動、再現以及造型準確的視覺感受，從而形成濃鬱的史前生活趣味和審美情趣。

〔註29〕寧克平：《中國岩畫藝術圖式》，包青林繪圖，長沙：湖南美術出版社 1990 年
　　　　版，第 20 頁。

圖 16：新疆巴音郭楞蒙古自治州和
靜縣八音布魯克區八音烏魯鄉阿勒騰尕松岩畫

來源：《中國美術分類全集》編委會：《中國岩畫全集》（西部岩畫 2），
瀋陽：遼寧美術出版社 2006 年版。

　　先民運用線條以具象性的表現方式去展現原始社會的日常生產與生活。在岩畫的線性刻繪中，先民們想要掌控外界的物象，他們就想運用一些具象的表現方式將物象進行剪影式的細緻描繪。具象性的刻繪是最能夠展現物象主要特徵的表現方式。在這個過程中，先民們緊緊抓住生活中的不同物象所帶給原始人類的審美心理感受和瞬間造型觀念，以生活中感性的物象作為基礎，抓住生活中司空見慣的物象中的線對其進行具象的描摹，通過簡約的線性具象刻繪來呈現當時的社會生產和生活的面貌。在四川珙縣、黑山、賀蘭山的娛樂岩畫中，先人以簡約而又樸素的直線和曲線將女性的穿著具象地呈現出來：束腰，上面緊身，下面寬大，這可能與工作或跳舞有著很大的關係。三個岩畫點的服裝比較寬鬆，且裙邊下垂至大腿或腳踝處，這可能和當地的氣候以及當地穿著風俗有極其密切的聯繫。在寧夏、內蒙古以及新疆等區域，史前先民用線條對大量的動物進行具象性描繪，都是以動物的原型為基礎。他們借用線條的具象性對動物的一些細節詳細描述，不放過任何一個形象輪廓的起伏之處，使得被具象描摹的動物形象栩栩如生，惟妙惟肖。這些形象有的跳躍，與的警覺，有的兇猛，還有的四處走動，形態各異，姿態萬千，

給我們呈現出史前社會濃鬱的生產、生活以及宗教巫術的氣息。這些動物形象大多都是造型優美、體形肥碩、栩栩如生，表明史前先民擁有高度的模仿能力。

　　具象性的線刻是我國岩畫的一個重要藝術表現方式。陳兆復先生說過：中國史前岩畫的形象一般都來源於現實社會，那麼，他們所刻繪的物象大多數採用自然主義的寫實技法去構像。岩畫中的人物、動物以及植物形象，都能從現實生活中找到它們的原型，這充分體現了原始藝術家驚人、細緻的觀察力和表現力。因此，先民所刻繪的岩畫一大部分都是以具體物象作為對象來表現的，給我們呈現出強烈的自然主義藝術風格。他們在對現實物象進行「觀物取象」基礎上形成一種具象性的視覺表現語言，從所觀察的物象之中主動直接地提取線和結構，用線條去表現房屋、狩獵、放牧、部落以及車輛等等生活場景。他們運用寫實性的表現語言把動物自由遊走於大自然中的狀態、圍獵的場景以及祭祀儀式準確地再現出來。每一條線都是基於現實物象的造型進行細緻地描繪，所描繪出來的圖像清晰地顯示出先民對對象基本結構與姿勢細緻入微的觀察。他們對現實物象中的造型進行單雙線勾勒，瞄準各種造型的邊緣，用線去界定物象的形狀，省略內部細節，盡最大可能用不同屬性的線將造型的外部輪廓具象化地呈現出來。在雲南滄源岩畫、陰山、賀蘭山以及廣西左江岩畫等岩畫點上，大部分岩畫均是先民以寫實的視角利用粗細不等的線條對物象進行刻繪，形象非常具體，很準確地反映了當時的物象面貌。他們無不以線條去概括和描述史前發生的某些事情。正是史前人類的這種敏銳的觀察力和具象造型藝術的表現力推動著岩畫造型的具象刻繪方法的運用。如在雲南丘北縣獅子山岩畫點的一個畫面《魚》（圖17），畫中用較強的點和線條（粗線、細線、弧線、直線、長短線）對魚進行具象性地描繪，用弧線突出魚的外部形態，用點去象徵著眼睛，眼睛的位置點得非常精確，用直線和長短線去刻繪魚鱗和魚鰭。作者將魚鱗的疏密、高低、起伏通過線條的長短表現出來，形象地表達了「具體圖像」與「視覺審美」之間的內在聯繫，說明魚在原始社會不但是主要食物來源，而且它還是當地的宗教象徵。

圖 17：雲南省丘北縣獅子山岩畫

來源：《中國美術分類全集》編委會：《中國岩畫全集》（南部岩畫 2），瀋陽：遼寧美術出版社 2006 年版。

　　具象寫實已經被原始宗教作為一種手段去表現萬物有靈論或者原始巫術觀念。史前先民高度重視原始宗教思維，他們將一些具體的物象用線準確的再現在岩石表面上。他們描摹對象的形體及其靈活程度，希望通過這些線性的刻繪來傳達原始先民對物象的宗教崇拜和掌控之意。這些經過先民用線刻繪的具象圖像能給先民帶來同樣比例、同樣肥碩的物象。因此，先民用具象的寫實性線條語言對南北方岩畫中的宗教崇拜圖像進行詳細記錄，如：狩獵（西藏、青海、內蒙古、甘肅等地尤為表現廣泛）、生活（雲南滄源、連雲港將軍崖、廣西花山、四川珙縣）、巫術（南北方岩畫均存在）、生育（康家石門子）等〔註30〕。這些母題中運用具象性線條，有的描述對象被射中，有的描述動物被圍住，還有的描述兩性交媾的畫面等等。「原始岩畫作者以寫實形式盡可能真實地表現獸類和狩獵活動，其目的是希望這種寫實

〔註30〕在原始社會中，不管任何的母題都充斥著原始宗教的因素，這些物象都被先民賦予萬物有靈的思維觀念。

圖式產生出他們所祈望的結果來。」〔註 31〕如新疆巴里坤哈薩克縣的狩獵岩畫，畫面上刻繪了一隻被誇大的具象的鹿以及被縮小的狩獵者，兩個物象整體上被作者刻繪得非常逼真，特別是鹿的軀體和腿的彎曲處以及人腿的彎曲處與現實中的形象非常相像。畫面中先民有意將逼真的鹿誇大，誇張鹿的體形和肥碩。先民希望他們在日常的狩獵活動中能夠獵捕到這麼肥胖而且體形巨大的鹿，這樣可以最大限度的解決氏族暫時的食物短缺問題。同樣地，在法國拉斯科的洞穴裏，先民也是利用線條的具象性去塑造一些動物。每一個物象都被先民用線條塑造得非常具象，特別是一些細節也被生動地描摹出來，線條流暢劃一，神態逼真。尤其是，在畫面上出現了數支箭同時射進了馬的軀體。顯然，先民通過這種具象物象來祈求狩獵能夠獵捕到這樣的動物或者保佑狩獵成功，他們希望通過這種對具象物象的塑造來達到巫術的功利目的。

圖 18：新疆巴里坤哈薩克岩畫

來源：《中國美術分類全集》編委會：《中國岩畫全集》（西部岩畫 2），
瀋陽：遼寧美術出版社 2006 年版。

〔註 31〕寧克平：《中國岩畫藝術圖式》，包青林繪圖，長沙：湖南美術出版社 1990 年版，第 20 頁。

圖19：法國拉斯科岩畫

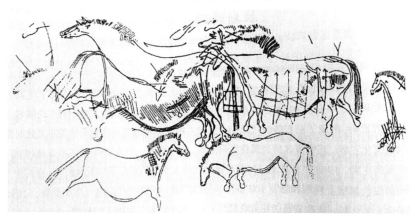

來源：李祥石：《世界岩畫欣賞》，銀川：寧夏人民出版社2017年版。

　　先民注重利用線條對某一物象中的局部感性形象進行刻繪。線條在描繪對象方面非常輕鬆且能逼真地再現物象，也輕鬆地將物象中的一些局部特徵栩栩如生地表現出來。史前社會非常注重對某一物象或局部的具象描述，如在岩畫中大量出現的鹿和北山羊這兩類圖像，有很大部分都是運用線條的具象表現方式進行刻繪的，作者要將他們看到的最具感性的特徵描摹出來：山羊和鹿具有矯健的身軀，它們跑動起來身軀比較長，整體造型呈現一個「Ⅱ」這個形狀，羊角向後翻，有的山羊的角被作者用線刻繪成卷雲紋飾，鹿角則被作者描述成樹枝的式樣。而生殖岩畫形象中作者對男子性器的線性具象刻繪，在陰山、呼圖壁康家石門子、烏蘭察布等岩畫點，先民均將男性的生殖器刻繪在兩個腿中間，有的還在性器周圍包了一片東西，刻繪地極為詳細，將這些感性物象的局部準確地描述出來，可見先民觀察物象的能力和記事能力的高超！如在新疆天山有一幅神鹿岩畫圖像（圖20），作者利用參差不齊的直線將鹿最感性、最唯美的局部鹿角形象直接地呈現出來，鹿角被直線刻繪得很大，而且很壯觀，整個鹿角和鹿身體形成了上大下小的視覺局面，給人一種鹿的身體已經承受不了鹿角重量的視覺感受。顯然，這是先民利用線條去凸顯外部感性形象的特徵，以形成對視覺的衝擊力。

圖 20：新疆天山神鹿岩畫

來源：李祥石：《世界岩畫欣賞》，銀川：寧夏人民出版社 2017 年版。

　　中國史前岩畫利用線條去反映原始先民的真實生活。在原始社會中，野生植物的繁茂，給動物提供了優異而又大量的有營養的食物，使得一些動物在體形上顯示出一種肥胖的體積特徵，一些大型動物如犛牛、駱駝、大象、野牛、馬、老虎以及大角鹿在體形上顯然都區別於蛇、烏龜、山羊、狐狸之類的小動物。先民們用線條去描繪他們感知到的這些巨大的物象。從各地的岩畫形象來看，原始先民更喜歡去表現那些健壯的、大型的動物，他們往往把這些大型的動物形象放置在畫面的主要位置上，如最前面，它們或集聚，或重疊，或單獨呈現為一個物象。先民極力用線去捕捉現實中較大物象的體態特徵，用流暢的線條快速勾勒出現實外形的造型。每一個大型動物形象都被刻畫得特別生動和富有情趣。在賀蘭山的大角鹿的岩畫圖像中，大角鹿的鹿角長達幾尺，幾乎與鹿的身軀相等，彎彎曲曲的線條將鹿角描繪成樹枝型。這種對自然中的物象線性具象描述，是原始先民在一定程度上高度模仿了

自然，把再現自然作為他們作畫的主要目的。在內蒙古陰山的岩畫造型中，有的圖像被史前先民刻繪之大，甚至可以達到一至二米，這顯然是先民想儘量用線去表現現實中的物象吧！還有人在奔跑過程中腳踩山羊，有的人四處觀望，有的人則靜止不動；新疆阿勒泰山區有一幅似牛非牛的岩畫，它的長寬均在 120 釐米，它是新疆發現的形象最大的動物，整個身軀豐滿，體態肥胖，作慵懶狀，後面有幾隻小的動物，與前面的大型動物形成鮮明的對比。在寧夏賀蘭山回回溝的巨牛圖，整個岩畫牛的形象「長 2.2 米，高 1.3 米」〔註 32〕，幾乎和真牛一樣大小，給人一種強烈的視覺衝擊感。它被作者用了三條複線重疊勾勒出牛的外輪廓，岩畫中的牛圖像和現實的牛一般大小，充分顯示了原始先民對物象的大小的真實反映。這些寫實性的例子從側面反映了史前先民在現實生活中擁有敏銳的觀察力和高度的概括能力，我們從這些被寫實化的物象中能夠感知到每一個物象的神態和自我的精神世界。

　　中國史前狩獵岩畫的形象是史前先民對感性物象進行寫生的結果，體現了史前先民對現實景象的審美再現。先民一般追求對動物形象或者狩獵者姿勢的逼真再現或表現，大多數的狩獵岩畫都採用對物象寫生的手法，盡最大的可能逼肖於真實的物象，再現現實的場景。正如格羅塞所說：史前民族對自身的裝飾元素，大多都是來自自然界，他們對自然界的形態進行惟妙惟肖的模擬和再現。〔註 33〕在南北方的岩畫區裡，狩獵岩畫形象或其他形象經常採用線條勾勒和刻繪方的式對現實景物進行準確的記錄。在這裡，狩獵岩畫中的不同物象與場面都是原始先民對某種實體物象的模仿和寫生，現實物象是什麼狀態，先民要把現實物象歸納成線，以線的曲直來再現其生存的環境和物象的面貌。如在新源縣則克臺鎮的狩獵岩畫裏，原始先民生動地刻繪出當時狩獵的場景，九個狩獵人排列成一排，好似嚴陣以待的士兵與敵人進行決戰一樣。人物神態逼真，有的準備對著牛射箭，有的拿著長狀物要砍前面的動物，還有的箭放在胸前，箭頭均朝下。動物形態也反映出原始先民細緻的觀察。動物千姿百態，有的一邊飛奔一邊對天吼叫，有的伸長脖子朝向獵人跑去，還有的則站立不動，好似在覓食。

〔註 32〕張迎勝：《賀蘭山岩畫的文化蘊涵》，《寧夏大學學報（人文社會科學版）》1992年第 01 期。

〔註 33〕〔德〕格羅塞：《藝術的起源》，蔡慕暉譯，北京：商務印書館 1984 年版，第90～92 頁。

　　摹仿也是先民利用線條對氏族生活、自然物象進行具象表現的方式。摹仿在原始岩畫創作中有著重要的位置，尤其是在原始社會的早期階段。為了實現早期快速表現物象的需要，先民們通過使用線條對物象進行摹仿並反映常見的動物、人物的外形姿勢以及狩獵場面。鄧福星認為：「摹仿的原始本能同藝術創造的衝動是相通的。」〔註34〕岩畫中的形象有著較高的逼真度，線條也真實地再現了物象相貌，並通過線條對物象的某個典型特徵和結構進行了認真的描摹，從中體現了先民真實地再現客觀現實和自己的主觀願望。鄧福星認為摹仿深藏主體內心深處並通過外在形式表現出來。的確，原始先民對物象的摹仿是先民對物象深切感悟的結果，是物我同一的結果，是先民們借助於線條對物象進行認真描摹的結果。它強調對物象具象特徵的具體描述，以線摹形，以線造型，以線成象，通過摹仿性的心中之象與現實線性結構模式共同建構一種審美觀念和摹仿視覺圖像，這些摹仿圖像憑藉線條的造型語言表達了先民們對生活的禮讚和對美好生活的嚮往。在西藏札達縣薩崗岩畫點上，先民用流暢的線條非常寫實地將正在奔跑的鹿摹寫下來，線條將鹿的結構很準確地展現出來。日土縣任姆棟的鹿也是通過先民使用線條對具體物象進行摹寫。鹿的角向左右延伸。在鹿的軀體上，作者將鹿的臀部、腹部以及後腿的結構刻畫得淋漓盡致，不得不說先民的摹寫功底之深！

　　摹仿具有原始巫術性質。大自然的一切在原始人類的眼中都是具體的、感性的，每一個現實物象都是腦中留下的含有特徵的「表象」。史前人類儘量將現有物象根據人類巫術的交感行為把事物描摹得非常逼真，並將摹仿對象從造型、形式、象徵等方面相互轉換到現實岩石的表面上。他們「根據『相似的東西產生相似的東西』的原則」〔註35〕將這些具體的形象運用先民的心理感知功能，憑藉著線條進行描摹。原始先民正是將這些現實物象作為對象進行認真的摹仿，特別是對物象的外在造型和形態，先民摹仿對象並不像我們現在的寫實主義，而是屬於那種近似性的形象。有的先民摹仿動物就用單線勾勒，有的則雙線勾勒，有的凸顯動物的動作，有的則彰顯動物存在的地域空間性，呈現了史前先民高超的線性摹仿現實物象的能力。他們用宗教的

〔註34〕鄧福星：《藝術前的藝術——史前藝術研究》，濟南：山東文藝出版社1986年版，第63頁。

〔註35〕〔英〕J・G・弗雷澤：《金枝：巫術與宗教之研究》，汪培基、徐育新、張澤石譯，汪培基校，北京：商務印書館2013年版，第36頁。

交感手法去「佔有」某種動物實體的存在或希望在現實生活中能夠得到這種物象。

現實物象往往帶給作者某種審美感受。它首要問題就是將自己置身於大自然中對現實物象進行細緻地描摹和摹仿，從現實物象中提煉愉悅的審美感受，把對物象的體悟、感受，上升為一種精神上的欣賞，把每一條線和每一個形象所形成的審美情境與自己腦中的物象相結合。在史前社會中，先民們對於任何一種物象都具有自己的獨特的審美感受，動物的身體、神態以及動感都會成為審美感受的重要方面。如老虎，岩畫上的形象有的是群虎，有的是單只虎，每一頭老虎身上被先民利用曲折線對物象進行裝飾，形成獨具審美特色的岩畫。如新疆阿勒泰多尕特的《舞蹈人像》（圖21），畫面中繪製了一些人物正在跳舞的場面，作者將他看到的這些場景進行描摹，提煉舞蹈人像中能引起美感的線條，將其概括成兩個三角形和倒「出」字形，而這兩個符號正是作者對於舞蹈人像的一種審美簡化。

圖21：新疆阿勒泰地區哈巴河縣多尕特岩畫

來源：《中國美術分類全集》編委會：《中國岩畫全集》（西部岩畫2），
瀋陽：遼寧美術出版社2006年版。

史前先民的寫生就是面對客觀物象進行自我審視、自我表達的一種審美訴求。線條是一種主觀視野的美術元素，它本身就帶有自我審視和情感表達的內涵。在原始社會裏，先民們看到豐富的物種就要對其進行記錄和寫實性描述。因此，先民們用大量的線條對物象所持的動作、行為進行一一回憶和

摹寫。他們將主觀化的內心傾訴通過客觀化的線性描述物象來代替，畫面中不同的物象在一定程度上是借現實物象去抒發內心的訴求，現實物象對於創作者產生某種感發和體悟，使得創作者賦予線條一定的主觀情感意義。一方面，每一條線都是先民對物象的寫實性陳述。另一方面，先民們通過線條去講述主體的情感歷程。在一定程度上，原始先民根據現實物象進行創構的岩畫造型完全超越了主體對外物模擬的程度，其中的線條就貫穿了作品的始終。線條不但是對自我塑形能力的考驗，而且，先民將自身對物象的審美體悟通過線條表現出來，作者對現實物象的情感以更簡潔的線條移植到岩石上並賦予一定藝術語言。岩畫的寫生觀一方面充分體現了史前岩畫創作者對現實物象造型的認知。另一方面，史前創作者憑藉岩畫的視覺感受去呈現天真、單純、樸拙、直率的情境並將這種情境融合進岩畫圖像中。如內蒙古烏拉特中旗昂根蘇木幾公海勒斯太的《奔鹿、人物、馬》的岩畫，作者在畫面上大膽地對鹿角進行裝飾，也是先民們對動物局部的一種「特寫」，把鹿角線繪成樹枝型，比鹿的體積還大，感覺鹿的角太沉了，整個身體已經不能承受鹿角的壓力了。這些物象都是先民將自己對物象的感悟通過線條予以外顯。因此，作者在作品裏表達了他對鹿角的高度讚美之情。

　　人面像的內部結構運用具象寫實〔註36〕的表現方式進行刻繪。在南北方的人面像岩畫中，人面像岩畫的內部構成一部分採用具象的元素。他們用具象性的表現語言將自己看到的人面五官以及頭戴飾物的情景細緻地描摹下來，如赤峰白岔河、康家山灣、賀蘭山、桌子山、陰山地區等個別區域岩畫。從這些具象的人面像呈現角度上看，幾乎所有的寫實性人面像都呈現了正面的角度，有的有頭部輪廓，也有的沒有外輪廓（狼山西部人面符號），不管有沒有輪廓，都能給受眾呈現出一種五官俱全的感受。他們都能將人面像的五官按照輪廓進行概括，如畫眼睛就用線條勾勒出橫向葉子形或者圓形，描摹鼻子用一根線從眼眉一道刻畫下來，兩個鼻翼之間省略兩個鼻孔，五官局部就用一條線表示鼻底，鼻子也有三角形、圓形。刻畫嘴巴就刻畫上嘴唇和下嘴唇中間的線條，耳朵就畫出一個耳廓，有的還畫出耳朵內耳廓，整體呈現出

〔註36〕南北方的人面像符號整體呈現抽象的藝術特徵，通過原始人類的誇張和抽象，形成了具有廣義和狹義的抽象，那些完全辨識不清，有難度，我們歸於完全抽象或者圖案化裝飾。還有一批就是抽象程度不高，而且和現實的寫實元素又比較接近。

具象性的物象形狀。還有的人面像岩畫在面部五官周圍用具象寫實的藝術語言對臉部的皺紋進行線性描繪，描繪出來的視覺效果特別逼真。這類寫實的人面像五官基本上與現實人臉五官的固定位置一致，他們所使用的寫實技巧不像現在的素描，而是用點、線的形式，大略地將五官的基本輪廓勾勒出來放置在其所在的位置，辨識度極強。如赤峰市英金河流域的半支箭村附近的有鬍鬚的人面像，整個人面像採用具象寫實的表現方法進行刻繪，外在造型呈現橢圓型制，下頜周圍有參差不齊的鬍鬚向外輻射，鼻翼兩邊的線條勾勒出鼻子的造型，嘴巴用一條線簡潔明瞭地交代了位置，整個造型生動、逼真。它體現了原始人類用具象性的藝術語言「製造」了神或者神性的偶像神韻，以此來「支配自然、控制自然、影響自然，達到人的欲望和要求」〔註37〕。

　　手印岩畫符號具有寫實的特點。手印岩畫符號在整個岩畫體系中不是太多，在賀蘭山白芨溝上田村、賀蘭口、新疆庫魯克塔格山、哈巴河縣杜阿特、陰山岩畫以及青河縣邊海子森塔斯等區域都出現過這類的圖像，在這些區域裏的手印岩畫符號大多都呈現出一種寫實的特點，刻繪在岩石上的手印符號和現實中的手基本相同，也就是說，原始人摹擬了現實中的手。如賀蘭山岩畫中的手印符號，畫面中的左手均摹仿現實中的人手，保留了原型中的一些細節。例如手指的大體輪廓和手指的不同長度和寬度等。原始先民利用這種摹仿手法去強調靜態畫面中生機勃勃的自然形態，並運用這種符號深入到生命的深處去挖掘宇宙的奧秘。大多數手印符號是用線（粗線或細線）來描摹勾勒的，且75%的手印符號是女性。〔註38〕當然，也有用實心填塗來顯示造型的。手印符號往往五個手指頭分開，也有的是五個手指併攏，手指之間無空隙，手指骨節不明顯。手指的粗細程度在寫實的基礎上各有千秋，有的手指上下等粗，有的手指上面較粗下面較細。這些手印符號都蘊含著原始先民在改造客觀世界的時候產生出來的對手的審美感受。如且末縣崑崙山手印符號（圖22），整個畫面上有七隻手，這七隻手均為寫實化的造型。畫面上端的五隻手均使用纖細的線條來代替手指，其長度不一，下端右邊的手印符號使用填塗技法，手指上粗下細。左邊的手印則使用線條勾勒方式，手指使用

〔註37〕蓋山林、蓋志浩：《絲綢之路岩畫研究》，烏魯木齊：新疆人民出版社2009年版，第100頁。

〔註38〕〔加〕吉納維芙‧馮‧佩金格爾：《符號偵探：解密人類最古老的象徵符號》，朱寧雁譯，北京：北京聯合出版公司2019年版，第117頁。

粗細不等的線條進行刻繪。這些手印被先民賦予更多的抽象功能，在原始社會中，這些寫實化的手印符號有可能是用來傳遞某種信息或者佔有某種物象的宗教工具。

圖 22：新疆阿勒泰地區哈巴河縣多尕特岩畫

來源：文焱：《西域岩畫圖案全集》，烏魯木齊：新疆美術攝影出版社 2014 年版。

總之，具象性的表現方式是人類觀察大自然和反映現實景物的重要方式。先民將實實在在的物象通過線條的形式情真意切地刻繪在岩石之上，岩畫中的每一條線都給我們呈現了更加規則和有秩序化的視覺效果。具象性表現方式以客觀物象為基礎，以線條的方式對物象進行描摹，通過對自然物象的具象刻繪、摹仿物象的運動來呈現原始社會自身具有的宗教巫術性。作者使用線條有意識地建構了一種主觀符合客觀規律的視覺圖像生成模式，原始先民將現實中的一些物象依照具象的寫實方法，用線條對一個個生動活潑的生命形式進行有情感地刻繪，這正是先民實實在在地用物象去體悟生命精神的重要表現，使得岩畫作品客觀真實地按照創作者的內在思維對物象進行創構和生成，更是原始社會生活的折射，在一定程度上體現了先民內心無法言說的審美情趣。

二、線條的空間性

線條自身具有空間性，如粗線和細線就存在著對空間面積的「佔領」，而在中國史前岩畫中，中國先民都知道利用線條去描摹物象，並憑藉著線條自身的線性去描繪空間。因此，大多數岩畫作品均使用粗細、曲直不等的線條去呈現原始先民想要的空間。他們用較粗或密集的線條去表現形體的轉折處、前面空間或者物體的形體結構，用纖細的線條去表現容易忽略的外部空間、物象或空間的轉折。他們把線體作為一種表現現實空間的重要替代者或者介質，用線條去展現先民的心理時空。研究史前岩畫線條的空間性，有利於我們更深層地挖掘我國古代山水畫和人物畫的線條使用經驗，並為我們後現代主義設計提供一定的經驗參考。

中國史前岩畫是通過線條去表現空間的。中國史前岩畫大多數的作品均是通過線來呈像的，而線條又被先民賦予空間表現的職能。先民將主觀處理的「像」轉換成一種主觀的二維線性平面，把原來三維立體的物象線條轉換形成二維剪影畫面。同時，他們在把剪影畫面轉換到岩面的時候，又要用線條去表現三度空間，這類圖像超越了自然界的真實空間，是建構在二維平面上的「虛擬」空間。他們用線條將所具有的空間表現職能去訴說古代先民對物象遠近、上下的空間認識。

首先，線條在岩畫中呈現出前後空間關係。岩畫是用不同屬性的線條繪製出來的，每一條線的粗細以及屬性都會產生使得畫面產生前後的空間關係。史前先民注重於空間遠近的把握，將物象全部放置在岩石表面，其空白處給人更多的牧場的遐想空間，在岩畫最底下的物象有可能就是離創作者最近的物象，反之，最上面的岩畫圖像則是離作者最遠的形象。在北方的一些岩畫點上，先民一般採用較粗的、密集的描繪的線條去表現前面的物象。相反，細線、模糊不清、缺少刻畫細部的物象則在後面。在內蒙古烏拉特呼魯斯太蘇木地里哈日的一幅岩畫《獵野馬》，畫面上用勾勒了幾個動物，在左邊有一匹馬採用直線、幾何線對現實物象進行刻繪，線條較粗，整體較清晰，刻繪的細緻也比較繁瑣，呈現前進的感覺。相反地，周圍的那幾匹馬則較模糊，而且線條刻繪形象較粗略。

其次，線條與岩面形成了空間關係。岩石的表面被岩石的材質所填充，其材質均被附著在二維平面之上，二維平面只有長和寬。當先民將一條線刻繪在上面時，線條就屬於另外一個主觀化的、人為的、具有情感意義的東西，

屬於區別於岩面的他物。線條就在岩石上面，也就形成了一種相互排斥現象，線條和岩面就形成了上下疊壓的空間關係，畢竟線條是在岩面上進行刻繪的。更為重要的是，這種線條和岩面的關係不但拓展了空間，而且也豐富了岩面中的造型內涵。如甘肅黑山四道鼓心溝的《野牛》岩畫（圖23），先民將物象用簡約的線條具象的刻繪在岩面上，岩面和線條就形成了上下的空間關係。岩畫藝術家重點突出野牛的頭部，使野牛形成一定的方向性。線條將物象變得傾斜，從而將畫面斜對角一分為二，畫面的軀體留白。這個平面空間展示出野牛肥碩而臃腫的體態，線條從頭部開始比較粗，越往後變得較細，這樣也形成了一個透視的立體空間。

圖23：甘肅黑山四道鼓心溝岩畫

來源：《中國美術分類全集》編委會：《中國岩畫全集》（西部
岩畫1），瀋陽：遼寧美術出版社2006年版。

再次，史前先民將現實物象用線條轉化成三維空間。雲南滄源岩畫丁來一號點的岩畫圖像（圖24）中先民用線條勾勒出一些平面的立體空間。畫面上既沒有明暗也沒有充足的物理空間。在村落中，線條將村落的帳篷以半圓的形式構成上下兩個空間，帳篷與帳篷之間又用粗線分隔開來，一條線將不同造型的帳篷串起來，並將上下、左右、前後的平面空間清晰地表現出來。在人物象的下面都有一條直線，這條直線代表著土地，頭頂留白的空間代表天空，連接村落半圓圈的線條向左延展，這條線代表著從村落到外界的小路，在最先面有一位頭頂裝飾物的人物形象，這個形象居中並兩手臂平舉，形象大而長，左右前後上下的空間就這樣被表現了出來。

圖 24：雲南滄源岩畫

來源：《中國美術分類全集》編委會：《中國岩畫全集》（南部岩畫 2），
瀋陽：遼寧美術出版社 2006 年版。

　　原始岩畫中的線條可以將前後的物象空間分開。史前岩畫先民注重用高度概括的線條對物象進行快速勾勒。原始先民勾勒物象造型的時候，始終站在物象的現實視角來看待，現實中的物象在前面還是在後面都通過線條去界定。

　　首先，藝術家採取增加線條或減少線條來區分前後的物象空間。在一些岩畫的形象創構過程中，岩畫是平面性的，先民要想呈現前後空間，他們就用四條線刻繪成動物的四條腿，還原物象的本身結構。在動物臀部下面刻繪一條豎線，在其前面同樣刻繪出一條平行豎線，這樣在受眾的視角中就能感受到前後腿的空間關係。這樣的表現方式可以再現現實三維狀態下的先民對動物形象的空間感受，受眾通過想像就可以直觀地感受到前後腿的空間關係了。在西藏的日土縣有一幅獵犛牛的岩畫圖像，整個圖像最前面的犛牛顯然要比後面那隻犛牛在線條要多，藝術家使用了大量的線條對前面的犛牛進行具象性描摹。而後面那隻犛牛不但在線條的數量少了很多，而且後面的犛牛看起來似乎先民不願去刻繪它，雖然兩隻犛牛都被箭射中了。在陰山的《群虎》岩畫（圖 25）中，整個畫面分為前後兩個空間，前面空間中的線條尤其較多。先民用大量的波折線對老虎的紋理進行裝飾，形成了眼花繚亂的視覺場面。相反後面空間的動物則使用少量的線條進行簡單勾勒。因此我們可以說，前麵線條較多的物象向前進，而後麵線條少的物象則向後跑，形成了一前

一後的視覺空間關係。如在內蒙古曼德拉山的岩畫《駱駝群》（圖26），畫面
上刻繪了三匹駱駝，除了離作者近的一匹，後面還有一匹，在遠處是第三匹，
三匹都通過線條塑造。離作者較近的一匹和第三批的駱駝的四條腿全部刻畫
出來，一前一後，四條腿的線條是一種豎式平行關係。對於離作者較近的駱
駝，作者用線條刻畫的細節很多，在其後的駱駝作者只繪製了五筆（一條橫
和四條短豎），非常簡約。這兩匹駱駝對比看來，前面的那一匹較細，向前，
後面腿簡約，向後，兩者形成了物象的前後空間關係。

圖25：陰山岩畫

來源：李祥石：《世界岩畫欣賞》，銀川：寧夏人民出版社2017年版。

圖26：內蒙古阿拉善右旗孟根布拉格蘇木曼德拉山岩畫

來源：《中國美術分類全集》編委會：《中國岩畫全集》（北部
　　　岩畫），瀋陽：遼寧美術出版社2006年版。

其次，原始先民使用線條疊加的方式來呈現前後空間。單條線作為一個孤立的因素，不能構成一定的空間關係，也不能把某種前後空間表達出來。史前先民時常展示兩個物象單位的線條相互疊加。如西藏日土縣的《舞蹈》岩畫，畫面展示了整體和局部之間的關係，繩子和左邊舞者的身軀發生了交疊，一前一後。繩子的輪廓線與舞者軀體之間的線條相互阻斷，兩個單位共同形成了具有一定透視方向的交叉點。「而那個在相交之後輪廓線仍然保存著連續狀態的物體，又總是被看成位於另一個物體的前面。」〔註39〕這也就是說，畫面中左邊舞者的輪廓線條被繩子中途攔腰阻斷了。顯然，繩子應該就在人物形象的前面。又如青海舍布齊溝的《射獵》岩畫，先民用線條勾勒一位持弓待射的獵人和一匹奔跑的馬，人的軀體和馬的軀體在線條上發生了疊加關係，而這兩個物象的形象並沒有被對方的線條所遮蔽，前後兩者的空間關係是由兩個物象的輪廓線的相互交叉點所決定的。當人物的輪廓線與馬的輪廓線相交的時候，人物輪廓線的發展方向不會改變，這就使得我們可以很明晰地判斷出哪一個是前者和哪一個是後者了。

圖27：西藏日土縣岩畫

來源：李祥石：《世界岩畫欣賞》，銀川：寧夏人民出版社2017年版。

先民在岩畫線條空間創構中採用對比的表現形式。史前岩畫大多是使用「線」這一媒介進行塑造造型和空間創構活動。在空間創構活動中，先民往往

〔註39〕〔美〕魯道夫·阿恩海姆：《藝術與視知覺》，滕守堯、朱疆源譯，成都：四川人民出版社1998年版，第329頁。

使用對比的手法去表現畫面的空間關係，這種對比的表現形式可以分為：虛實對比、疏密對比。

　　首先，先民重視虛實的空間對比。這類的對比在岩畫中比較常見。從黑龍江到臺灣地區，從連雲港到雲南滄源地區，每一處岩畫點都有一定數量的岩畫利用虛實對比來創構空間。岩畫形象中的線條裝飾以及每一個物象裝飾的不同層次都依靠側面來展現岩畫虛實的對比，既有虛又有實，體現了岩畫形象的外在疏密和內在和諧。他們在畫面中「強調虛實以取得空間效果。為了表達作者的思想感情，畫面上常運用把遠景拉近或者近景推遠等各種表現空間的手法，……強化虛實對比變化，達到空間的塑造。」〔註40〕先民在整個岩畫中基於自己的需求和審美，利用線條刻繪出不同物象的虛與實。有的先民運用線條勾勒出一個大的形象，然後在其周圍布滿了一個（些）小形象。被線條勾勒的大形象呈現「實」的特點，而小形象則呈現「虛」的特點。有的先民將物象的某個局部刻繪得非常清楚，其他部分則被弱化，還有的先民將與作者較近的圖像用線條刻繪得較為繁密，呈現「實」的特點，而邊上的物象基本上是以小或者簡化為主，呈現「虛」的特點。我們可以推測，「實」的部分是先民對物象最重要或最本質的部分進行刻繪。這種刻繪首先要將對象清晰地呈現出來，以點帶面，線面結合，虛實相間，使得畫面形成了虛中有實、實中有虛的視覺圖像。如新疆阿勒泰徐永恰勒岩畫點的《鹿羊圖》，畫面中用粗細線輕盈地刻繪了鹿和羊的形象，先民用粗線將距離作者近處的鹿形象刻繪得非常逼真，線條刻繪細節較多，呈現一種較實的圖像，而在鹿的後面或者下面，作者用較細的線條粗略地描述了同樣站姿的羊和鹿。每一隻動物使用的線條很少，且只突出動物的重要特徵，如刻繪鹿角和羊角。又如在新疆阿勒泰地區哈巴河縣多尕特岩畫《狩獵圖》中，創作者將現實的有限物象通過虛實對比的手法，將岩畫圖像中的形象刻繪成前後空間關係，模糊具體時空界面。大面積的岩石表面是空白，運用線條將物象刻繪出來，營造出草原的空曠感。畫面中的空白處不是「無」，而是有無限意味的「有」。在畫面中的馬和人物形象是「實」，而形象之外的空間都是「虛」，虛實相間，使得畫面形成獨具匠心的理想空間。再如瑞典的一幅刻繪有小船的岩畫，畫面中最前面的形象是作者用粗線勾勒出來的。在船上，作者裝飾得非常細緻，包括船的內在結構。小船位居於畫面的最前方，呈現實像。而作者將後面的船的

〔註40〕傅抱石：《傅抱石美術文集》，上海：上海古籍出版社2003年版，第436頁。

形象簡化，運用很少的線條去繪製，呈現了比較遠的距離。

其次，除了上述的虛實對比形式之外，先民還運用線條多寡或疏密關係來表現物象的空間感。如法國尼奧洞窟崖壁畫〔註41〕中有一幅《中箭的野牛》，畫面上刻繪了一頭野牛被有鉤的魚叉射中。在魚叉射中的地方，作者用勻齊富麗的粗線和細線刻繪出比較密集的造型。這個密集的造型首先就將人的視覺拉近了，以這個點為視覺核心，再引向其他空間。而箭的後面則是作者留下來的虛的空疏的空間，這就使得前面密集的箭和後面疏朗的白色空白領域形成了一種前後空間的關係。

綜上所述，史前先民以線條為介質，為了再現現實或展現主體心中的空間性，他們運用一條線將所刻繪的物象從岩石表面上強行分離出來，線條這時候成了某種具有主觀化和人文情感的空間介質。他們利用線的粗細、長短、寬窄等方面的對比，使得畫面中的形象呈現出前後、虛實、轉折的虛擬空間。同時，史前繪畫者將不同物象之間的空間位置加以區分和有秩序地進行分割。這種分割強調對現實景致的還原。每一條線都將三維狀態下的物象瞬間轉換至二維平面系統，每一條線所在的位置都呈現物象的前後、遠近的空間關係。它往往傾注了藝術家的思想情感是原始繪畫者對真實空間的藝術性表述話語。它已經超越了現實中線條所在的空間系統，是超越了對現實物象的模仿。先民以主觀化的體悟方式去呈現的意象空間。原始先民通過岩畫線條的穿插、交疊、對比、粗細、寬窄的設置，形成了原始岩畫世界中的「情」與「景」的契合統一。

三、虛實相生

虛實結合在中國史前岩畫圖像中的表現尤其多，特別是岩畫在使用線條刻繪物象的時候，虛線和實線相互交叉，交相輝映。物象的生命精神和原始先民的審美情趣通過這種虛實線條以一種獨特的方式表現出來。我們說，虛實結合就是將物象形成秩序性的視覺表象，實線是作者表現的主要部位或者要祈求的局部，虛線為我們提供了一個豐富的想像空間，虛實可以相互轉換。通過虛線與實線的相互呼應，來反映對象的功利目的或精神風貌。

原始先民在平面的呈像結構中去表現立體特徵，用粗細線條去展現畫面形象的前後虛實關係。中國史前岩畫先民在運用線條創構形象的時候，他們非常注重從粗細不同的線條中流露出形象的姿態，用粗細不同的線條去表示

〔註41〕法國尼奧（Niaux）。

物象在畫面中的立體位置。中國岩畫的形象刻繪重視用粗細線條去呈現物象，特別是用粗細線在畫面中呈現物象的三維特徵，用流動的線條去描繪物象的前後虛實關係。現實物象具有三維立體屬性，原始先民將三維立體形象經過主體的觀察和提取，將具有粗細屬性的線條巧妙地拼成畫並刻繪在岩石表面上。他們往往將前面的物象刻繪得較粗，如廣西花山岩畫中正面的蛙形人物形象，前面的蛙形人物形象線條較粗，呈現向前運動，且較實，後面或側面的人物形象線條較細，呈現虛像，兩邊的形象則向後移動。還如寧夏蘇峪口的《狩獵圖》（圖28），畫面上呈現了三個物象，一個是人物形象，另外兩個是羊和牧羊犬。作者用粗線通體對人物形象進行刻繪，人物拉弓待射的瞬間，被作者用粗線表現出來。人物形象呈現向前移動的樣子。而後面的羊和狗則被先民用細線粗略地表示出形體。三個形象生動活潑，有主有次，前後層次分明，充分體現出整個畫面的立體特徵。對比映襯的手法也加強了這幾個形象的空間虛實感。

圖 28：寧夏賀蘭縣金山鄉金山村蘇峪口岩畫

來源：《中國美術分類全集》編委會：《中國岩畫全集》（西部岩畫 1），
　　　瀋陽：遼寧美術出版社 2006 年版。

岩畫形體用線圍合成的面和以單線勾勒的造型呈現虛實結合的特點。在寧夏賀蘭山的賀蘭口有一幅《人面和羚羊》（圖29），作者將羚羊這種動物用

線條圍合成軀體，裏面用鑿刻的方式敲擊很多點狀的東西，而羚羊的羊角、尾巴以及腿部則使用與前者不同的塑造方式：單線勾勒。這樣，畫面上就有實體化的面和一維性的虛線，線面結合，虛實相生。在先民日常的觀察和體悟過程中，對於那些軀體肥胖以及體形巨大的動物，作者想運用抽象的線將具有體積感的形體表現出來，他們就用線條圍合的形式將主要的地方刻繪出來，呈現實像。因為實像能表達先民們對於食物的一種美好眷戀，相反地，用單線刻畫那些他們認為不是很重要的地方，如腿、尾巴等部位。

圖 29：寧夏賀蘭口岩畫

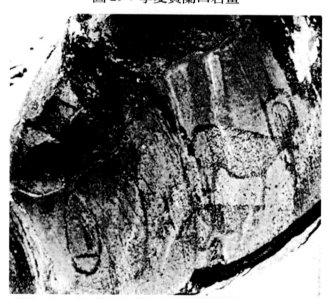

來源：《中國美術分類全集》編委會：《中國岩畫全集》（西部岩畫1），瀋陽：遼寧
美術出版社 2006 年版。

在中國史前岩畫創作中，「實」代表著先民創構出具體可感的藝術形象。在史前先民看來，具體可感的物象是先民運用線條首先要勾勒的對象。他們用不同的線條，如曲線、直線以及圓弧線將現實物象中的具體事物以一種簡略的線條形式塑造出來。這些「實」的輪廓線在一定程度上來自於現實的具體物象輪廓，給我們呈現了鮮明生動的生命物象。如寧夏賀蘭山賀蘭口的毛驢，整個毛驢的形象呈現一個奔跑的姿態，悠閒而且嫻靜，眼睛注視著前方。毛驢的四周輪廓均用粗細一致的實線勾勒而成。線條流暢而又刻繪均勻，顯示出現實物象的一種具體狀態，展現了先民高超的概括能力和嫻熟的刻繪技法。

「虛」呈現了一種無法言說的想像空間。我們經常看到中國史前岩畫的

作者用線條勾勒出物象的輪廓，或者勾勒出內在的結構。而除了這些線條之外，其他地方均為「留白」。不管是一個大的結構也好，還是一個內部小結構也罷，先民運用線條所勾勒出的物象呈現較實的心理感受。相反，除實線之外的空間呈現虛的心理感受。這種「留白」是對實像內涵的一種補充，也是先民對物象形體進行精簡的結果，更是先民留給人們的一種想像空間。這種想像空間的建構依靠的是先民或受眾自身對物象的靜觀，發揮聯想和想像，基於物而不滯物，以自由豁達的審美情趣對物象進行意象創構。如內蒙古海爾汗山的《眾騎與祭壇》岩畫（圖 30），畫面上刻繪了眾多騎馬的騎士和幾何形的祭壇，這些造型均用半抽象的線條將實在的物象輪廓呈現出來，每一匹馬都盡顯出矯健的體形。而在馬的輪廓之內的空間被先民賦予更多的內涵，他們想通過這種簡潔化的輪廓留白，去表達他們對美好生活的期望以及對食物的讚頌。

圖 30：內蒙古海爾汗山岩畫

來源：《中國美術分類全集》編委會：《中國岩畫全集》（北部岩畫），
瀋陽：遼寧美術出版社 2006 年版。

中國史前岩畫使用實線和虛線寫形。中國史前大多數的岩畫均是採用線條刻繪的，也就是說，按照這種線條的存在方式，使用線條刻繪必然會出現實線和虛線。

首先，實線是在岩畫塑形過程中直接表現出來的實實在在的線條，一目了然，無需通過心與腦的想像進行創構，往往直接用實線塑造形體。先民們在塑造出來的形象上，重視結構線對於形象的呈現作用，這就使得受眾能夠

通過這些實線容易辨認物象整體。這類線條大多都是以結構線或者外輪廓線為主。與其他部位的線條相比，實線較粗且呈現在畫面主要的位置。如雲南丘北縣獅子山岩畫點的《豎立的魚》（圖31），作者將整個魚的外在輪廓利用寫實的線條進行繪製。魚外在主要結構的線條較粗，裏面的魚鱗則用較細的短線繪製，虛實相間，顯示了原始先民質樸的審美品位和基於自然物象而超越自然物象的寫形能力。

圖31：雲南省丘北縣獅子山岩畫

來源：《中國美術分類全集》編委會：《中國岩畫全集》（南部岩畫2），瀋陽：遼寧美術出版社2006年版。

其次，虛線在岩畫作品中強調一種「虛」的境界，包括「集點成線」〔註42〕和線條向不同方向延伸，這兩種方式在岩畫形象的表現中顯示了一定「意」的觀念。在史前岩畫中，虛線往往能展現出一幅作品空虛形象之外的意境感。這主要是因為虛線是由點構成的，點與點之間必然形成一定的空間距離，遠處看一個物象就像一根線一樣。如雲南滄源曼坎Ⅱ號岩畫點裏有一個《捕猴圖》（圖32），畫中有一群猴子沿著一條線向上跑去，猴子與猴子之間連成一條線，

〔註42〕朱媛：《中國岩畫的審美之維》，上海：上海人民出版社2013年版，第52頁。

構成了虛線，「虛線的使用更能激發人的審美創造力，表明了先民們審美品位的內在圓融，看似簡單質樸的線條下隱藏著深層的藝術規則。」〔註43〕這類集點成線的虛線式樣在彌勒金子洞坡的岩畫點、元江它克岩畫點以及西藏班戈縣其多山洞穴也出現過。又如，雲南滄源岩畫中的《著羽裙的婦女》，畫面上用赤礦粉顏色繪製了一個翩翩起舞的女性形象，形象是由面和線建構而成，婦女的雙臂平伸使得衣服下彎曲並形成一個圓圈，從衣服的終點沿著線條的走勢向下繪製，與另外一個手臂衣服終點相連接，就形成了一個大的半圓。再者，婦女的羽裙所形成的翩翩起舞的裙帶形成了似有似無的虛線，這種意象化的線將女性跳舞時的熱烈、奔放和激情展現出來，並展示了原始先民內心的狂熱心情。

圖 32：雲南省滄源佤族自治縣曼坎 II 號岩畫（局部）

來源：《中國美術分類全集》編委會：《中國岩畫全集》（南部岩畫 2），瀋陽：遼寧美術出版社 2006 年版。

再次，實線形成物態的輪廓，虛線則形成物象的內在肌肉。在中國史前岩畫中，大量的線條被用到表現物象的外在輪廓和內部細節上，這裡面包括實線和虛線。先民用堅硬的工具用實線將物象的外形認真地刻繪出來。物象的外形是先民實實在在地依據略形取神的方法刻繪而成。被圍合成了一個二維平面

〔註43〕朱媛：《中國岩畫的審美之維》，上海：上海人民出版社 2013 年版，第 52 頁。

結構，清晰地呈現了物象的外輪廓。而虛線一般被先民放置在物象的內部，虛線放置在輪廓內的空間之中。有人說，它是空的，沒有東西，而我認為，物象的輪廓是根據內在的結構和肌肉刻繪出來的，儘管輪廓內比較空，但是虛中帶實，不是沒有物象，而是在虛中找尋和探索物象的存在，也就是我們所說的虛化的骨骼和肌肉。虛化的圖像通過輪廓線進行填塗，有別於岩石底部的顏色，也就形成了「實」的圖像。如內蒙古烏拉特中旗呼魯斯太蘇木地里哈日的《馬》（圖33），畫面上作者用實線刻繪了一個馬向前傾的動作姿勢，馬的體形很長，而勾勒的軀體是空的。我們認為，軀體是由無數的虛線將物象的肌肉和內在事物一一刻繪出來。馬的身軀各部位線條均是依據馬的軀體內的結構而刻繪的。

圖33：內蒙古烏拉特中旗呼魯斯太蘇木地里哈日岩畫

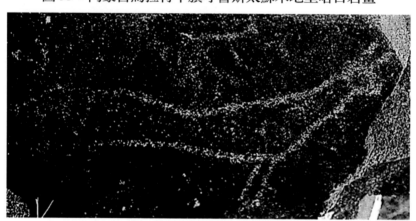

來源：《中國美術分類全集》編委會：《中國岩畫全集》（北部岩畫），
瀋陽：遼寧美術出版社 2006 年版。

岩畫形象中的線條呈現出曲直變化。中國史前岩畫形象所表達出來的形式反映了曲折、長短、動靜、剛柔、高低、大小等特點。曲線在岩畫形象刻繪中具有柔和的特點，呈現虛；相反地，直線被視為僵直、呆板的代名詞，它被認為是沒有生氣和活力的一維事物。在中國岩畫中，很多岩畫形象都具有曲直的線條虛實變化，他們一般用曲線去表現物象的外在優美形態，因為任何自然物象的邊緣線均不是直線，如果有直線，那是經過人工誇張和概括的。先民根據物象的基本面貌，觀物取象，模擬仿生，將物象的曲線形態淋漓盡致地書寫出來。曲線在書寫的時候，常常省略物象邊緣的細節，概括和歸納物象邊緣的整體效果，是一種對物象外形的意象化建構，是似與不似的虛像摹寫。每一條這樣的曲線均是先民對物象生命精神的深刻體悟。直線往往表現在物象的內在

軀體中，先民大都在物象的軀體內勾勒直線、波折線、三角形、菱形以及梯形等等。這些屬於直線性的線條或僵直的、直白的表現在物象的軀體內，給我們呈現出一種更加直接的實像模式。如寧夏賀蘭山賀蘭口的老虎（圖34），畫面上用虛線勾勒了老虎外在的形態，曲曲折折，高低起伏，作者省略了老虎身軀中的很多細節。老虎身軀內的波折線，形象而又準確地描繪出了虎皮的紋飾。有了這些具有直線性的紋飾才能保證我們能從這類細節中找到某種物象內在的豐富性，並使得紋飾依附於輪廓之中，成為營造曲直氛圍的元素，從而使輪廓內的個別紋飾能夠以現在的複合成像去展現線條的曲直變化。

圖 34：寧夏賀蘭縣金山鄉金山村賀蘭口岩畫

來源：《中國美術分類全集》編委會：《中國岩畫全集》（西部岩畫 1），
　　　瀋陽：遼寧美術出版社 2006 年版。

史前先民使用線條的疏密手法來揭示形象的虛實性。史前先民經常在表現物象的時候，使用疏密的手法直接或間接地來表現虛實關係。他們把某個局部用繁密的線條刻繪得很詳細，這個部位有可能是先民想要重點突出的局部，猜測這個部位給他們氏族帶來某種保佑，也可能是他們的食物來源等等。不管怎樣，先民用繁雜的線條去突出密，被突出的地方顯得比較實，因而會先被人看到。除了先民借用線條的繁密來表現「虛實」關係中的「實」之外，他們也會借用較少的線條去表現「虛實」關係中的「虛」，這類使用較少的線條去表現的虛的物象，大約是作者故意不讓受眾一下子看到物象的全貌，表現出一種視覺的深遠感，只是隱約將形態呈現在較為「實」形象的後面或者邊上，

使得物象呈現出較疏的形式。這些用較少線條去大體勾勒物象形態的做法，給我們呈現了較為疏鬆的視覺畫面，畫面中的實虛線條相互結合，相互映照，熠熠生輝。在內蒙古苦菜溝的《鹿》岩畫（圖35），畫面上清晰地刻繪了一隻呈現站立姿態的鹿。特別引人注意的是，先民用比較繁密的線條對鹿的角進行細緻地刻繪，將其刻繪成樹枝的意象造型，包括樹的主乾和樹的分叉都刻繪得很細緻。反觀鹿本身則只是呈現平面型，沒有細節，更不會引起我們視覺對物象的關注。因此，先民將鹿角作為密的部位進行處理，用線條表現形體的「實」，反之則呈現虛。

圖35：內蒙古烏海市桌子山苦菜溝岩畫

來源：《中國美術分類全集》編委會：《中國岩畫全集》（北部
岩畫），瀋陽：遼寧美術出版社2006年版。

總之，虛實相生是中國史前岩畫形象的一個重要的方面。先民通過線條的粗細、疏密以及由線圍合而成的面來表達先民自身的情感訴求和顯示其藝術表現能力。他們把這種虛實看作是表現自己內心所隱含的某種無法闡釋的「文本」。他們將這種具有圖像的象徵性以虛實的關係隱匿在先民的審美活動之中，虛實結合給先民提供了一種表現現實生命精神的重要方法。原始先民通過建構出不同的岩畫形象，讓受眾從這種形象留下的空間中去想像和思考。他們既要通過這種虛實的線條去記錄當時的生活和生產，也要藉此找回先民

自己的生命記憶。通過這種惟妙惟肖、有主有次的刻繪，使得先民們憑藉著這種虛實相生的獨特視角去彰顯個體的生命精神和個體的倫理訴求。

四、本節小結

綜上所述，史前先民借用線條的不同形態對物象進行具象性的書寫，這種書寫夾雜著先民對於物象的觀物取象和審美體悟。他們想用這種線性的具象性書寫方法，去傳達他們內心對物象的體悟。一方面，先民基於現實物象，特別通過實線和虛線去摹寫物象的外在形態和物象的內在結構，將物象自身所形成的生命精神以及旺盛的生命力以空間性的物態話語展現出來。他們用線條去描繪具象的物象，用這些寫實的圖像去表達史前先民對生活的讚美。另一方面，任何物象均具有三維空間視像。先民以實線和虛線將物象的前後、左右、上下的空間關係完美地呈現出來，其中的疏密、大小、長短都傳達了先民的物質訴求和精神觀念。同時，他們往往以線去摹仿物象的內外結構，曲直、長短、寬窄等元素都是先民以線去轉換空間的重要話語，以線去表述現實和作者內心世界的空間性，每一條線都是先民主動去呈現畫面形象的虛虛實實和前前後後。

第四節　線條的表現功能

中國史前岩畫中的線條是先民塑造物象的基本介質。原始先民對線條的表現功能有著自身的考量。首先，先民運用線條去承擔對物象的塑造任務，他們通過線條記錄著原始先民自身的生活習俗和文化傳承，否定那些纏繞在物象之上的瑣碎細節。它在一定程度上凸顯了「以線寫形」、「以線傳神」、「以線達意」的審美意蘊，用這條「通貫宇宙、遍及於萬物」〔註44〕的線去塑寫萬物，去彰顯先民內在的生命精神風貌和時空的無限性。其次，先民們用線條來修飾他們自己的物品和家園，同時也展現了線條自身的審美功能。線條的表現功能為後來的中國畫線條的使用奠定了可以借鑒的繪畫形式，也為當代的線性繪畫藝術注入了鮮活的生命力和獨特的審美情趣。

一、線條的塑形性

中國史前岩畫是以線條的形式對物象的外形和結構進行塑造，他們使用

〔註44〕宗白華：《宗白華全集》（第三卷），合肥：安徽教育出版社1994年版，第409頁。

不同形態的線條將物象的輪廓意象地呈現出來。線性刻繪自然地就成為中國史前岩畫塑形的主要特點。他們利用這些富有節奏和韻律化的抽象線條，以線構形、以線狀物、以線表意，所塑造出來的物象均在似與不似之間呈現出美學意蘊，充分地表達了史前先民對世界萬事萬物的審美感受，向我們鮮明地呈現了史前社會萬事萬物的生命律動和構像的秩序性。因此，從一定程度上說，中國史前岩畫的線性塑形功能開啟了中國傳統繪畫以線塑形的先河，對後世的傳統山水畫、人物畫、風景畫以及其他近現代畫種有著深遠的影響。

線條塑造岩畫形象。在史前社會裏，線條的出現是由於人的眼睛在物象造型中對面的提取。不管是敲鑿法、磨刻法還是用顏色繪製的方法，先民借線條來概括、提煉現實的物象，並將它們融匯於主體塑造的物象之中。他們將線條幻化為傳達個人情感和體悟對象的符號，以線條作為基本塑造形態的物化形式。每一個物象均被作者運用簡約而又抽象的線條體現得淋漓盡致。當然，這也體現了線條自身的實用功能。在那個時候，史前藝術家將線條視為一種塑造形體的必要元素，以「線」概括和書寫萬物，把萬事萬物的形體變化歸結為「線」的高低起伏。先民們將所看到的物象均借用簡約而又瑰麗的曲線、直線、弧線、粗線、細線、實線、虛線、波浪線以及波折線去真情實感地描繪對象、塑造主體心中的形象，對這些形象進行寫形、以線塑形。雲南滄源岩畫以有序的線作為形象塑造的基本元素，每一個物象均用線性語言去塑造，他們用線來呈現先民內心的審美意象話語。內蒙古陰山的雙人舞，先民用簡約化的幾條直線將正在跳舞的兩人舞姿似與不似的塑造出來，簡約而又生動。連雲港將軍崖的崖刻形象，先民在人物的面部大面積地使用了菱形網格狀線條和各種短直線，並將這些各類線條有秩序地分布在臉的各個局部。新疆溫宿縣包孜東的樹木岩畫被作者使用稚拙的曲線刻繪出樹枝，一條弧線能清晰地給我們呈現出樹枝的造型，用圓圈刻繪出水果形狀，用直線刻繪出田字格。如內蒙古烏海市桌子山召燒溝的太陽神形象（圖36），畫面上被先民用曲線和直線高度寫意，塑造了一位正在跳舞與太陽神溝通的巫覡。這位巫覡頭戴光冠，頭外圈有大量的輻射線，張嘴露齒，眼睛上還戴有眼罩的東西，兩手平伸，一腿直立，一腿向外微張，呈舞蹈狀，形象生動，一幅神態威嚴的樣子。作者整體上用不同形態的線條將原始社會正在祭拜太陽神的宗教儀式通過巫覡做法的形象淋漓盡致地呈現出來，也從側面視角反映了先民對太陽神的高度崇拜。

圖 36：內蒙古烏海市桌子山召燒溝岩畫

來源：《中國美術分類全集》編委會：《中國岩畫全集》（北部岩畫），瀋陽：遼寧
美術出版社 2006 年版。

　　中國史前先民是以線寫形。自從他們對線條有了一定的認識之後，線條就
成為他們塑造和表現物象外形的重要切入點，正如朱志榮和張嵐說的那樣：
「先民對造型語言的體認是從線條開始的。」〔註45〕寧西賀蘭山大西峰溝的幾
幅虎形岩畫，先民利用流暢的線條鑿刻出老虎的外在造型和內在紋理，特別是
老虎的曲線外在形態，在老虎的臀部用渦旋紋飾將其圓潤感表現出來。在身軀
的中部，作者使用八根豎線，又將老虎體形的壯實表現得淋漓盡致。通過這些
線條不但將老虎的內外形態生動、逼真地表現在受眾面前，而且老虎虎虎生威
的神韻以及運動性的特點也得以呈現。同樣還是在賀蘭山大西峰溝的《人物、
動物和符號》岩畫，圖中的幾個形象被史前先民運用流暢的曲線表現得淋漓盡
致。先民用曲線將人物射獵時的姿態用兩個內弧線去表現，而獵人的腿部和弓
箭則用線條清晰地予以勾勒，形象生動有趣，極為傳神。通過以上兩個案例，
我們可以清楚地知道，不管在賀蘭山還是臺灣萬山的岩畫，它們都是以線造型，
以線寫形，以線展現物象的基本形體姿態，讓受眾從中能覺察到當時的狩獵的
緊張和動物的神情姿態，這充分體現了線塑性的塑形功能。

〔註45〕朱志榮、張嵐：《中國岩畫的線性特性》，《藝術學界》2009 年第 01 期。

　　線條內蘊某種結構，這對於塑造物象或實現其實用功能有著推動作用。中國史前岩畫的形象塑造包含著某種結構，那就是線條形成了物象自身的高低起伏的形式結構。中國傳統的水墨畫的線條是由毛筆、水和墨建構而成的，利用這三者就能將物象的古韻精神寫意成畫。而在史前社會裏，北方岩畫先民使用一些硬質的物品，如石頭、鐵器等部件在岩石上進行刻、鑿，大部分都是經過先民主體體悟之後而形成的視覺圖像。這些岩畫圖像都是被先民勾勒或鑿刻出來的，線條有粗有細，深淺不一。如需要加深，就要鑿，鑿出不同的實用形狀來。南方岩畫先民則用手指或用毛製成的刷子蘸著赤礦石粉進行繪製，赤礦石粉要與樹膠、動物血液、牛油、動物骨髓、蛋清等液體調和，繪製在崖壁上。每一條線都是先民用手指繪製出來、按照自己的體悟去表現物象的高、低、胖、瘦。如雲南滄源岩畫中，先民用普通線條表現頭上的裝飾品，用誇張的線條塑造人物的腿部和臉，用簡約的線條去呈現手臂的裝飾。大部分手臂均伸開，有的曲折，還有的自然下垂等等，姿勢不一。

　　史前先民利用線條營造出異彩紛呈的視覺效果。在史前社會，南北方的岩畫形象大部分呈現線性塑造，有的人物形象持弓待射，有的男女之間展現交媾行為，有的人面像的五官呈現驚恐萬分狀，還有的動物胡亂奔跑等等。這些異彩紛呈的視覺形象都是先民利用粗線、細線、曲線、波折線、自由線以及幾何線塑造出來的。

　　史前先民在用線塑造物象的時候，往往將一個物象的寬和高概括成線，減少了很多的細節，增強了動作和物象特徵的識別性。鹿、馬的身軀用一條粗線就能繪製出來，人在跑動的時候用一條線表現脖子到腳的部分，再用一條線將雙臂平伸的效果表現出來，再用彎曲的線將另外一條腿畫出來。猴子是用曲線將其跳躍的姿勢繪製出來的。北山羊被驚嚇到大步快跑，作者用兩條向內張的斜線將奔跑的樣子刻繪出來。鹿的角是作者畫出一個半圓，然後在半圓上加上幾個豎線等等。線條為塑造異彩紛呈的物象提供了重要的媒介。如廣西花山岩畫中的正面人物形象，為了表現祭祀儀式的嚴肅性，作者大部分使用粗直線，人物的頭、胸以及腿均使用粗線條進行繪製，不同程度的粗線代表了人物身體中的不同的部位，例如大腿用一條粗線表示出來，就等於將大腿的寬度表示出來。

　　先民運用線條來呈現物象的輪廓。物象的輪廓，是喚起先民對物象感興趣的最重要的表象結構。中國大多數的岩畫形象始終保持著早期單線勾勒物象

輪廓的優良傳統，就是用一條線對物象進行簡略地摹寫，在物象的最邊緣處繪成線條，對物象所存在的邊界進行有秩序地塑造和界定，來表達作者對物象輪廓視的感受。先民知道，用線條去描繪物象的輪廓是一種最為可行的方法，它可以清晰並直接地表現物象的輪廓，也能清楚地概括和歸納一個物象的外在面貌，這種憑藉線條對物象輪廓的書寫，一方面是岩畫家將物象中細節抽象化和整體化了。另一方面，先民們將物象中的各個輪廓內的細節轉化成線性藝術形式，每一個物象的輪廓都被先民用不同的線性勾勒出外形。再者，先民省略輪廓內的所有細節，只保留大的輪廓線，用輪廓線條去代表物象的形狀。這樣，「藝術家不再試圖描寫或表現一頭活生生的牧鹿了，他滿足於用寥寥數筆，去表現他所認為的牧鹿的最主要的特徵，他掌握了牧鹿的概念，並以最一般的形式將其符號化，把區分不同時期相同牧鹿和區分不同牧鹿個體特徵全部省略。」〔註46〕從整體上來看，南北方先民注重輪廓的外在呈像，北方鑿刻，南方繪製，技法不同，但是最終均是運用粗細不等的線條對物象輪廓進行生動細緻地描繪，並加入先民的巫術觀念和審美意識。他們重在強調用曲折、流暢的線條讓我們體會到客體物象的骨、筋、肉、血，借助線條去表現對象最本質、最重要的特徵。如先民刻繪駱駝，駱駝的形態用單線勾勒，只用一條線就將駱駝從頭到腳一下子概括了，特別是駱駝脊背上的兩個山峰，先民沒有刻繪圈紋，而是用兩個豎線表示。甘肅吳家川的梅花鹿被作者忽略了顏色和外在細節，用一條自由的且粗細相等的線條將對象刻繪成岩石上，鹿身上的線條把鹿行走的體態和外形清晰地勾勒了出來。在作品中，每一條線都是極力簡練地概括鹿的外在面貌，以線示體，以象顯形，線條清晰地表明了鹿的骨骼位置和精神風貌。如白岔河的一幅人面像，畫面中顯示了兩個人面，不管人面的五官還是臉中的皺紋都是作者將物象中的細節抽象為符號的結果。他們把臉部的一些細節全部歸結為線性語言。所有能呈現形狀的都運用線的形式予以表現，雖然線條比較笨拙而又稚嫩，但是，先民們還是鮮明生動地把物象的內外輪廓呈現出來了。

　　同時，在國外的史前藝術家也是採用線條去描繪物象的輪廓。他們以線寫形、以線狀物，大部分的國外岩畫作品中的形象也呈現了線條輪廓的造像特徵，有的省略輪廓內的細節，有的則刻繪一些細節，還有的點、線、面元素相互結合。不管國外的先民們如何去創構輪廓，如何去描摹對象形狀，他們

〔註46〕〔英〕戈登·柴爾德：《人類創造了自身》，安家瑗、余敬東譯，上海：上海三聯書店 2008 年版，第 52 頁。

總是缺少不了使用線條去自由地對物象的外在輪廓進行寫意。例如在蒙古的達蘭扎達嘎德岩畫點〔註 47〕的放牧岩畫，畫中兩頭野牛的外在輪廓使用的是粗線條重點勾勒，而野牛內部也用細線條去填充，不過這種填充先民用很多由細線條構成的幾何形態去填充，並形成一個平面物象。法國的三兄弟〔註48〕、尼奧〔註49〕以及阿爾代什河谷的肖威〔註50〕洞穴，這些洞穴的先民們都是運用線條對物象輪廓進行描摹和寫意，簡單幾筆的輪廓就將物象的神韻生動地傳達出來，這些被塑造的物象幾乎省略了輪廓內的細節，線條流暢，塑形準確，富有極強的藝術感染力，生動地展示出被繪物象的體貌特徵以及精神風貌。非洲的塔西里〔註 51〕岩畫點裏的大象、野牛以及長頸鹿等動物形象，也都是使用線條去塑造物象的輪廓。因此，不管這種線性塑形功能在中國還是在國外，線性輪廓都成為史前先民以線造型最主要的手法，它們給我們呈現了大氣幹練、不拘小節、粗獷簡約的審美風尚，通過這種線性輪廓對物象的塑形，來表達史前先民對現實物象的情感寄託。

圖 37：法國肖威洞穴岩畫

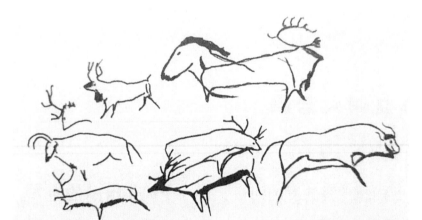

來源：李祥石：《世界岩畫欣賞》，銀川：寧夏人民出版社 2017 年版。

〔註47〕蒙古南戈壁省的首府。

〔註48〕位於法國南部比利牛斯山谷。

〔註49〕位於法國南部比利牛斯山谷。

〔註50〕肖威洞穴位於法國馬賽西北約 100 公里的阿爾代什河谷地段，1994 年肖威和
　　　　另外四名同事發現了這個洞穴。隨後，這個洞穴就以發現者的名字來命名。
　　　　整個洞穴用木炭材料繪製了大量的線性動物形象，有鹿、獅子、犀牛、野馬、
　　　　野山羊、熊和豹子等動物。這些動物形象大都只用線去呈現物象的形狀。

〔註51〕位於非洲阿爾及利亞的阿傑爾高原之中。

在創構物象的輪廓時，先民憑藉著對現實物象的觀察，體悟得神，從觀察活動中獲取物象的輪廓。這種觀察所形成的輪廓融匯了作者對物象的體悟，內蘊著似與不似、以形寫神的造型觀念。史前先民用一些硬質或軟質的工具將自己所看到的物象輪廓進行線條概括和攝取，加入主體對客體物象的體悟，主體的情感融入到物象的刻繪過程之中，以提煉畫面最本質的特點為主要目的，對物象輪廓的細節主動省略，將物象的輪廓大多進行取直，簡要摹寫，以線悟形，以線寫形，線形結合，創構出符合現實物象和自己內心意象的物象輪廓。如西藏班戈縣其多山的洞穴《獵犛牛》岩畫（圖38），是一幅反映西藏先民獵取犛牛時的場景的岩畫。畫面上用概括流暢的線條繪製了犛牛的輪廓，這是作者對物象的情感體悟之後而刻繪的成果。整個畫面中的線條稚拙而生澀，輪廓中的每一條線都凸顯了先民對於物象的高度提煉的能力。特別是在犛牛肚子底下的線條，先民使用一筆就繪製出來，生動傳神，牛的頭部犄角處同樣也是採用一筆勾勒出來。藝術家用飄灑流暢的線條對現實圖像進行創構，抽取能夠體現主要特徵的線，自由書寫，自由構圖，彷彿是音樂的旋律運用不同的樂符自由地表達作者對生命意味的體悟。

圖 38：西藏班戈縣其多山洞穴岩畫

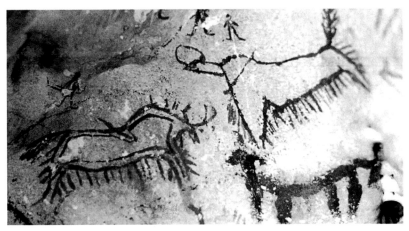

來源：《中國美術分類全集》編委會：《中國岩畫全集》（西部岩畫 2），
瀋陽：遼寧美術出版社 2006 年版。

物象輪廓作為一種「邊界」而存在。任何物象都有著自身區別於他物的界限，這些物象通過線條對自己的邊界進行設定，這樣的做法在中國岩畫形象的輪廓上有著突出表現。中國史前岩畫形象的輪廓大多數是用各種形態的線條去刻繪，而這種塑造是先民對物象輪廓的界定，特別是對最外層形態

範圍的界定。在先民使用線條去勾勒輪廓，最重要的是這個界限是岩畫形象與一般岩石相區別的標誌，沒有這一條輪廓線，各種物象將和岩石融合在一起，物象也就不能很好地去呈現先民所要表述的情感。物象上的一條線將岩面和上面的圖像相互分開，兩種屬性之間存在一種相互排斥的關係。線既是物象輪廓的造型線，又是將兩個物象相互區分的界線。一方面，線條將物象的基本形態呈現出來之後，與其他的物象相互成為獨立的個體；另一方面，先民將線條融入空間，與時空間的某些元素形成不同的語義文本。這種語義文本的區分依靠的就是線，這種線就不是傳統的造型輪廓線，而是具體形象界定於其他形象的某種「邊界」。如新疆阿勒騰尕松村的一幅《馬與羊》岩畫（圖39），第一，岩面具有自然性，而畫中馬與羊的刻繪具有人工的痕跡，這樣就將這些線條賦予一定的人工造物屬性，兩種不同屬性會相互排斥，從而將物象的形狀呈現出來。第二，岩面的顏色與輪廓的刻痕發生了相互對比的現象，原有岩面是平面的（二維），且較為規整，但是在二維空間上突然出現一些具有一維概念的線條，將平面和形象分割開了。

圖 39：新疆巴音布魯克區八音烏魯鄉阿勒騰尕松村岩畫

來源：《中國美術分類全集》編委會：《中國岩畫全集》（西部岩畫2），瀋陽：遼寧美術出版社2006年版。

史前先民在表現物象的時候以線寫神。這裡的「神」指的是岩畫形象中內在的神韻或最本質的東西，它是主控物象的關鍵。也就是說，任何物象都具有內在的神韻，它是一個物象或者圖像的生命精神體現。在中國史前的形象創構

中，先民們用線條的不同形態「隨意」勾勒出岩畫形象，將造型的細節忽略，而強調用線的物態化形式勾勒出物象的內在神韻。他們利用高超的處理手段，用線條的曲折和起伏表現出物象的微妙表情、思想感情和生命精神。我個人認為，不管線條是曲直還是其他變化，它所刻繪的任何一筆，都會彰顯出物象的內在「神韻」。如中衛岩畫中有一幅動物的岩畫，作者用線條勾勒出一個坐騎的外在形態，將這個坐騎刻繪成彎型，下面的四條腿使勁向前或向後擺動，在動物身上有一個人簡略的人，雙手正在手舞足蹈呢！從這個畫面中我們可以看出，作者忽略動物的基本面貌，把握了坐騎和人的內在心態，作者非常注重這種動物的躍動性、舞動性以及靈活性，岩畫形象的造型和神韻豐富了岩畫畫面的生命特性。又如廣西花山岩畫中的《戴獸形飾的巫覡》（圖 40），畫面上作者用粗線勾勒了比較僵直的巫師，整個身體呆板而沒有動感。但是，我們從這種有形的造型之中，看到了史前氏族的巫術文化以及巫師對神性圖像的尊崇和敬仰。

圖 40：廣西左江花山岩畫

來源：《中國美術分類全集》編委會：《中國岩畫全集》（南部岩畫 1），瀋陽：遼寧美術出版社 2006 年版。

　　史前岩畫先民非常注重刻繪物象的形似。岩畫作者在刻繪物象的時候受到當時工具的影響或者岩面載體的限制，在刻繪的時候沒有按照原有物象的

外在形式和內在結構進行刻繪，而是遵循著物象基本形似的觀念和形式美規律。所刻繪的造型既沒有固守本來的形象，因為這裡面有主體的體悟和審美情感的注入。又超越物象的原有面貌，由主體內心迸發出的線條來展現出一種基於造型、神韻以及視覺三者相互契合的同構關係，他們要憑藉著不同屬性的線條將物象把控在似與不似之間，並使得岩畫圖像徘徊於有無間，產生一種富有妙韻的意象特徵。

首先，作者抓住物象背後的本質特徵，以求達到外形的相似。史前先民在塑造物象的時候，通過觀察和取捨物象表面的元素，用簡略的線條對物象進行概括和提煉，將那些能彰顯物象整體審美特徵的局部結構和神韻保留下來。在岩畫中，每一個線形均保持著流暢的姿態，作者沒有太多地去把握物象的局部細節，只是注重大體的整體內在意象，他們將有些不是主要結構的地方取直，但整體上還近似於他們所要刻繪的物象。如用線條刻繪一個奔跑的弓弩手，先民要用兩條線（類似於人字形）刻繪出弓弩手前後腿奔跑的姿勢，只將軀幹、大腿和小腿畫出，而兩臂則用一條線去表示。其實，先民更注重的是如何將對象的生命意蘊通過姿態萬千的線去呈現出來，而對於外形的準確性則不太重視。在青海天峻縣的盧山岩畫點上，大量的岩畫均屬於這一類別。不管是何種題材，這些岩畫均突出了題材內的某些審美特徵，如對射題材，作者就用單線刻畫了一位雙腿交叉站姿的人，一條線將兩個相對的弓和箭串在一起。又如馬車中保留了基本的乘駕結構。而鹿則用短斜線刻畫出鹿角的形態。這些作品均突出了畫面題材的主要審美特徵。

其次，我們知道，任何線條在描繪物象的時候不是機械地複製或摹仿，而是內蘊著先民對物象的觀察、體悟、感受以及想像的刻繪，更注入了作者的情感，他們要通過線條傳達出自己內心對物象的審美感受以及體悟到萬事萬物的生命精神。

再次，先民用近似於物象結構的線條對物象進行刻繪，在一定的層面上具有寫實性的意味。先民刻繪物象外形的時候，一般依照物象的基本形態進行塑造，始終以生活形象為中心進行線性刻繪，處處要將線條置於法度之內，以粗疏的線條去體現物象的內在生命精神。先民刻繪動物和人物一般都用單線對物象的外形進行大體寫意勾勒，人物用單線把身體寬度忽略，變成一條線，不管作者如何忽略身體的細節，他們還是按照物象的基本形態進行刻繪。而動物有的與人物塑造相一致，有的則用單線圍成物象的形狀，在此基礎上凸顯

其基本審美特徵，讓塑造出來的圖像外形近似於原始圖像形狀。如動物的前後腿的刻繪，先民就在岩面上刻繪出四條腿，仿照現實物象的結構。鹿的角被作者刻繪成樹枝形，房屋也被先民完整地用線條刻繪出來。這些岩畫形象在一定程度上都具有寫實性的意味，不過並不是真正的寫實，而是基於現實又超越於現實物象而形成的抽象的圖像。

先民利用線條將形象的內外結構、質感以及運動感表現出來。史前物象的豐富種類使得岩畫作者產生一種表現欲望，他們根據物象形態和表達情感的不同來使用不同屬性的線條。他們用一些粗細不等的直線、曲線、弧線等線條來表現不同的物象形體內的結構、運動感和質感。

第一，先民利用線條去呈現物象的內外結構。這個問題有兩個方面需要闡釋。首先，先民用線條去表現物象的內在結構。線條被先民從物象中提取出來，不但栩栩如生地刻繪一個物象的外在形態框架，而且更為重要的是他們能描繪出物象的內在結構。先民運用長短不齊的線條對物象的內在結構進行簡約地表現，如畫人，就用一條線代表從頸部到臀部的部位。如畫動物，一條橫的直線就代表物象的內在脊柱。在那個時代，先民用簡約的線來代表物象的一個內在「骨架」，這類「骨架式的美術」不是以顏色進行圖繪的，而是以線條的形式對物象內在結構進行刻繪。他們將主要特徵呈現給受眾，省略一些細節和物象的寬度，如顏色、毛髮以及其他相關的部分。這些部分本認為會影響受眾對物象的判斷和辨別能力，因而先民使用最簡約的線條去表現內在結構。

先民使用單根線條去塑造物象的內在結構。在史前岩畫中，先民為了塑造物象的內部結構，清晰地凸顯外部形狀，就用單線對物象的主要內部結構進行刻繪，如脊柱、翅膀、腿部和頸部等部位。一般來說，先民將物象結構由原來比較寬的身軀簡化為一條直線，如在連雲港將軍崖人面岩畫中，先民們用一條很長的豎線來代表身體。帽合山岩畫中的人頭像下面被先民輕鬆刻繪了五至六條豎線。陰山岩畫中的踢球圖像，四個踢球的人的脊柱被史前先民用一條單線所代替。特別是在北方，史前先民利用粗線條刻繪動物軀體的脊柱，利用細線來表現其他部位的結構。相對於動物來說，人物的主要結構就沒有那樣明顯了。人物的線性結構均比較弱，人物的形態均呈現「正面律」，但也有的呈現「側面律」。原始先民直接用一條線從頭到腳刻繪出一個「人」字。有的將物象內在結構變為曲線和直線，還有的則根據物象原本形體的高低進行結構表現。每一個作畫者都深受原始巫術儀軌的束縛，他們希望所繪之畫能夠發揮宗教

巫術的效應。中國阿爾泰地區的北山羊形象，比俄羅斯貝加爾湖地區用線塑造的形象更為簡化，它不但被作者省略掉色彩，而且還被省略掉物象軀體的寬窄度。先民用一條粗細不等的直線將北山羊的軀體結構刻畫成一條線，這一條線就代表山羊的軀體脊柱。作者用垂直線將山羊的兩條腿刻畫出來。而山羊頭上的羊角，則用弧線刻繪出來。如陰山岩畫中的一幅《雙人舞》，作者用單線將兩個人物的內在結構濃縮成一條線。不管脊柱還是四肢，均使用一條線將其代表。左邊的人物形象和右邊的人物形象在脊柱和雙臂平伸的表現上均一致，即用一條線將手臂的平伸視覺效果展現出來，用一條線從人物的頭部一直延伸到臀部以下，形成了人物的內在脊柱。左右兩邊的舞蹈形象最大不同點就在於作者用單線去表現左邊人物雙腿內翻的姿勢，而用雙線去表現右邊人物雙腿叉開的姿勢。這些由短直線構成的簡略物象，直接展現了原始先民質樸、拙笨的性格特點以及崇尚自然的心態。他們將物象中的生命精神、人對物象的祈願以及人對物象的體悟用線條來表達。又如在烏蘭察布的一幅岩畫中（圖41），畫面中有兩隻動物，一隻是羊，另外一隻應該是獵狗類的動物。兩隻動物的內部結構均被先民用較粗的單線條刻繪出來。先民用較粗的線條來代表動物的脊柱，用較細的線來刻繪動物的四肢，用最細的線條來刻畫山羊向後延伸的羊角。而在南方的岩畫點，人物的主要結構均使用方形的粗線，從頭一直到腳均是等粗。相反地，動物們的結構線條就單薄不少，譬如在廣西花山岩畫中的「蹲式」人物形象，作者用等粗線將氏族成員祭拜「蛙神」時莊嚴肅穆的氛圍、拙笨的神情表現得淋漓盡致。每一個人物形象的結構均用較粗的線條繪製出來。從整體的圖像來看，其外在的形式鮮明地呈現了原始藝術的生命精神。

圖41：烏蘭察布岩畫

來源：文焱：《西域岩畫圖案全集》，烏魯木齊：新疆美術攝影出版社2014年版。

　　其次，先民通過多線條對輪廓內的平面空間進行填塗。史前先民對於圖像內部結構進行多線填塗。先民一般先將物象的輪廓刻繪完成，填塗的時候先民不依賴於外輪廓的走向，完全依靠輪廓所形成的寬與窄，然後利用長短線在輪廓內進行有序填塗，使得原有的物象內部空間具有一定的體積感，並呈現面的審美屬性。有的線條與線條之間的距離均等，呈現平行線，有的在動物的軀體內加入一些單線漩渦紋或「〜」紋飾，呈現出一種「活生生、流動的、富有生命暗示和表現力量的美。」〔註52〕這類紋飾近似於雲紋或者馬廠類型的原始陶器中的「同心圈紋、螺旋紋、水波紋等紋樣」〔註53〕。這樣的圖像主要分布在西藏日土縣境內。如青海天峻縣盧山的岩畫《鷹》（圖42），作者將鷹的外輪廓用富有動態的線條勾勒之後，在封閉的空間內用多條短斜線予以填塗，線條之間的寬度保持高度的一致。作者沒有寫實鷹的具體細節，而是將內部空間用多條短直線填塗成平面，讓其成為具有體積感的物象。

圖42：青海海西蒙古族藏族自治州天峻縣盧山岩畫

　　來源：《中國美術分類全集》編委會：《中國岩畫全集》（西部岩畫1），瀋陽：遼寧
　　　　　美術出版社2006年版。

<hr />

〔註52〕李澤厚：《美的歷程》，北京：生活·讀書·新知三聯書店2009年版，第45
　　　　頁。
〔註53〕戶曉輝：《地母之歌：中國彩陶與岩畫的生死母題》，上海：上海文化出版社
　　　　2001年版，第169頁。

通過上面的闡述，我們可以清晰地得知，史前先民是運用簡約的線條去塑造物象的內在結構的。這種塑造不是對物象的直接寫實，也不是對物象的局部塑造，而是依據審美趣味和巫術儀軌對物象進行全局性的刪減和塑造。原始先民將具有生命精神的物象的主要內在結構濃縮成一條線，作者對物象傾注了主體所有的審美情感，以主要的線性結構去呈現他們對物象的生活激情和審美感受，去描繪他們對未來生活的憧憬和祈願。

第二，先民用線條來塑造物象的外在結構。史前時代物種較為豐富，這就使得先民能夠用肉眼觀看到不同外形的動物。這些動物的外形結構具有差異性。先民就用線條將外在的結構刻繪出來。他們一般重點畫出物象的最凸顯的結構，例如駱駝的雙峰、鹿角、虎的紋理、牛角等外形結構，然後再根據物象外形的起伏進行線繪。有的岩畫形象用雙線勾勒凸顯外在結構。先民往往將物象外在結構用參差不齊的線條勾勒出來，大多數的動物形象輪廓內均為空白，還有個別的用線條將頭部結構、前肢、臀部等部分進行直線分割，猶如畢加索的立體主義畫作，這樣的例子在青海、青銅峽的岩畫中較多。

首先，先民用曲折優美的線條刻繪物象的運動感。中國史前岩畫不管是人物還是動物形象，大都是先民對動態化的物象進行刻繪。先民在描述對象的時候，用曲線去感悟對象的運動特性。他們在描繪動物跑動的時候，主動用線條去簡約地表現動物的前肢向前邁、後肢向後蹬的體形狀態。先民盡力用曲線將它們跑動的姿勢鮮明地呈現出來，線條中體現了「骨力追風，有柔有剛，方圓適度」〔註54〕的審美意蘊。刻畫狩獵者多採用具有曲線勾勒，人物跑動的姿勢可以縮寫成一個「大」字。當然，也有少量的岩畫動物形象採用相對靜止的狀態。在南西伯利亞烏什肯-烏韋里〔註55〕的史前鹿岩畫中（圖43），原始先民對曲線特別是波旋線非常熱衷，他們在日常生活中看到貝殼上的螺旋紋，紡輪的旋轉以及舞蹈者的旋轉等事象，都會激起先民對他們對運動的興趣，也都會將這種線去表現運動的形式。因為它自身具有彈性。每一隻鹿的身軀均使用婉轉的波旋旋線將鹿運動時的體態表現出來，波旋線大多呈現「S」形。它可能表現的是一種波旋運動方式。每一個鹿角都呈現波浪的

〔註54〕李澤厚：《美的歷程》，北京：生活・讀書・新知三聯書店2009年版，第45頁。

〔註55〕〔波〕安傑伊・羅茲瓦多夫斯基：《穿越時光的符號：中亞岩畫解讀》，肖小勇譯，北京：商務印書館2019年版，第86頁。

式樣，更為重要的是，這幅作品最下面的一些方的鹿形均呈現斜線擺放，斜線具有運動和不穩定的特徵，粗線和細線形成了強烈的對比，這些動物「好像在成群地向上飛，一個比一個高。」〔註56〕如內蒙古達爾罕茂明安聯合旗夏勒口的《追羊圖》（圖44）展示了人追逐羊的局部精彩場面，畫中的人物形象跑動姿態被誇張了，身體朝前傾，作者運用曲線將狩獵者的兩腿連在一起，形成了一條弧線，高度概括了先民在追逐動物的精彩場面。史前先民用這種具有生動、流暢、運動且富有生命韻律美的曲線來表現物象的運動感。整個岩畫中的人物線條刻畫遒勁有力，人物各個部位比例適當，且將人物急切跑動追獵的身姿表現得生動逼真，展現了北方游牧民族旺盛的生命力和風姿體態。

圖43：南西伯利亞烏什肯-烏韋里岩畫

來源：〔波〕安傑伊·羅茲瓦多夫斯基：《穿越時光的符號：中亞岩畫解讀》，
　　　肖小勇譯，北京：商務印書館，2019年版。

〔註56〕〔波〕安傑伊·羅瓦茲多夫斯基：《穿越時空的符號——中亞岩畫解讀》，北京：商務印書館2019年版，第87頁。

圖 44：內蒙古達爾罕茂明安聯合旗夏勒口岩畫

來源：《中國美術分類全集》編委會：《中國岩畫全集》（北部岩畫），
瀋陽：遼寧美術出版社 2006 年版。

其次，先民用線條來呈現物象的質感。這種質感是先民為了表現人物或者動物與某種場景儀式相契合的狀態或者物象的內在精神本質而形成的某種視覺幻象。他們一般採用美術元素來達成這種質感的呈現，如線條、色彩、點、空間等。在廣西花山岩畫，人物形象均呈現嚴肅而又蹲式的蛙形，整個一面崖壁都填充著這樣的莊嚴而又古板的舞蹈動作。這個動作是先民將蛙神視為心中無比崇敬的物象的體現。先民如何在岩畫上去體現這種崇敬質感呢？我揣測，為了體現出史前先民對神靈的崇拜和恐懼，他們會在岩畫的人物動作上進行帶有一些巫術性的繪製，試圖通過形象中的動作來呈現他們的巫術禮儀。這樣清晰地圖像讓人感到：岩畫人物圖像的動作充滿著神秘、恐懼、敬畏、祭拜和沉重的巫術風尚。如用較粗線條組成的蹲式的結構。為了祭拜它，全氏族的成員一起行動起來，用較粗的線條將這種祭拜的內在嚴肅、恐懼心理表現出來。在那個時代，先民要呈現某個物象的質感，就必須使用點、線、面以及體積等元素。在這幅畫中，先民使用等粗的線條，這種等粗的線條給人的感覺較為呆板和僵直。祭拜神要有真誠的心，表現在視覺上就是要追求古板。在一些狩獵的岩畫中，先民為了表現能夠射中動物的情景，模擬再現了狩獵者悄悄的抓捕不被動物發現的情狀，狩獵者的小腿和腳均採用折線的方式，腰部正直，不打彎，人物變小，動物形象一般會被狩獵者故意誇大。

在一些舞蹈的岩畫中，特別是國外的舞蹈岩畫，如烏茲別克斯坦薩爾米河谷巫覡跳舞的場景，〔註57〕舞者整個身體的脊柱、臂膀、腿部都用單線勾勒，巫師的身體前傾，臂膀向後，兩腿彎曲，形成了薩滿與神靈成功建構連接時的巫術狀態，人物的線條均呈現大跨度，線條較自由地書寫著對象的質感，不像廣西花山岩畫人物的僵硬程度。

通過上面的闡述，我們可以清晰地得知，史前先民運用極富有動感的線條去塑造物象的外在結構，他們通過這些曲折優美的線條去體現物象的運動感和質感。這些外部結構明顯地將物象的身體面貌以及生命意識展露出來。這從一個側面說明了史前先民對線條的屬性擁有極高的理解能力和把控能力。

史前先民在創作岩畫形象的過程之中，重視以線表意。線條作為一種工具或者媒介，它是一維性的，不存在什麼意義。但是，如果一條線被賦予某種情感和審美情趣，人們想借用線條去表現某種意義，那麼，這條線就存在以線表意的功能了。在中國史前岩畫形象的創構過程中，先民利用線條對物象進行高度概括，憑著記憶或回憶對物象進行寫生，但由於表現力欠佳，他們就用一些線條去表現某種意義，如生殖意義、狩獵巫術意義、祭拜意義以及祈禱意義等。在湖南烏龍尾岩畫點上有大量用線表現的重圈紋和同心圓，這些抽象紋飾在連雲港將軍崖、具茨山、陰山以及賀蘭山等地多有出現。但是這種圖像所呈現出的意義是有多樣的，如星空崇拜、水紋、生殖崇拜以及日月崇拜等等，意義較多，舉不勝舉。在福建仙字潭的岩畫中，有很多用粗細一致的線條構成蹲式的舞蹈人形，這些被線條構成的形象向我們呈現了宗教巫術的意義：通過舞蹈者向神靈獻媚，希望神靈保佑整個部落，充滿著強烈的功利主義和實用主義。〔註58〕

中國史前岩畫中的太陽神人面像體現出線條的塑造藝術。在史前岩畫圖像中，任何一個岩畫作品都是以線的方式呈現在我們面前的。這些曲直的線條所勾勒出的形象，充分表現了原始先民內心的精神幻象和需求。南北方的任何一個岩畫點的太陽神人面像，均用不同形態的粗細、長短的線條將人和太陽相互結合，從而塑造出一個偉大的神靈：太陽神。他們又運用「具有寬窄、剛柔、

〔註57〕〔波〕安傑伊・羅茲瓦多夫斯基：《穿越時光的符號：中亞岩畫解讀》，肖小勇譯，北京：商務印書館2019年版，第114頁。
〔註58〕李祥石：《走進岩畫》，銀川：寧夏人民出版社2014年版，第115頁。

緩急」〔註59〕變化的線條去刻繪太陽的圓圈和外面的光芒射線。在桌子山召燒溝岩畫區，有的太陽神的圓圈內又套有兩個粗細不同的圓圈；在賀蘭山賀蘭口的太陽人面像《頭飾羽毛形象的太陽神》（圖45），原始先民運用粗細不等的線條勾勒出放射的光芒、頭型、瞪得圓圓的大眼睛、有飾品的鼻子和齜牙咧嘴的大口，在人臉外部先民用線條又勾勒了一個半圓圈，好似王冠，在耳朵附近。作者用波折線條描繪人面像耳朵下面的裝飾物，整個圖像線條沉穩，具有高超的運筆秩序性。它所構成的形象體現出一種對生命精神的外部感知。在連雲港將軍崖的岩畫中，原始先民使用麥穗造型刻繪太陽神紋飾，線條一般起始點較粗，落點較細，中間的五官一般使用短的曲線。只是用短線條在原始五官的位置上勾勒幾筆，拋棄了原始五官的大部分形象。也有的圖像是屬於那種寫實化的藝術風格，這些線條呈現給人一種稚拙、飄灑、隨意、簡練的視覺效果。

圖45：寧夏賀蘭縣金山鄉金山村賀蘭口岩畫

來源：《中國美術分類全集》編委會：《中國岩畫全集》（西部岩畫1），
瀋陽：遼寧美術出版社2006年版。

〔註59〕張曉凌：《中國原始藝術精神》，重慶：重慶出版社1992年版，第262頁。

綜上所述，史前岩畫對物象的線性塑造是史前先民「有意識地」通過「觀」、「取」、「意」等方式對原始自然情景進行再現性的創構過程。他們以線造型，以線表意，這其中就蘊含著以靜制動、以靜寓動的節奏和韻律。他們以線條來體認和觀照世界，對自然物象進行觸物感興與情感體悟的線性總結。史前先民把不同屬性的線條按照自身的要求對物象進行刻繪，每一條線都能體現出某種功能。他們往往忽略了一些物象上的細節或者色彩，用不同屬性的粗細、長短的線條將物象的結構、質感以及運動性鮮明地呈現出來。線條能夠清晰、簡潔地表現形象，他們通過線條將物象的內在品質表現出來。同時，他們把這些線條按照一定的形式規律根據原始思維觀念進行有目的地組織和布置，憑藉想像力，時時刻刻地都將線條作為體現先民目的的主要手段，每一條線都蘊含著先民的審美品味和生命精神。用有生命的線條去創構「有意味」的視覺圖像，使得先民能夠創構出令後世驚歎的美妙形象，使後人能夠以凝重、古樸、雄壯的感性生活思維去思考那個時代原始人類的主觀情狀和內心境況。在這裡，物象的造型和作者的情思契合貫通。原始先民不但使用線條去表現物象的造型和意象特徵，而且還以岩畫的線條來彰顯對象「形」、「神」之間的關係。

二、線條的裝飾性

線條作為一種媒介形式，在原始岩畫之中，是創構意象、表現情感和抒發先民情懷的重要媒介。史前先民通過線條的盤旋、往復、曲直、疏密、重疊、流暢來反映自己內在的審美個性和情思變化，是先民們表達自己對於美好事物審美的重要切入點。先民用那些靈活多變的、流暢的並富有形式美韻律的線條去抒發審美趣味，他們所刻繪的每一條線都蘊含著自身對物象的抽象裝飾意味，他們把線條進行各種形式的穿插和演進，使得先民借用線條自身的裝飾性，去表達對美好生活的精神訴求。

裝飾具有形式美意味，裝飾是通過線條對某物的內外形體進行合理的修飾和添飾，以便使物象符合某種審美特徵。中國史前岩畫中形形色色的形象均呈現出不同程度的裝飾性。其中大部分岩畫均使用誇張、變形、添加、美飾等方法對現實物象進行線性勾勒，因而會呈現出一定的規則化、幾何化或者單純化的形態。那些看似生動而又栩栩如生地岩畫形象實際上形成於當時人們對「巫術」的信仰或者對現實物象的裝飾需求。先民認為，在對裝飾的

過程中，物象被先民主觀「添加」的一些裝飾線條有著特殊的象徵意義：這種裝飾象徵著某個氏族的圖騰、生殖崇拜以及祭祀儀式的意義等。因此，無論是在寧夏的賀蘭山還是在臺灣的萬山岩畫點，史前先民運用線條對現實物象進行裝飾，都是經過先民加工並遠離自然物象形態的。先民將線條作為個人審美視角的一個切入點，把先民內心深處的裝飾基因充分調動出來，自由地對每一個物象進行別具特色的裝飾。

　　史前岩畫中的線條本身具有獨特的裝飾性。先民對物象的裝飾由來已久，這種裝飾源於他們內心深處對物象在審美意義上的再造的渴望。縱觀南北方的岩畫形象，大多數史前岩畫圖像由線條構成，並由線條組成各種抽象圖案，這些線條通過形式美的規律使其具有裝飾性的語言。他們往往多在形象的外輪廓之內進行裝飾，這些裝飾的線條既具有現實的真實，也是作者主觀觀念上的幻象，將似與不似的裝飾線條書寫在物象的身軀之上，便具有了審美化的視覺審美意味。先民用複雜的線條在不影響功用的情況下，在物象上雕刻圖案和動物形象來裝飾他們的工具，法國的鹿角投矛器，在器皿的平面上就用複雜的線條雕刻一頭回頭觀察兩隻鳥的鹿，〔註 60〕海達人用線裝飾狼形海妖，〔註 61〕愛斯基摩人用線條裝飾牙雕、骨雕以及刺紋，〔註 62〕巴西印第安人用線條繪製幾何圖案，並用圖案代替魚、蝙蝠和蜜蜂，〔註 63〕原始先民刻畫的老虎與牧羊的身軀內部以及人面像的臉部之內運用橫線或垂直線進行等有比例的裝飾。如西藏日土縣任姆棟的《逐鹿》岩畫。與新疆巴丹吉林岩畫、賀蘭山岩畫中單線刻繪的動物不同的是，任姆棟的岩畫畫面中的鹿和豹子的形狀均採用雙線勾勒，包括四肢、鹿角以及細部部分。每一條線均伴有誇張和變形的形式，且以相互纏繞的曲線對兩類動物軀體進行修飾。鹿和豹子的臀部以及周身則使用具有裝飾功能極強的螺旋線或弧線，特別是鹿角，作者用曲曲折折有節奏和韻律的線，將鹿角的形狀以寫意的手法描繪出來，線條粗拙，但充滿圖案化。鹿的肩部和臀部

〔註 60〕〔加〕吉納維芙・馮・佩金格爾：《符號偵探：解密人類最古老的象徵符號》，朱寧雁譯，北京：北京聯合出版公司 2019 年版，第 72 頁。
〔註 61〕〔美〕弗朗茲・博厄斯：《原始藝術》，金輝譯，劉乃元校，上海：上海文藝出版社 1989 年版，第 148 頁。
〔註 62〕〔美〕弗朗茲・博厄斯：《原始藝術》，金輝譯，劉乃元校，上海：上海文藝出版社 1989 年版，第 79 頁。
〔註 63〕〔美〕弗朗茲・博厄斯：《原始藝術》，金輝譯，劉乃元校，上海：上海文藝出版社 1989 年版，第 80 頁。

以螺旋線進行裝飾，螺旋線均向裏彎曲，打破了鹿軀體脊背給整個造型帶來的呆板，給人以美的享受。在鹿群中還有一隻小鹿，它的軀體上刻繪了一個橫向的「S」造型，「S」線條將鹿的軀體整體進行曲線裝飾，靈動而又美麗，富有裝飾感。

　　與國內岩畫中的裝飾性相比，國外裝飾性岩畫也頻繁出現，並在岩畫形象的裝飾方面略勝一籌。例如澳大利亞阿納姆岩畫點上的《野合》，作者運用誇張、變形的手法對正在野合的兩個人進行裝飾。他們用短直線、輻射線以及長直線分別對大腿、頭髮、胸部進行添加與誇張修飾，用方形、三角形對人物長長的軀幹進行交叉裝飾。每一個人物的局部裝飾都採用間隔性的形式，如一個局部用了線條，下一個部位就要空出來或者用其他的元素進行裝飾，再下一個又回歸到線條。兩個人物的外在輪廓曲線，流暢自如，顯示出稚拙、率性以及簡約直白化的藝術審美風尚。又如巴基斯坦吉拉斯的逐鹿岩畫與西藏任姆棟的逐鹿岩畫具有相似的藝術風格，兩個地區鹿的肩胛骨以及臀部都用卷雲紋線條構像，鹿的整個軀體使用柔美而又婉轉的曲線對物象進行裝飾。除此之外，還有加拿大不列顛哥倫比亞省、新墨西哥州、乍得恩尼迪山以及利比亞撒哈拉等岩畫點的岩畫，這些岩畫不管從造型還是從物象裝飾的元素多樣化來看，都具有非常濃鬱的岩畫裝飾意味。他們大量地使用了誇張、變形以及添加等手法，綜合運用了點、線、面等元素，並將這些元素分布在物象輪廓內的不同區域，使得畫面被作者填充成富有多樣性元素構成的視覺圖像。

　　史前先民在動物軀體內進行線性裝飾常常使用曲線和直線，其中曲線在軀體外，直線在軀體內，還有一部分圖像以波折紋和曲線相結合，在動物軀體內進行畫面等比例分割。如內蒙古烏拉特中旗呼魯斯太爾蘇木地里哈日的鹿岩畫，畫面中用精妙的筆觸磨刻一隻靜靜肅立的鹿，在鹿的軀體內，作者用直線對鹿的全身進行等比分割。鹿軀體內的裝飾線是根據平面造型方式進行的，而不會將裏面的裝飾內容磨刻成弧線。鹿的腹部裝飾線是垂直的，而鹿的脖子則是橫線的裝飾線，顯然這種畫法傾向於表現平面化的視覺效果。這樣的例子還有寧夏大西峰溝的《群虎圖》、貴州關嶺縣牛角井白岩腳的《人物圖》等等。

　　先民在動物軀體內直接使用直線對物象進行不等比例的分割裝飾。原始先民對其他物象的裝飾秉承在輪廓內進行分割，也就是說，在物象的輪廓內

分割成面積不同的幾小塊，在每一塊大小不同的面積範圍內用線條勾勒出不同的形狀，如直線、圓線、弧線以及自由線條等等。每一個物象的軀體經過線條的裝飾後形成了疏密有致的特性。如在青海西溝的岩畫點裏有一幅《群虎》圖，作者用垂直線、斜線對軀體進行分割，分割的造型有方形、梯形等不同形態。

　　中國史前岩畫中的線條裝飾主要基於先民對物象的細緻觀察。史前先民主動提煉物象的線條，他們把自己的情感帶入到岩畫形象的審美建構中，將現實物象中的形狀與自己的情感相結合，利用線條對這些形狀進行情感裝飾。在西藏的一些岩畫中，先民往往在牛羊等動物的身體上裝飾一些類似於「S」形紋飾，或者在動物身體的後部添飾一些漩渦紋飾。這種渦旋紋飾是經過雙渦旋紋簡化過來的，紋飾的線條由原來的拙笨演變為比較自由流暢的「〜」紋飾，有的鹿的軀體內只有這一種紋飾。老虎身上的紋飾略顯複雜，有網格紋、豎線紋飾以及自由紋飾。〔註64〕一方面，經過抽象化了的曲直線使得岩畫藝人將自己對物的裝飾情結移注線條之上，以形式美規律進行形象裝飾，繪製出來的物象往往都要比現實的線條要多，而且這些線條注入了先民對生命精神的體悟，以線條體現生命律動、彰顯生命精神；另一方面，這些形象中的線條是一種純粹的主觀抽象，內蘊著先民自身的情感和藝術創造。它是對物象進行一種超越於自然物以外的巫術裝飾或者象徵性裝飾。我個人認為，史前先民利用這些被提取的線條對物象進行反覆的修飾，以線為中介，表達自己的主觀情意和大自然內在的生命精神。如雲南丘北縣獅子山岩畫點上有一幅岩畫《樹與人物》（圖46），整個畫面洋溢著弧線裝飾的美感。畫中鳥和樹的形態均採用大量的曲線勾勒，包括鳥的羽毛和樹的葉片部分。樹的葉片運用流暢的弧線，將葉片加以裝飾化和圖案化。每一條弧線均形成一定的半弧狀形式，簡約而又生動。線條高低起伏，給我們呈現出一定的裝飾畫面。鳥的頭部和翅膀以及尾巴均採用弧線，弧線內蘊著節奏和韻律。每一條線均伴有粗細的裝飾變化，使得線條之間形成寬窄不同的空間變化。樹幹均採用了波折線條，呈現「S」形，直線與曲線對比，在每一個局部區域內的線條均呈現雙線對稱，粗中有細，細中帶粗，鮮明地反映出作者對於樹和鳥的一種對比觀照，整個畫面充滿著強烈的弧線運動感和裝飾性。

〔註64〕張亞莎：《西藏的岩畫》，西寧：青海人民出版社2006年版，第189頁。

圖 46：雲南省丘北縣獅子山岩畫

來源：《中國美術分類全集》編委會：《中國岩畫全集》（南部岩畫 2），瀋陽：遼寧
　　　美術出版社 2006 年版。

　　史前岩畫作者憑藉著對線條的高度概括來呈現線條的裝飾性。中國史前岩
畫強調以線作為主要方法去塑造岩畫形象，強調作者對現實物象的意象概括。
一般來說，史前先民高度重視對物象的概括和誇張。南北方岩畫中的任何一幅，
都包含著這兩個因素。史前先民對物象首先要進行概括，省略那些細枝末葉，
找到事物最本質的線，去粗存精，把每一個物象最精到的地方用線條進行裝飾。
這樣，經過作者概括的線條包含著主觀的審美情趣以及對物象的領悟。其實，
再造的岩畫圖像已經超越了原有物象的形、色、貌，內蘊著作者主觀誇張的因
素。如大麥地岩畫點中有一幅人騎動物的岩畫，畫面中的人與物都是被作者用
弧線和直線的方式加以高度概括，運用變形、節奏、對稱、誇張等藝術手法，
創造出以線為介質、形象生動、裝飾語言強烈、手法簡約的動物形象。動物的
身軀中的內弧線將動物的脊背高度概括出來，線條流暢而又具有規範化。動物
下面的四隻腳被作者用折線高度概括。史前先民特別誇大了線條對腿的造型歸
納。他們運用簡練的線條勾勒出他們「心中」現實圖景，將具有動感的弧線、

波紋線寄予到圖像中，追求一種裝飾性的意味。又如西藏魯日朗卡的岩畫
《馬》，整個馬的形象被富有裝飾意味的線條包裹著，將馬奔跑回望的動作以
捲曲線的形式表現出來，很多馬鬃毛飄逸的形狀被作者用簡約的幾根捲曲線高
度概括出來，特別是馬鬃中有一些長的鬃毛也被作者細緻的歸納出來，馬一邊
奔跑一邊回望的動作被先民使用流暢的線條繪聲繪色的描繪出來。

在概括的時候，先民主動對物象的某個特徵進行局部的誇張，對線條的
粗細以及動物紋飾的進行誇張。誇張後的局部被先民賦予某種情感意味。這
種誇張是建構在對物象的概括之上的。如一幅內蒙古陰山的《虎食駝圖》，畫
面中遍布著具有誇張性的裝飾波折線或者曲線。在畫中，每一隻老虎的形象
與姿勢都是作者對物象體悟的結果。作者將物象經過變形，誇張老虎的條紋，
向我們呈現了裝飾意味極其濃烈的生活氣息。作者重點用線條刻繪老虎的條
紋，老虎全身飾以波折紋飾或者平行的幾何紋飾。作者有意將老虎身軀上的
條紋進行誇張並將其圖案化，強化受眾對原有老虎紋飾的視覺感受。與原有
的物象紋飾相比，被誇張後的紋飾更加具有圖案化和裝飾性，線條起伏變化，
有節奏和韻律，它是作者對五隻老虎形態的一種誇張化、規範化和幾何化的
外在表現。在老虎的頭部，作者有意用流暢的曲線誇張頭部的特徵，添加作
者對老虎情感體驗的線條，將其演變為一種紋飾。

對史前藝術家來說，單線勾勒具有裝飾風味的物象從來不是什麼束縛。
單線勾勒在史前岩畫造型形象的創構過程中比較多，各大岩畫點均存在數量
不一的形象。這些單線勾勒的物象促使我們基於功能的需求對其進行豐富的
聯想與想像。單線勾勒物象在一定程度上是先民對物象的形態進行刪減，並
提取具有本質的線條，將提取的線條進行裝飾化的加工與處理的過程，例如
對線條進行唯美的表現，對其形象進行有意味的誇張和變形等等。在史前岩
畫中，先民一般將現實物象的某個局部概括成一條線，使這些單線形成疏密
有致、主體明晰、特徵鮮明的物象。單線勾勒意味著線條的減少，但並不是
裝飾的消失。相反，這種單線勾勒物象的形態是在固有的線條中加入了作者
的審美情感和審美情趣，用華麗的裝飾線條表現作者內心的意趣。這就使得
我們透過單線勾勒的形象背後，圖像可以清晰地顯示出抽象的想像過程和高
度的裝飾化觀念。簡約線條的背後隱藏著單線重新抽象架構的問題。勾勒造
型的同時，他們用單線在物象上進行抽象添加和裝飾。每一個局部的線條應該
添加多少，如何使單線得到更大的美化，都是先民要解決的問題。如賀蘭山

歸德溝岩畫點上的一幅人面像，畫面中有一個正面經過誇張和變形的抽象人面像，整個人面像運用單線勾勒而成，粗粗的線條將外輪廓顯露出來，臉部的抽象五官則被細細的單線覆蓋了。臉部五官的單線已經被先民作誇張變形處理，每一個局部的布置都凸顯了先民按照形式美規律進行秩序化的排列。而且每一個局部都是先民根據整體的審美感受進行單線勾勒，拋開原有的物象進行自我主觀化的線條組織。例如嘴巴下面的四個圓圈、腮部的兩個半圓圈以及額頭上的裝飾線條等等。又如在西藏康巴熱久岩畫點中的《鹿》（圖47），整個鹿的體長有三十五釐米，高三十釐米，呈奔跑狀。鹿的全身使用婉轉流暢、準確的單線勾勒。在鹿角上，先民運用單線將原有形狀高度概括為有秩序的卷雲紋圖案，兩個卷雲紋一組，數個卷雲紋橫向排列，給我們呈現了一個頭頂美麗花冠的動物形象。鹿的身軀也是使用單線勾勒，作者運用單線所勾勒的雙渦紋將鹿奔跑時的美麗姿態呈現出來，簡約而富有裝飾性。

圖47：西藏康巴熱久岩畫

來源：西藏自治區文物管理委員會編：《西藏岩畫藝術》，成都：四川人民出版社
1994年版。

　　裝飾就意味著不同的形象利用空間的填充，將視覺範圍限定在被裝飾的形狀之內。原始先民在賀蘭山所刻製的老虎岩畫中（圖48），先民將參差不齊的線條進行各種各樣的彎曲變化，將老虎的各個部位進行局部的設定和填充。這種填充只是對老虎的某個局部進行不同紋飾的外框設定，局部與局部之間的線條裝飾存在著差異性。老虎的臀部以及肩胛骨處用圓圈紋飾進行裝飾，

而中間部分的軀體則使用豎線或者幾何線進行線性裝飾。顯然，作者在裝飾的同時，讓這些彎曲的線條完全地佔據了臀部和肩胛骨。老虎身上「表面的圖案不僅修飾形狀，同時也重新界定形狀的意義」〔註65〕。他們用曲線和直線勾勒物象的局部形狀。這兩種線條既填充了這些局部的空間，又用線條覆蓋了這個空間的視覺範圍，這些被填充的形狀也引起人們對這個局部的興趣，正如奧萊格·格拉巴爾〔註66〕所說的那樣：「裝飾紋飾的本身可以是設計的主體……以某種裝飾『填充』一個空間的概念是與這種裝飾覆蓋物體表面各個部分而使之轉化的概念不相同的。在第一種情況裏，作為填充物的裝飾設計只是共享承載物體本身的意義；在第二種情況裏，裝飾可以改變載體最終的功能。」〔註67〕因此，線條不但塑造了某一個區域的造型形狀，也限定了視覺範圍，拓展了線條本身的裝飾功能和裝飾語意，將原本的線條裝飾性幻化為具有空間佔據、視覺範圍、載體功能等多種話語體系。

圖48：寧夏賀蘭山岩畫

來源：李祥石：《世界岩畫欣賞》，銀川：寧夏人民出版社2017年版。

〔註65〕〔美〕巫鴻：《中國古代藝術與建築中的「紀念碑性」》，李清泉，鄭岩等譯，上海：上海人民出版社2008年版，第39頁。

〔註66〕奧列格·格拉巴爾是美國哈佛大學和普林斯頓大學高等研究中心榮休教授，主要從事伊斯蘭藝術史研究。

〔註67〕Grabar Oleg. *the mediations of ornament*. princeton. new jersey: princeton university Press, 1992, pp.41.

　　總之，中國史前岩畫的線條裝飾性是先民利用不同的技藝和塑造手法把線條的裝飾概念呈現在岩石表面上，它更是一種被先民抽象化、幾何化和風格化了的圖案形式。可以說，線條是體現岩畫審美特徵的重要媒介，更是岩畫審美內涵的延伸，每一幅岩畫作品均在物象的軀體之內，利用曲線、直線以及波折線進行有秩序的裝飾。任何一條線都是先民情感的體現和主觀賦予，任何一個被裝飾的物象都由不同屬性的線條作為主體，線條的長短、寬窄都時時刻刻牽連著主體的審美感受。從一定意義上來說，它是先民集刻繪、情感、感悟以及巫術於一體的圖像修飾。先民把自己的審美觀念通過裝飾意味的線條來呈現，主動提取和誇張形象的某種特徵，拓展物象內在生命精神的表現，發揮作者的裝飾想像力，推動心靈與物象之間溝通的橋樑，物我貫通，以象顯飾，以飾帶象，從而形成的一種帶有審美情趣和生命意識的視覺裝飾圖案。從另一個角度也可以說，先民是把自己對美的追求和對物的體悟淋漓盡致地體現了出來。與其說線條裝飾了岩畫圖像，還不如說，線條呈現了原始人類的心理和精神生活的世界，先民憑藉著「有意味」的線條對再造圖像的內外結構進行形式化的裝飾。同時，將人的思維貫穿於物象再造的始與終，從而向我們表現出物象的種種形體姿態和審美趣味。

三、本節小結

　　史前岩畫中的線條已經成為先民塑造物象形態最重要的方式。先民在塑造物象過程中，借用線條的概括和速寫能力，抓住物象的主要輪廓和結構，憑藉寫實、抽象以及幾何化的表現方式，對物象進行有情感化的塑造，以線狀物，以線寫神，從而形成可視化強、線條意義豐富的視覺圖像。它彰顯了先民對客觀世界各種物象、造型、動作的模擬與仿生。這些圖像著意表現了物象最主要的局部，顯然具有高度的概括性和抽象性。原始先民憑藉著線條對物象進行有意味的裝飾，使得畫面中的圖像超越於現實造型，而又隱匿著先民的藝術處理之法。線條自身的長短曲直、軟硬粗細均彰顯了先民塑造物象形態的裝飾功能。誇張物象的形態，主觀賦予線條以新的審美意義，它向我們呈現了一個有意蘊、有生命、有情感、有溫度的造型形式。在塑造物象過程中，他們注重線條塑造物象的形似，把物象的內外結構、質感以及運動感以線的形式對其進行有意味的塑造和修飾，線條不僅塑造了物象的藝術美，更內蘊了史前先民自身的情感元素和審美訴求。

第五節　本章小結

　　綜上所述，線條是中國史前先民塑造物象和寄託情感的外在物質化延伸，更是一種被先民抽象化了的構圖工具。先民在創構形象的過程中，使用流暢的線條對物象進行簡約、具象、抽象的塑像，這種塑像是對物象的摹寫或高度概括，或者說它是物象自我生命的外在表現，給我們呈現了傳神、簡約以及流暢的審美特點。「它們或粗獷有力，傳達出英武剛勁的人物感覺以及極具震懾力；或單純率性，讓人感到不拘小節，顯得大氣幹練。」〔註68〕史前岩畫圖像總體上給我們呈現了原始先民高超的線條概括能力和獨特的造型觀念，先民通過簡約流暢的線條對物象的外部和內部結構進行提煉、概括，以原有物象的某一局部利用物態化的視覺語言去傳達生生不息的生殖崇拜觀念。原始先民通過線條的虛實關係去塑造先民想要的空間性，將線的生命特性貫穿於整個畫面中的形象，並憑藉技術和媒介彰顯出清秀拙樸的藝術風格。中國史前先民們對物象進行高度概括，以直線和曲線基於審美視角對物象進行抽象寫意，主觀賦予線條以新的意義，以突顯以線寫形、以線寫神、以線傳神的功能特徵。他們利用簡化了的線條高度提取物象表面的某一個局部元素，對物象的結構和形式進行外觀展示，並將內在的結構與整體造型有機結合，從而更深層次地探求物象的內在神韻和生命精神。顯然，這是先民的生命物態化的表現。同時，把宗教巫術內嵌於被物態化的視像之中，充分體現出造型的簡約性和概括性。圖像之上的任何一條線都是先民主體生命精神的重要標誌。先民們將線作為一種認知方式和一種象徵符號，把大膽取捨之後的物象線條涵容在內心深處，以心體物，以線顯象，從中體現出他們具有高度的概括能力和抽象能力，給我們呈現了一個貫通宇宙生命本體的、展示形象面貌的、生動表達作者觀念的「有意味」的線。

〔註68〕朱志榮、張嵐：《中國岩畫的線性特徵》，《藝術學界》2009 年第 01 期。

第二章　史前岩畫造型的審美闡釋

　　史前岩畫創作者不僅將中國史前岩畫造型的創構看作情感物態化和審美創構的體現，也將其當作史前岩畫形象展示自身審美物態化的重要契機，通過造型，我們才能認識到岩畫中的不同表現母題，把握造型所體現的審美特徵，從而更好地去領會先民所要表達的內容和審美意義。原始先民憑藉著簡約的點、線、面等元素，準確地去刻繪他們自身無法用語言表達的審美形象。嚴格地說，任何岩畫造型都是原始宗教巫術意旨的外顯，其中內蘊著豐富的原始神話思維和精神信仰，因此，作為創作者的先民不但通過造型去傳達巫術帶給自身的力量，更是用視覺的造型之「象」傳播「意」，即通過那些被簡化或抽象的造型圖像闡釋內心微妙的審美情感變化和某種精神訴求，這在很大程度上體現了原始先民樸素而稚拙的審美觀。

第一節　造型形態

　　中國史前岩畫中的各類母題形象擁有著千姿百態的造型形態，這些造型形態均是先民對原始宇宙與靈魂的一種深刻體悟，先民憑藉著這些造型形態來呈現史前社會的各種事象。他們以某個造型形態為依託，憑藉岩畫符號主觀生成對外物的神秘象徵意義，這對我們深入瞭解史前社會的各類人文情狀起到一定的指示作用。這些造型形態大多是他們日常所見到的，如人物形態、動物形態以及植物形態，這些形態都寄託著先民的某種生活訴求或精神需求，也蘊含著豐富的原始巫術信仰和思維，先民用簡約的線條將其呈現出來。

一、人物形態

人物形態在中國史前岩畫造型中佔有很大的比例，從北到南的各大岩畫點上，均呈現了不同地域特色的人物造型形態，只不過這些不同的部落人物造型形態內蘊著不同的構形和表現式樣。這些人像造型大多由線條和塊體正面刻繪而成，在表現形式上動靜糅合，使每一個人像的造型都呈現出寫意性的審美意象化藝術風格。同時，由於這些人物形態具有鮮明的抽象化審美特性，當這些內涵豐富、象徵意義明顯的人物造型形態與其他造型形態結合時，便導致了南北方岩畫在人物造型觀念方面的巨大差異。這些人物造型形態往往充當著人與植物、人與動物、人與自然現象以及人與天神等自然萬物溝通的重要橋樑和媒介，圖像之上的每一條線都彰顯著先民對宗教巫術的渴望與拜祭。無論在何種岩畫母題之中，人物造型均被賦予宗教的、反映現實生活的審美內涵，它們憑藉這些人物形態去呈現史前先民自身的美學觀念和宗教理念，從原始社會性的角度去體現先民對自身社會地位的高度認可。

史前岩畫中的不同人物形態均呈現出不同的造型圖式。在中國史前岩畫的各類造型形象中，人物形態表現得十分豐富多彩，早期的這些人物造型大多通過極為簡略、寫意、誇張的形式展現出來，很少一部分則直接地、細緻地、完全照搬現實形態去塑造人物形象。岩畫中的人物形態一般可以分為這幾種：捕獵人、放牧人、騎馬人、交媾人、面具人以及舞蹈人等等，這些人物形態往往是創作者將自己主觀的意志、情感以及繪畫喜好添加到這些造型的塑造過程之中，使之形成具有幾何化、符號化、抽象化、圖案化的人物形態。狩獵者大都集中在北方和西南部地區，人物造型大都採用單線勾勒的形式，造型簡約，生動逼真，幾乎大部分的這類造型均呈現了一箭即發的瞬間姿態。在人物形態的刻畫上，一般把兩腿叉開，一前一後，一手持弓、一手射箭，從而使得整個畫面產生了極其強烈的審美特徵和矛盾衝突。放牧人的造型一般都經過誇張性的和簡約化的藝術方法來處理，人物造型往往由幾筆線條生動地呈現出來，創作者用一條率直的直線將人物的雙臂描繪出來，用一個「人」字將人物的軀乾和雙腿表現出來，使得整個造型具有強烈的藝術感染力和視覺傳播性，整體上給人一種動中有靜、秀外慧中的感覺。騎馬人物造型大多呈現為側面像，由單線的形式將輪廓勾勒出來，寫實和抽象技法均有。最重要的是，由於騎馬人和馬之間存在著遮擋和被遮擋的關係，而先民們沒有刻意迴避這一問題，而是將被動物軀幹遮擋的部分形同沒有被遮擋，依然用線將被遮擋的部分刻繪出來，

形成一種前後疊壓關係。尾飾人物造型與其他的人物造型一樣，也具有簡約的造型式樣，但是，這類人物造像在使用線條勾勒外形輪廓時，在雙腿之間會增加一個尾飾，這條線一般與小腿的長度相當。舞蹈人物造型大多出現廣西花山、雲南滄源、新疆呼圖壁（圖49）、福建仙字潭等地區，這些人物造型大都呈現出幾何化的造型審美式樣，有的使用倒三角形來代表人物的軀體，有的使用粗線去代替人物軀體，並通過粗線的藝術形式將先民的舞蹈動作粗放地表現出來，他們的雙腿均呈現外翻或曲腿，雙臂則表現為上舉或下垂的動作姿勢，從而形成了一種對史前生殖巫術崇拜的造型表述。

圖 49：新疆昌吉回族自治州呼圖壁縣康家石門子岩畫

來源：《中國美術分類全集》編委會：《中國岩畫全集》（西部岩畫 2），瀋陽：遼寧美術出版社 2006 年版。

　　原始岩畫中的人物整體造型姿勢多取正面〔註1〕像。原始先民在刻畫人物

〔註 1〕王仁湘在他的著作《凡世與神界：中國早期信仰的考古學觀察》中說：「中國古代存在兩個方位系統，一是以正、面（中軸）定向，二是以維、隅（對角）定向，可分別稱為第一和第二方位系統。」王仁湘：《凡世與神界：中國早期信仰的考古學觀察》，上海：上海古籍出版社 2018 年版，第 115 頁。基於其分析，正面的造像模式自古就有，先民所塑造的正面人面像也有可能與太陽正面形體有關係。他們崇拜太陽，就要以正面的形象來面對太陽神，以示尊敬。

的時候常常善於表現人物的正面像，因為正面像不但可以清晰地表現出人物的雙肩、雙腿的對稱，而且還可以將人物的服裝、配飾以及典型的局部特徵呈現給我們。最重要的是，正面像可以將現實中的人物形象所做的各種姿態在岩畫中予以正面的再現，它不僅能真實地給我們呈現早期人類的活動現場，而且更能彰顯史前人類對自身身體完整性的重視。在某種程度上，史前岩畫中的人物正面造型是出於某種宗教虔誠的崇拜，他們將這種正面性的人物造型作為一種「儀式」或者一種召喚神靈的「符號」，通過這種正面的造型去體現先民對神的恭敬和敬仰。宗白華說：「正面畫多與觀者相對，與觀者發生關係，又含有做作狀態；……正面畫像的眼光，為觀者眼光所阻，故其眼光極為近的。……正面像表現 active 之狀態，眼光與觀者相接觸，能振動觀者意志。」〔註 2〕宗白華先生是從正面像與觀者之間的視覺關係來論述，正面呈像可以使得圖像對觀者形成具有震撼的視覺藝術效果。著名的心理學家魯道夫·阿恩海姆在《藝術與視知覺》一書中說：「人體的整體結構特徵，大致上可由從正面看到的樣相暗示出來，……因為所有本質的東西都預先由正面形象揭示出來了。」〔註 3〕他還說：「多數物體的某些方面最為直接地表現出來。譬如，一個人的正面像，就能展現出這種特徵。」〔註 4〕蓋山林先生在《中國岩畫學》一書中認為：岩畫藝術家極力促使自己的視線與被觀察之物保持垂直性，所以，原始先民常常以側面來表現動物，以正面去呈現人面或者人物的造型形態。〔註 5〕由此可知，史前岩畫中的人物給我們呈現了「藝術品呈正面形地朝向我們，它的身體僵直地向上，四肢固定在從頭部伸展出來的平面上。這一形象通常不『做』什麼，只是一味地凝視我們。」〔註 6〕它既體現了原始先民對自然物象的一種直覺特徵把握，又呈現了先民對畫面形象的直觀性表述。在內蒙古曼德拉山、西藏其多山洞穴、大麥地以及雲南滄源岩畫點，原始先民用簡約的線條和塊體結構對人像的正面進行刻繪，每一個正面的人像都是先民對現實世界的體悟，他們通過

〔註 2〕宗白華：《宗白華全集》（第一卷），合肥：安徽教育出版社 1994 年版，第 569 頁。

〔註 3〕〔美〕魯道夫·阿恩海姆：《藝術與視知覺》，滕守堯、朱疆源譯，成都：四川人民出版社 1998 年版，第 138 頁。

〔註 4〕〔美〕魯道夫·阿恩海姆：《藝術與視知覺》，滕守堯、朱疆源譯，成都：四川人民出版社 1998 年版，第 129 頁。

〔註 5〕蓋山林：《中國岩畫學》，北京：書目文獻出版社 1995 年版，第 247 頁。

〔註 6〕〔美〕簡·布洛克：《原始藝術哲學》，沈波、張安平譯，朱立元校，上海：上海人民出版社 1991 年版，第 83 頁。

觀察不同氏族的人像以及姿態，把具有經過先民內心醞釀和幻化過的心中之象，以不同地域性的人像局部特徵完整地呈現出來。這些被刻繪出來的人物正面形象均處於畫面的居中位置。正面人像一般均為站姿，強調神俱形簡，規整劃一。正面人像的軀體被創作者意化成為粗細不等的線條或者半抽象的幾何造型，從頭到腳人物形象均使用同一種色彩或者底紋，省略圖像中的一切細節，將軀體刻繪成平面剪影，局部的特徵用一條粗線來表示，形象的左右均呈現出一種對稱性，人物的各種動作姿態依靠物象的外在輪廓來呈現。每一個的正面人物形象均是藝術家發揮主觀能動性對其進行宗教和審美意象化的塑造。它也體現了史前人類對特定形象完整性的審美訴求。如雲南滄源岩畫中的岩畫《捕猴》（圖50），畫面中的人物形象呈現正面性，雙臂平伸，好似在哄趕動物，兩腿交叉，軀體被創作者演化成倒三角形，而與之形成對比的是兩條比較纖細的腿，這些正面的人像均使用單一的紅色去刻繪，軀體內在的感性細節都被作者省略，形成一種剪影般的平面視覺效果。

圖 50：雲南滄源岩畫

來源：《中國美術分類全集》編委會：《中國岩畫全集》（南部岩畫2），瀋陽：遼寧美術出版社2006年版。

　　原始岩畫中的人面像造型亦取正面像。人面像岩畫,顧名思義,就是以人的面部為主要刻繪對象,在結合不同物象特徵的基礎上,呈現出的不同母題崇拜造型,如太陽神人面像、生殖神人面像以及天神人面像等等。王仁湘將這種史前藝術中的人面像稱之為「神面旋目」〔註7〕。在這裡,不管何種母題的人面像造型大多都集中於中國北部岩畫點,如賀蘭山、陰山以及阿勒泰山地區。這些地區的人面像均以正面的造型式樣呈現,表達了先民對生命精神的深刻體悟和崇拜之情。先民知道,正面性的臉部刻繪不但可以產生一定的視覺效果,使受眾產生某種聯想和想像,如神聖、莊嚴、神秘或恐懼,也可以通過這些正面人面像來達到「對自然的同類和支配作用」。〔註8〕他們利用這些正面像去呈現先民對圖騰或神的崇拜。這些正面像的五官由創作者以自己的繪畫方式清晰地刻繪出來,有的表現為具象,有的刻繪為抽象,這些人面像的五官大都被放置在一個類似於圓的造型之中,當然,也有的刻繪在方形、心形以及不規則的幾何造型裏面。在對現實的五官瞭解的基礎上,經過主觀的聯想和想像,憑藉著抽象、誇張和變形等手法,先民將自己所理解的正面人面像的造型式樣以點、線、面的形式予以呈現。他們嚴格地按照正面五官的位置進行寫意刻繪,不求逼真,只求用流暢的線條將眉毛、眼睛、鼻子和嘴巴的正面造型意象地表現出來。一般來說,上面兩隻眼睛和下面的嘴巴形成倒三角形的幾何形式。幾乎所有的人面像都把兩隻眼睛以不同的幾何形式呈現出來,很少進行單眼的刻繪。由於這些人面像的五官均放置在類似於圓圈或其他幾何形內的中間位置,有的偏左,有的偏右,這高度體現了造型的規整性和對稱性。總之,每一個五官的造型雖然保持了正面人面像的特徵,如眼睛和嘴巴被先民刻繪成正面的類似於圓形的造型,但是,他們的五官完全被創作者擬人化(anthropomorph)了,每一個正面人面像均呈現出以形寫神、似與不似的寫意造型觀念,他們不注重五官正面的細節,而是從人面像比較有特色的情感視角進行描述,將五官給創作者的審美感受自由地、隨意地書寫出來,整體上呈現出正面人面像的喜怒哀樂就可以。

〔註7〕王仁湘:《凡世與神界:中國早期信仰的考古學觀察》,上海:上海古籍出版社 2018 年版,第 62 頁。

〔註8〕曹院生:《正面人面像之起源研究──以原始時期至先秦時期美術圖像為分析時段》,《藝術百家》2008 年第 02 期。

　　縱觀南北方太陽神人面像岩畫的面部五官，先民力圖將物象最具有特徵的正面形象與結構作為主要的視覺部分呈現給受眾。原始先民在岩石上刻繪太陽神人面像的時候，由於受到岩壁、工具以及造型方法的束縛和制約，先民們只能抓取人物的正面視角來刻畫。況且，側面的造型不利於人們對於太陽神圖像的自我詮釋或者圖像崇拜，於是，他們「極力使自己的視線與視察對象最富於特徵的面保持垂直，因此，表現動物悉作側面形，而對人面和人物悉取正面像。」〔註9〕原始太陽神人面像面部大多數呈現為正面視角，臉部的外輪廓呈現正圓、方形、橢圓的造型，射線長短一致，他們始終將眼睛的雙圈、鼻子和嘴巴放置在臉部的中心，眼睛有的運用雙圓圈、拱形、點表示，也有的使用抽象的線條在額頭的下方畫一下，鼻子使用正圓、豎線或點來代替，造型寬博而又厚重，完全沒有透視，呈現為正面的放置，也有的太陽神人面像就只畫出太陽的形象，這種呈現方式是對各種五官表情的攝取和描繪。例如連雲港將軍崖的太陽神人面岩畫，不管寫實的太陽神人面像還是抽象的，這些人面像總體都是朝向前方，因為只有正面才能顯示出崇拜物的某些關鍵特徵。正像「吳」作呆一樣，像正面人形站在太陽之下一樣。〔註10〕賀吉德在《賀蘭山岩畫研究》中指出：「從其面部形象來看，均作正面形，刻畫有眼睛、鼻子、嘴巴，與人面相類，但一般沒有表情。」〔註11〕烏海市桌子山的太陽神人面像符號臉部為橢圓形，眼睛和嘴巴均被原始先民有意正面化。連雲港將軍崖的人面像，在一個個圓圈之中，由先民利用直線將五官的正面化形象刻繪出來。不管原始先民將正面的五官造型如何抽象，它們始終都保持著太陽神人面像的正面呈現。如桌子山召燒溝太陽神人面像岩畫，畫面的臉部為正面呈現，在臉部中央有被面具遮住的眼睛和鼻子，在鼻子下面有「皿」字形的嘴巴，在臉部的外輪廓有長短一致的輻射線，頭頂上有一個裝飾物。在這個圖像中，原始先民盡最大的努力將他們自身認為的最具特色的正面物象特徵通過點線面等元素表現出來，以通過這種正面性的視覺效果來展示和謳歌先民自我的生活場景和精神情感世界。

〔註9〕蓋山林：《中國岩畫學》，北京：書目文獻出版社1995年版，第247頁。

〔註10〕賀吉德：《賀蘭山岩畫研究》，銀川：寧夏人民出版社2012年版，第163頁。

〔註11〕賀吉德：《賀蘭山岩畫研究》，銀川：寧夏人民出版社2012年版，第162頁。

圖 51：桌子山岩畫

來源：《中國美術分類全集》編委會：《中國岩畫全集》（北部岩畫），
瀋陽：遼寧美術出版社 2006 年版。

正面性的圖像給先民提供了一種具有圖騰崇拜的功利表現。法國學者列維-斯特勞斯在《圖騰制度》一書中認為，原始圖騰所呈現的圖像具有正面的功利利益，「或者相反，像『鱷魚』或『蒼蠅』這樣的圖騰（在其他地方，也有蚊子），也許代表著某些危險的和討厭的對象，具有負面的社會利益。」〔註12〕正如斯特勞斯所說的「正面功利」，更多地是強調圖騰對於保佑整個部落平安的象徵意義。例如在巴蜀地區的原始象徵符號中，先民將甲魚、青蛙、蟬、螳螂等正面圖像運用簡化處理的方式，把這些符號當作對物象的崇拜或者氏族圖騰信仰，目的就是讓先民憑藉著正面圖像來領會某個圖像的積極功利意義，這些正面形象所呈現出的每一個風格意蘊都具有正面的功利性，即祈福納祥。在岩畫世界中，有的人面像是為了展示部落首領或者巫師溝通天際的通神能力，而這些人物在氏族中威望極高，「當人們對頭領的卓越才能做不出合理解釋的時候，使很容易把幻想中的圖騰的無限神力和頭領的偉大功績聯繫起來，」〔註13〕他們就用這些正面的人面像去表現氏族部落的「祖先崇拜」或「偶像崇拜」，

〔註12〕〔法〕列維-斯特勞斯：《圖騰制度》，渠東譯，上海：上海人民出版社 2002 年版，第 80 頁。

〔註13〕管維良：《巴蜀符號》，重慶：重慶出版社 2011 年版，第 264 頁。

創作者就將這種正面的、且能夠傳達崇拜意圖的圖像憑藉正面的人面圖像表達出來。正面的人面像並不代表實在的神，而是通過人的正面像實現外在神性的顯現。同時，也運用這些具有高度被抽象和被簡化的人面符號來體現原始宗教的儀軌或儀式價值，並將這種威嚴、可怖的形象在人們心中創構為一種「震懾」的形象。紅山文化中的女祖先神雕塑，正面呈像，先民將神秘性和權威性融入這幅正面性的雕塑之中。而在連雲港將軍崖中的老祖奶形象，整個雕刻形象「高 90 釐米，寬 110 釐米。」〔註14〕有的學者認為這一形象是女媧，〔註15〕還有的學者認為它是天神（太陽神），〔註16〕我們認為這個正面人物形象就是體現氏族部落最年長的「老祖奶」的形象，這個形象可能是老祖奶正在率領眾成員進行祭拜活動，為了展示老祖奶在大家心目中德高望重的形象，將老祖奶的形象作為整個氏族部落一種吉祥語義的化身，將對神靈的崇拜和祈禱賦予這個具有神秘意義的正面圖像之上，憑藉這個形象來護佑整個氏族成員，從而展示出史前先民對圖騰形象的頂禮膜拜之意。

　　史前先民為什麼將人面像刻繪為正面呈現呢？大部分的繪畫是基於有關物象三維視覺觀念的一種視覺描摹，它要從一個固定的觀察點對物象進行主觀表現，從物象中選取比較典型的、有特色的且能夠表現物象整體性的元素。一方面，史前先民想要把一個物象的視覺結構原原本本地呈現出來，就必須從對象的正面視角來考慮，忠實的摹仿和再現原有物象的真實形狀，只有這樣才能呈現出外部物象的原本面貌，也更能表現人類的雙肩、雙腿等局部身體的對稱性。另一方面，史前先民有意識地對正面人物的刻畫是基於人類的自尊，岩畫中的正面神靈圖像表示人對神靈的虔誠崇拜。〔註17〕現實中的物象本來就是三維立體影像，如果在岩石上刻繪帶有透視的三維圖像，那麼，史前先民就會認為這個圖像是被歪曲的，他們認為三維立體影像中的物體會互相發生連接與碰撞，空間與空間是可以相互移動的，也就是說，一棵長在池塘邊的樹，如果按照透視的視角觀看，這棵樹就像是長在水裏的。在

〔註14〕《中國美術分類全集》編委會：《中國岩畫全集》（南部岩畫 1），瀋陽：遼寧美術出版社 2006 年版，第 91 頁。

〔註15〕《中國美術分類全集》編委會：《中國岩畫全集》（南部岩畫 1），瀋陽：遼寧美術出版社 2006 年版，第 94 頁。

〔註16〕蓋山林：《中國岩畫學》，北京：書目文獻出版社 1995 年版，第 76 頁。

〔註17〕斑瀾、馮軍勝：《陰山岩畫文化藝術論》，呼和浩特：遠方出版社 2000 年版，第 268 頁。

這種空間中，一個物象會佔有他者的物理空間，因此他們否定了圖像空間中物象與物象之間的重疊關係，每一個空間中的物象都應該是直接地去表現現實物象的形狀和造型，而不是有意歪曲它。我們從古代埃及的一個池塘和樹的透視圖中得知，〔註18〕先民將一個正方形的池塘直接表現為一個平面性的正面圖像，將現實物象直接呈現垂直狀態，並還原物象的最初外形。而池塘邊樹的高度則與現實的樹保持一致，並向兩邊垂直，由於樹和池塘要正面面對受眾，他們便將池塘和樹當做實物來對待，先民不顧現實環境中的透視原理，將物象形狀的直接性表現出來，消解了物象自身以及物象與物象之間的空間關係。在表現人物的時候，先民將一個人物形象的厚度消解，用一個固定的正面性視角來表現人類的正面造型形狀和姿態，以增強人像的正面知覺效果。

原始岩畫中的人物正面形態具有審美直觀性。中國史前岩畫中的正面人物形態大多數保持著正面性，這種正面性給我們直觀地展現了人物的身姿、習俗、民族、社會地位以及此人物在整個部落中所承擔的職責。一般來說，史前先民運用具象或抽象的藝術語言對自己所看到的人物形象進行正面摹仿，他們儘量用線條刻繪這些正面人物形象，以呈現先民想要表現的人物姿態，其姿態、面部五官以及精神狀態等方面都力求神似。他們要通過這些正面的人物象直觀地呈現他們自身的風貌，例如佩戴的飾品、武器以及姿態所隱含的某種象徵意義，這些圖像雖說是具有簡略性和高度概括性，但是，它們都是先民直觀、再現以及模仿能力的充分體現，他們想通過這些正面的人物形態直接地去展現他們所處時代的審美趣味和風俗習慣，通過圖像中的點、線、面等元素對人物正面形象的姿態、原貌以及審美等方面進行闡述。如雲南滄源岩畫中的人物正面形態（圖52），這些人物正面形態均有一個特點：受眾能以審美的眼光從這些正面的形象中直觀地體悟到人物的形態、裝束以及動作的激烈程度等。儘管他們均為正面性，但他們所穿著的衣服、髮飾以及裝束有著較大的不同。可見，這些形象各自體現的文化傳統、民俗習慣可能存在著很大的差異性，這也反映了史前先民對於美好生活的嚮往和追求。

〔註18〕〔美〕魯道夫・阿恩海姆：《藝術與視知覺》，滕守堯、朱疆源譯，成都：四
　　　　川人民出版社1998年版，第135頁。

圖 52：雲南滄源岩畫

來源：蓋山林：《中國岩畫學》，北京：書目文獻出版社 1995 年版。

　　總之，人物形態是中國史前岩畫形象中必不可少的一個形態元素，它在史前岩畫的視覺世界中呈現為若干個多姿多彩的造型式樣，這些造型式樣大都正面呈現。每一個人物形態式樣都與其母題有著關聯，這也從側面反映了在新舊石器的背景之下，人類對於自身的社會角色認知明顯得到提升。當然，也進一步也表明了人類在社會關係中佔據著重要地位，並且，在不同的社會領域，人類的角色不斷的被人類自身得以強化。這些正面的造型形態均體現了動態的人體特性和程式化的造型特點，人物造型呈現為平面化和正面化，創作者只勾勒人物外邊的輪廓，憑藉人物形態的大小、裝束來表現其社會與身份地位，每一個人物形態都滲透著超現實的神性巫術觀念。他們利用意象化的線條將這些特定的正面造型予以外顯，經過先民對人物形態的誇張和概括，用簡筆勾勒出人物的造型特徵。創作者把正面的人物造型幻化為先民記錄某事的記事符號，或者用這類人物造型來寄託對神聖宗教儀式的遵從。

二、動物形態

　　動物是史前先民表現審美情趣的重要對象之一，動物形態在史前岩畫中所佔的比例也比較大，而且這些動物形態遍布在史前社會的不同地域，尤其以內蒙古烏蘭察布和陰山、甘肅的祁連山和黑山、青海舍布齊溝以及寧夏賀蘭山地區為多。南方主要以人為主要形象，動物形象相輔。如廣西、貴州以及雲南等地區。動物主要有馬、鹿、牛、羊、鷹、魚等等，其中出現較為頻繁的有羊、鹿、馬、駱駝以及老虎等。這些動物物象可以分為兩大類：一是先民準確記錄了原始自然世界中的動物形狀及其體貌特徵。二是通過有關動物的意象形態來闡述動物自身所具有的象徵意義。它們在每個岩畫中都呈現為不同的姿勢，

體現著相異的內涵，並基於這些形態來凸顯動物旺盛的生命力和生生不息的生命精神，這些動物造型給我們呈現出了一個豐富多彩、異彩紛呈的視覺畫面。

　　史前岩畫中的動物形態均呈現出不同的造型式樣。中國史前岩畫中的動物造型圖式一般可以分為以下幾類：第一類是先民用一條線將現實中的動物的主要結構提煉出來，用單線條來替代動物身軀的寬度，它給我們呈現出一種高度簡約和高度概括的形式美。第二類就是用線條勾勒動物外在的形狀，即沿著動物外在的形體刻畫一圈，而軀體內的細節均被作者省略。第三類是用線條勾勒動物的外在輪廓，只不過軀體內的細節被岩畫作者幻化為幾何形。第四類是運用敲鑿法對動作造型進行刻繪，通過敲鑿法刻繪出來的動物形態，圖像的外在輪廓沒有那麼整齊，且經過敲鑿之後的圖像和未敲鑿的岩石表面所呈現的質地是不同的。

　　各個動物所呈現的形態上來講，可以明顯地看出寫實、寫意的藝術創作手法。寫實是先民創構動物形態的重要手法，先民採用摹寫、模仿等途徑對動物所呈現的各具特色的形態進行描摹，使其盡量逼肖於自然。當然，這種寫實的圖像也是要刻繪在平面上的，只不過這種寫實的圖像內外形體變化不大，可依據物象的基本原型和結構進行塑寫。如內蒙古達里諾爾北砧子山的《騎馬人》（圖53），先民將客觀現實中馬的形態用寫實的方法刻繪在岩石表面上，使得整體馬的造型十分逼真，尤其是作者準確刻繪了馬的整體形狀、結構以及肌肉走向，那肥碩的臀部、胖乎乎的身軀和正在跑動的細腿給我們呈現了視覺上的對比。

圖53：內蒙古達里諾爾北砧子山岩畫

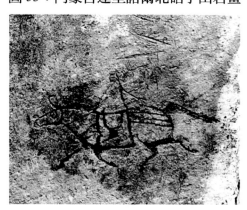

來源：《中國美術分類全集》編委會：《中國岩畫全集》（北部岩畫），瀋陽：遼寧美術出版社2006年版。

　　縱觀南北方動物形態的岩畫，它們還有一個鮮明的藝術表現手法：寫意。中國史前岩畫都是以流暢的延續性線條作為史前岩畫呈像的重要手段和方式。南北方岩畫中的各個動物形態都使用了流暢和簡略的線條去寫意，將其刻繪成平面性的，動物的輪廓線既具有概括性又具有象形性，但先民只是注重對動物瞬間形態的刻畫，並沒有強調對動物內在細節的刻畫。並且，這些動物形態的線條既不抽象也不具象，既基於現實物象，又對物象基於宗教層面的誇張和變形，因此，每個造型形態都沒有逼肖自然，而是呈現出似與不似的造型意象美，利用高度寫意的線條將動物的基本姿態和對象的某些主要特徵「傳神」的描繪出來。它們有的仰頭嘶叫，有的狂放奔跑，有的低頭吃草，還有的草原漫步等等，創作者強調動物形態給受眾的第一審美印象，不注重細節，只是用自由、灑脫的線條把動物的主要結構和瞬間形態意象性地書寫出來，從而使得動物形象「具有強烈的藝術感染力。」〔註19〕這種書寫造型不但滲透著作者對動物形態的審美情趣和生活體悟，以線塑形，充分展示了世界萬物生生不息的生命精神，而且這種寫意性的造型表現日後也成為中國傳統繪畫、音樂、雕塑、書法以及戲曲等各類中華藝術的重要表現特徵。

　　原始狩獵岩畫中的動物形態大多取側面形。美國藝術批評家克萊門特·格林伯格認為：「關注為三維視覺的每一個側面都找到一個明確的兩維對等物，而不管在這個過程中似真性將會受到怎樣的傷害。……它是平面這一物理事實，儘管與此同時它還得克服這種公開的平面性，因為……還要繼續描繪自然。」〔註20〕史前岩畫中的任何一個物象都擁有一個區別於其他物象的特徵，如牧鹿，要想表現它的特徵必須從側面著手，因為側面像本身有著自身獨特的結構和特徵：向後彎曲的角和矯健的身姿，更能給人呈現出動物區別於其他物象的本質特點。E·H·貢布里希也說：「畫動物的側面圖比畫它的正面圖容易，」〔註21〕他又說：「原始的藝術家……從正面再現

〔註19〕寧克平：《中國岩畫藝術圖式》，包青林繪圖，長沙：湖南美術出版社1990年版，第15頁。

〔註20〕〔美〕克萊門特·格林伯格：《藝術與文化》，沈語冰譯，桂林：廣西師範大學出版社2009年版，第86頁。

〔註21〕〔英〕E·H·貢布里希：《秩序感》，范景中、楊思梁、徐一維譯，長沙：湖南科學技術出版社1999年版，第269頁。

人體,從側面再現馬匹。」〔註22〕當然,中國原始先民不是太喜歡從側面勾畫物象,更不理解從側面觀看形象,他們認為:「一隻角會擋住另一隻角的某些部分,一隻腳也會擋掉另一隻腳的某些部分,他要求『完整』,結果恰恰失去了藝術上的完整。」〔註23〕因此,原始先民絕不會放棄任何一個能表現物象主要特徵的面,同時利用這個面去呈現他們自身的情感祈願。在內蒙古巴丹吉林、新疆博斯坦牧場以及甘肅霍勒扎德蓋等岩畫點,各種動物形象均呈現了視覺的側面性,物象的全側面緊緊的依附於岩石之上,原始先民用簡略的粗獷線條對動物形態進行側面的呈現,側重於呈現動物身體上具有特色的局部。他們往往更加注重其剪影般的平面視覺效果,只刻繪物象的輪廓來代替物象的整體,隨著輪廓的呈現,動物的整個身體也呈現出原有的特徵。不管動物在跑動還是處於靜止狀態,原始先民大都只能刻繪出動物一邊的形象,但也有的動物被刻繪出四條腿和兩個角,他們主動省略動物側面軀體內的一切感性物象,用側面的一半形象來代替另外一半。這樣,動物的雙腿和雙角就產生了彼此的重合現象。事實上,動物有兩隻眼睛、四條腿、不同長度的尾巴,從側面看,這些形象非常清晰,但是如果從正面刻繪這些動物的話,整個動物的長度就被縮小,區別於其他物象的特徵也基本消失了,這樣就很難去分辨動物的種類和名稱。如在內蒙古曼德拉山岩畫點中(圖54),創作者運用磨刻的技法形象的刻繪了十一隻動物的整個形象,畫面中的動物造型均為側面形象,剪影式樣,從動物的頭部到尾巴都能清晰分辨出動物的類型和長度,這種刻繪強調簡潔和明朗,因此羊的四肢由於空間透視問題我們只能看到前後兩條腿。整個動物造型呈現出簡練、生動有趣的視覺效果,先民通過動物的側面造型來誘發主體對於現實物象的情感和想像,它以一種物我交融、體悟外物的二維感性活動去充分彰顯原始先民對於生命精神的崇敬和超越。

〔註22〕〔英〕E·H·貢布里希:《藝術與錯覺——圖畫再現的心理學研究》,林夕、李本正、范景中譯,長沙:湖南科學技術出版社2000年版,第13頁。

〔註23〕朱狄:《原始文化研究——對審美發生問題的思考》,北京:生活·讀書·新知三聯書店1988年版,第272頁。

圖 54、圖 55：內蒙古阿拉善右旗曼德拉山岩畫

來源：范榮南、范永龍：《大漠遺珍：巴丹吉林岩畫精粹》，北京：文物出版社
　　　2014 年版。

　　動物的側面形態具有簡約化的審美特徵。在整個中國史前岩畫的動物題材中，先民所刻繪出的動物形態有一部分是運用簡略化的輪廓將其形體快速勾勒出來，線條均呈現出灑脫和自由化的審美意象性。這種較為簡約化的線條大多是先民使用劃刻或磨刻的技法來實現的。還有一部分的動物側面形態是先民直接用敲鑿的技法在岩石上雕鑿而成，動物身軀要區分於周圍岩石的色澤或質地，比如動物的寬度和高度都使用面的形式展示出來，先民就在動物身軀內進行簪刻或者磨刻，不管是用線條呈現動物的輪廓還是用面直接呈現動物的側面形態，兩種動物的側面形態均顯示了較為簡約化的審美特性，他們省略了動物身軀內的各個細節，只保留一個邊緣粗糙不規整、似與不似的動物造型形態。

　　總之，動物形態的岩畫是中國史前岩畫最重要的部分，它體量之大，造型之多，姿態各異，題材廣泛，令人稱奇！史前先民把現實的動物形態意象化地書寫成具有簡略化和側面化的造型形式，它既抽象又栩栩如生地展示了動物具有生命意蘊化的視覺形象。圖像中的每一條線都包含著原始先民對動物形態的審美觀照和情感訴求，每一筆都內蘊著先民對動物造型的深層體悟。先民們通過對動物形態的塑造，將創作者所共有的一種動物情結強烈地反映在岩石之上，他們所刻繪的每一個動物不但是先民對現實生活的真實寫照，

而且更是蘊含了先民對動物自身所具有的象徵意義的物態化表達,他們以動物形態作為表現原點,去深情地建構和仔細地探究史前先民的美好精神家園。

三、植物形態

在中國史前的岩畫中,植物形態的岩畫主要分布在連雲港將軍崖、雲南丘北以及寧夏賀蘭山北段等地,有麥穗、禾苗、稻子、樹、花卉以及其他植物。這些植物形態均用簡筆線條正面或側面地刻繪出來,先民使用極為流暢的線條將植物形態旺盛的生機與活力表現出來。它既是岩畫中的一個分類,又充當著社會生物鏈的一個部分。岩畫中所出現的植物形態,標誌了游牧文化和農耕文化的和諧交融,呈現了原始先民與自然世界的和諧共處,並形成了一種關愛個體生命成長的象徵性意義。他們想運用這種具有地域性的植物形態,從某個方面提取生活內涵和象徵意義,在植物形態基礎上建構一種對新生活的美好希冀和敘事話語權,強調植物形態所具有的圖騰崇拜意義,特別是「每個族屬藉以圖騰物作為自己的祖先、保護神、徽號、標誌和象徵。」〔註24〕同時,這類岩畫圖像,既能把當地的風情風貌形象地展現出來,又能借用這種植物形態,對個體生命與靈魂給予深切的外在形式關注和讚美,並寄情於先民對史前自然生活的深層次探討。

植物形態呈現了不同的造型圖式。在史前岩畫形象裏,不管任何植物形態,均使用寫意的方式進行表現。樹木一般表現為一個主幹,有直的,有彎曲的,在主幹的兩邊開始分叉,在分叉的樹枝上有葉子或者有花卉,有的葉子被刻繪成數條弧線相互包裹,而整個樹是以線來描繪的,形成裝飾性的視覺語言。有的植物形態是以單個圖像而存在的,也有的與動物或人物搭配形成一個圖像。在連雲港將軍崖的岩畫點上,先民刻繪農作物的時候強調形態的直線幾何性,將農作物中的曲線主觀取直,因此多數農作物形態呈現為幾何型制。先民在刻繪枝葉的時候,重視對象兩邊的對稱與均衡的視覺力量,他們往往在植物的中間刻繪一條粗線,在粗線的兩邊刻繪向外放射的葉子,這一點可以在賀蘭山的石炭井岩畫點中找到。

植物形態呈現了鮮明的造型方式。首先,從連雲港將軍崖以及雲南丘北獅子山的植物岩畫形態來看,史前岩畫創作者借用線條對植物輪廓進行簡約式的塑造。創作者將葉子和樹莖概括為具有一維性的線條,用線條直接描繪

〔註24〕李祥石:《解讀岩畫》,銀川:寧夏人民出版社 2012 年版,第 146 頁。

樹莖和葉子的外部輪廓，把植物形態中生機盎然的向上生長姿態呈現出來。
如雲南丘北獅子山的植物形態岩畫《樹與人》，創作者運用線條中的弧線形式，
以一個點向外延伸，樹葉的搖曳和樹幹的造型都被創作者運用似與不似的線
條概括出來，創作者沒有考慮葉子上的脈絡，更沒有考慮樹幹的粗細變化，
而是自由繪製，從而使其形神兼備，似與不似，動靜合一。其次，植物形態岩
畫採用幾何化的造型方式。在史前社會的造像過程中，原始先民在更多的情
況下需要使用線條為媒介，主觀地從對象形態之中提取幾何形，對物象進行
幾何線性的塑造，這種塑造拋棄了原有物象中的曲線形態，經過作者的聯想
和想像，將曲線幻化為直線，對物象的內在空間進行分割和重構。每一條線
均對形態內的局部進行拆分，以形成具有強烈意味性的幾何造型。幾何造型
有利於植物形態呈像更加快捷，更加容易辨認。如連雲港將軍崖岩畫，圖中
凹刻的是老祖母或者氏族部落首領，他們的身體與農作物緊密相連，隨即作
者也將植物人格化了。「那些瞪大雙目的小人頭像，圍攏在那幅最大的人面像
四周，儼然一個大家庭的子子孫孫們團聚在老祖母的身邊。在原始人看來，
植物也像人一樣，有生命、有思想、有父母、有子女，代代相傳，繁衍不息。」
〔註25〕在這個畫中，明顯地洋溢著先民對植物圖騰的崇拜。創作者之所以將
一些農作物作為畫面的一個部分，說明了史前人類重視農業經濟，並依賴農
業作物作為他們的生活保障，而畫面中被幾何化的禾苗就是對現實物象的主
觀取像。再次，岩畫中的植物形態均呈現站立狀態。植物具有旺盛生命力要
用直線或直立的物象形態來表示，直立的形態象徵著物象的茁壯成長和生生
不息的內在生命精神。在連雲港將軍崖和雲南丘北獅子山上的禾苗和樹岩畫
形態，畫中的植物形態均為正面直立，而直立的植物形態很容易刻繪出對象
的具體特點，同時利用線條將葉子的成長形態準確的予以裝飾。岩畫中的不
同植物造型都是史前先民們取材於現實場景中的植物，尤其是網格紋飾、稻
穗紋飾以及禾葉紋飾等造型圖像，這些植物造型均被先民賦予了神聖的宗教
象徵內涵，岩畫中的各種植物造型是藝術的物態化和物態的藝術化的結晶，
他們用這種被主觀審美化了的植物紋飾去表達先民們對大自然萬事萬物的
禮讚。

　　總之，植物形態被史前岩畫創作者認為是一種具有生殖崇拜的符號，它
是生命力的象徵，更是彰顯他們內心中對植物神的崇拜，以及把這類植物神

〔註25〕陳兆復：《中國岩畫發現史》，上海：上海人民出版社 1991 年版，第 210 頁。

作為實現願望的重要寄託。在原始先民看來，這種象徵性是依靠植物的葉子和果實圖像來呈現的，他們用筆直或曲折的線條將不同視角的植物形態刻繪在岩石表面上，並借用這種形態，將其擬人化、情趣化以及人格化，用形象的思維來表達先民對植物形態的某種精神寄託。在一定程度上來說，原始岩畫中的各種植物造型是先民對大自然長期觀察的結果，體現了原始先民對生命精神的高度讚美和穎悟，它豐富了岩畫整體的審美意象內涵，更承載著先民對植物物象的熱愛和對生命生殖巫術的精神寄託。

四、本節小結

總而言之，中國史前岩畫中的造型形態具有豐富的品類和繁雜的形式，人物形態、動物形態以及植物形態均分布於中國南北方的各個岩畫點上。三種造型形態均有著不同的圖式和表現形式。重要的是，創作者用這些平面圖騰物象去實現對宗教巫術的精神寄託。當然，這些造型形態給我們呈現了正面性、側面性以及抽象性的審美特徵，創作者運用最質樸的藝術語言，將人物、動物、植物形態以不同的技法和表現形式栩栩如生地刻繪在岩石上，來表達先民自身的精神祈願。先民將不同形態的造型刻繪於岩畫之上，一方面，利用不同的造型形態呈現對物象的生命崇拜性。另一方面，基於這些被創構的岩畫形態去再現原始社會的經濟生活和審美意識。顯然，這些不同的岩畫造型已經被先民擬人化和情趣化了，它們在先民的眼裏具有某種功利目的性和宗教巫術性。

第二節　造型手法

縱觀世界各個岩畫點上的岩畫造型，先民們對其的塑造可謂豐富多彩，它們不僅生動逼真，而且惟妙惟肖，給人以神性、真實、唯美、強烈動感的審美感受。這些造型均是先民採用簡約、誇張以及幾何化的手法創構而成的。他們所創構的造型都是基於觀察的視角對物象進行「用心」的刻繪，也就是通過聯想和想像，將物象擬人成他們想要的造型式樣，以便能達到通過這個造型來實現他們自身的巫術功利目的。這些造型在一定意義上來說，寄託了先民對美好生活的嚮往和對生命物質化的訴求。這些造型作為先民心靈的「代言人」，以圖顯意，圖意結合。先民希望用這些造型傳達「神的力量」。至此，先民們留在岩石上的那些稚拙而又生動的造型以及隨心所欲的各類抽象造型

組合，雖說時間已逝，但至今依然保留著史前時代的形態和神韻，它們均以不同的承載形式「放射著古樸而又智慧的光芒。」〔註26〕

一、簡約

　　中國史前岩畫中的大多數造型均呈現出簡約的造型特徵，先民們選取物象的局部，用局部代替整體，用輪廓取象，他們用寥寥數筆就將物象的基本造型形象生動地刻繪出來。每一個岩畫造型均是先民提煉重要表現部位的結果，他們摒棄了物象中一些影響全局性的細節，捨掉瑣碎和繁雜的東西，只留下能形成整體物象骨架的「線」，再對物象中的比較有特色的部分進行誇張、變形。每一個造型的外在特徵清晰而明顯，這些被簡約化的岩畫造型，是先民們對物象細緻觀察和物我融合的結果，是簡略物象內外結構和提煉形象內在神韻的複合體，它憑藉著物態化的藝術造型形式把先民對物象的審美感知呈現出來。這些被簡約了的造型均蘊含著先民對物象內在神韻的準確把握和深刻穎悟。因此，簡約造像成為史前先民塑造岩畫造型的一個重要方法，當然，這種方法也對其他藝術造型的創構起到了重要的影響。

　　一方面，「簡約」從字面的意思上可以理解為創作者拋棄物象的具象外形，把握物象之中的「技道」。即所謂「一超便入如來境」。在中國史前岩畫中，創作者將外在形象進行率性地「瀏覽」，這個「瀏覽」不是普通的一瞥，而是創作者已經從自身的內心深處掌握了外物的造型以及運動規律，將物象的外形與主體的心相互契合，在契合的過程中把物象的一波三折的筆劃深深扎根於心中，用作者的情感去描繪對象的起伏與變化，是創作者將物象的形態「當求之於形象之外」〔註27〕。另一方面，「簡約」是從「粗細」和「繁簡」的視角，在不影響整體藝術意象的創構下進行的造型簡化式的塑造，將簡約視為「妙悟」狀態和樣式，運用簡潔的「一畫」〔註28〕結構去描摹事物的內外結構線，用這種單純的一維線去體現宇宙和藝術生命精神的和諧之律。中國史前先民在觀看物象和記錄物象的時候，不可能像當下寫生一樣，他們要依靠記憶和主觀體悟去實現對物象造型瞬間的塑造。為了抓取物象的基本造型，先民們首先要用最簡略的線條將物象的基本身形勾勒出來，就是用「流暢的

〔註26〕張哲：《寧夏岩畫》，銀川：寧夏人民出版社2012年版，第117頁。
〔註27〕〔清〕董棨：《素養居畫學鉤深》，俞劍華：《中國古代畫論精讀》，北京：人民美術出版社2011年版，第106頁。
〔註28〕清朝朱若極（石濤）語。

線條，以最少的筆法勾勒物象的輪廓。」〔註29〕與結構，去掉輪廓和軀體內的繁瑣細節，以平面的方式突出物象的整體特徵，從而呈現一種幾何化強、少筆劃、突出特徵、易識別性、鮮明生動的岩畫造型。如畫人物，先民使用一個「人」字，中間加上一道橫線就構成了一個奔跑的獵人形象。畫一隻北山羊，中間一道橫線，頭上方有兩根向上的彎線，橫線下面有四條豎線，整個造型簡約化程度較高，充分體現了先民高度的概括能力和觀察能力。

在中國史前岩畫中，史前先民對物象造型的簡約手法一般可以分為兩種：一種是直接對現實物象觀察之後獲得的啟發和影響，這一部分依據現實的物象進行概括和歸納。一種是對現實物象進行抽象和符號化地圖案處理，如簡化成直線、十字、圓形、幾何形等，這一部分的紋飾大都呈現某種精神或者宗教的觀念，如生殖崇拜、天體崇拜或者太陽崇拜等等。任何布置於畫中的形象都呈現出高度的簡約性，這種簡約性使得主體突出，形象鮮明，帶給受眾一種清晰的、直觀的視覺審美畫面。如寧夏賀蘭山岩畫中的一頭野牛形象，這頭野牛正在頭朝下，作攻擊的姿勢。前腿微微向前曲，後腿呈現出大跨度的向前挪步姿勢，動物的脊柱與野牛的尾巴被簡約成一條線，後腿被一條曲線所代替，創作者用了六條線就將一頭野牛進行攻擊的姿勢生動地呈現出來。整個物象是創作者在對現實物象詳細觀察後刻繪出來的，物象的每一個部位都被簡約成一條線，整個動物由六條線構成，先民通過簡約的線條將野牛旺盛的生命力表現在岩面上，簡約而又生動。在希什金諾山崖畫的一頭牛，整個牛的造型就是創作者將一些不必要的細節省略，去掉多餘的視覺量，凸顯牛的特徵，線條簡括，勇壯簡易，依靠簡潔的線條將牛的外在輪廓高度的概括和簡化，給人一種高度的簡約美，這個造像雖說簡單粗糙，但是這種簡約的牛形象既沒有失去牛的生活特點，又體現了原始先民對牛的肥碩、笨重以及內在生命力的外在展現，更彰顯了史前先民們簡約、稚拙而又整齊劃一的審美風尚。

原始先民基於簡約造像的視覺層面上，更加注重對形的再造〔註30〕。原始先民在對物象進行略形的時候，強調物象的瞬間意象性和對象的姿勢，力圖

〔註29〕〔美〕高居翰：《山外山：晚明繪畫（1570～1644）》，上海：上海書畫出版社
　　　　2003年版，第128頁。
〔註30〕再造更加提倡的是基於外形而超越現實外形，對原有形體進行分解和重組。
　　　　這裡面融入了作者的心、腦、手的相互配合，更濃縮了先民對物象的審美觀
　　　　照和審美情趣。

把握事物的內在固定特徵和本質。物象的外形塑造在原始先民看來是高度概括和精簡的過程，是從物象中積極提取對象中能代表其本質的美術元素，是心與物的高度融合，使得現實物象經過先民的再造，其形象「由表現『時代的公有現實』轉為表達『個人獨特的情感』。這種轉變的結果使藝術作品由承載超越個人的普遍意義的表達轉而成為個人的獨自私語，畫面中具體的形象可以被無情的肢解、隨意的重組，」〔註31〕一些物象的再造趨向於抽象意象表現，拋棄寫實形狀，有意強化物象動作或姿勢而呈現出來的內在神韻，不注重外形的細節，而更加注重使用線條把物象所帶給受眾的主觀情感形式用視覺語言呈現出來。岩畫形象中的每一根線條都彷彿是主觀形象將自己的體悟精神發揮到極致，通過外在複雜的形式去創構具有簡潔、清晰、人物形象生動的物象再造，將「意到筆不到」作為原始先民物象再造的藝術語言並予以強化。如內蒙古韓烏拉溝的太陽神人面像採用在一個圓圈之外刻繪長度不齊的太陽光芒，而在圓圈內用兩個圓圈代替眼睛，兩個點充當鼻孔，一個橫向的橢圓形象徵著嘴巴，在這裡，原始先民沒有過多重視造型所帶給受眾的簡略意味，而是重點突出這個人面像帶給人類的一種瞪大雙眼、鼻孔朝天、嘴巴大張的猙獰、怪誕冷酷之狀和明顯透露出的政治權利色彩。這些塑造出來的五官都能讓受眾內心明顯的感受到神靈的存在和猙獰恐怖的心理效果，「突出對生命的熱愛和渴望，具體表現了對人生、對氏族、對溫飽饑渴的關心。」〔註32〕又如阿塞拜疆的巴庫地區的舞蹈岩畫，畫面上鑿刻了一位舞者，雙手上舉，雙腿叉開，正在翩翩起舞。畫面上的人物形象是依據現實物象的造型進行再造，作者緊緊把握舞蹈者祭神或娛神的精神主旨，把人體的現實造型省略了一些細節，如身體各個部位的寬度和服飾，而用一根線條將這個人物的整個跳舞姿勢繪聲繪色的概括出來。

　　那麼，「簡約」的方法在史前岩畫造型塑造過程中是如何表現的呢？先民以現實物象作為參照物，對物象進行視覺觀察和揣摩，基於物象而超越於物象，他們以宗教巫術和實用功能為目標對造型進行分析和創構。這期間，主體要對物象進行聯想和想像，加入主體的審美情趣，做到物我融合。這時要將對象的造型瞬間轉換為一種主觀性的概括圖式，他們運用重複、簡約、

〔註31〕查律：《象與筆墨：中國畫物象呈現方式研究》，北京：榮寶齋出版社 2010 年版，第 57～58 頁。

〔註32〕李祥石：《解讀岩畫》，銀川：寧夏人民出版社 2012 年版，第 110 頁。

粗細不等的線條對物象進行外形刻繪，將現實物象中不重要的細節省略或對物象輪廓進行抽象概括，將造型中複雜的線條規整成具有幾何意義的線，然後對物象進行整體性的勾勒，高度概括出物象的姿勢特徵，以平面化的視角運用單一的一維線進行圍合，將原來物象的軀體寬度統統歸納成一條線，突出剪影性，在經過高度提煉和歸納之後，便形成了高度簡約化的藝術造型，使得物象具有簡約而又傳神的造型特徵。如現實中的人物從頭到臀都是由頭部、胸部以及臀部三個部分組合而成，而在岩畫中，原始先民用一條粗線就代表了這一部分的結構，手臂和腿部則用一條弧線表現。動物的軀體肥碩且笨重，但是先民就將動物的四肢簡約成四條豎線，從羊角到軀體運用一條直線將其概括，高度簡化和歸納了物象的外在輪廓和內在結構，使得整體造型簡略，刻繪風格簡約古樸，形成一種鮮明的簡潔性和辨識性。如寧夏賀蘭山小西伏溝的《畜牧圖》岩畫，畫面上刻繪了五十多個圖像，形態表現豐富，野牛、馬、人物、羊等，創作者依據現實放牧的場景，運用寥寥數筆將不同的圖像特徵簡約的勾勒出來，營造出一種原始草原放牧的美麗景色。

　　史前先民利用簡約的方法對物象造型進行有選擇、有審美意味地「取」與「捨」。所謂的「取」就是觀取物象中最富有特徵的部分，憑藉著思維概括之後，將觀取出來的主要部分進行誇張、簡化、抽象以及變形，從而演化出具有筆簡意厚的簡約化的造型與紋飾。「取」內蘊著主觀對物象造型的積極審美評價。「捨」則是捨棄那些影響全局的細節和次要部分，捨棄了物象自身存在的三維空間形態，它是基於先民對物象整體評價之後而形成的對細節的剝離。

　　在岩畫造型的創構過程中，不是將所有的物象造型全部一一都刻繪出來，而是根據原始先民本人的內在意願和對物象觀察活動中先民自身所誘發的情感需求，他們「有選擇取捨地從某個角度、某一局部、某些對象甚或某個對象的某一部分出發的著意經營，」〔註33〕，特別是不受時空和對象的限制對物象的形體進行藝術處理，並運用簡潔化的線條去概括物象、歸納物象，消除一些影響創作者創構整體造形的繁雜、非本質、次要以及不美的部分，以主觀化的構形觀念去觀取物象中有價值和意義的局部。經過反覆觀察和體悟之後，創作者將物象中的主要結構、形狀以及能突出史前先民某種宗教需求的

〔註33〕李澤厚：《美的歷程》，北京：生活‧讀書‧新知三聯書店 2009 年版，第 181 頁。

部分進行有意味的「取捨」，從而形成具有象徵意味的圖案或紋飾。清代畫家鄭板橋曰：「江館清秋，晨起看竹，煙光日影露氣皆浮動於疏枝葉之間，胸中勃勃，遂有畫意。其實胸中之竹，亦不是眼中之竹。」〔註34〕鄭板橋在觀察物象的基礎上，對眼前的景物進行有選擇的審美觀取和捨棄，抓取物象的主要結構以及竹子帶給人們的情意，將那些影響竹子結構和意象產生的細枝末葉一律刪掉，使得這種取捨恰到好處地在主體心中形成主觀化地物象之美，再加上主觀對物象的體悟和心物交融，最終形成了具有審美意象化的物象造型。在史前岩畫中，岩畫中人物形象多取正面，而不是選取更小面積的側面。動物多選取側面而捨棄正面，而很少用俯視技法等等。他們在刻畫羊角、腿以及橫線式的軀體時，強調作者對物象進行全身心的審美觀照和高度概括，捨棄北山羊身上的瑣碎細節，特別是要省略北山羊圖像中的細小的形態轉折部分，是要凸顯北山羊的姿勢和體貌特徵，能取直就取直，能誇張就誇張。例如在大麥地岩畫中有一位岩畫人物形象，作者將她豐滿的胸部和肥碩的臀部刻繪在石頭上，對這兩個部位進行了耐人尋味的誇張性選取，而對整個人物的頭和腿腳都做粗略的刻繪，這可能是由於這幅畫面是史前先民為了展現他們對於生殖的強烈崇拜與渴求而創作的。又如寧夏的岩畫創作者就用簡約的線條勾勒出了一位臃腫肥胖、「雙乳碩大、肚腹滾圓」〔註35〕的原始維納斯雕像，畫面上只刻繪出其外在輪廓，選取了女性的臀部和乳房進行誇大，使得造型的表現使用了一種高度簡潔化的藝術語言。再如在青海舍布齊的岩畫《獵野牛》，畫面上是原始先民對狩獵場景的一種再現或者記錄，畫中原始先民有意選擇了作畫的視角，更有意思的是原始先民選取了野牛的龐大、人射箭的瞬間動作以及馬的嘶叫等突出形象進行刻畫，牛的龐大和人物的渺小便形成了鮮明的虛實對比，他們利用視覺形象對野牛龐大的軀體進行觀取，捨棄了周圍的一些小動物，「岩畫的……創作者們都選擇張弓搭箭，甚至在一箭即發的那一瞬間進行刻畫，使畫面圖式中的人物造型與被獵射動物之間形成矛盾衝突、給人一種強烈的審美衝動。」〔註36〕這充分表現了原始人類的簡樸、率真以及明朗的審美風韻。

〔註34〕吳振標：《中國古代名篇分類精賞》（第一卷），上海：文匯出版社 2000 年版，第 975 頁。

〔註35〕張哲：《寧夏岩畫》，銀川：寧夏人民出版社 2012 年版，第 60 頁。

〔註36〕寧克平：《中國岩畫藝術圖式》，包青林繪圖，長沙：湖南美術出版社 1990 年版，第 14 頁。

以直觀的方式去再現現實物象，每一個造型卻都帶有強烈的主觀取捨性。縱觀中國廣西花山岩畫、福建仙字潭岩畫、雲南滄源岩畫以及新疆呼圖壁岩畫，我們看到的舞蹈人像造型都是作者用高度簡約化的方法對現實物象進行主觀取捨的結果，他們往往強調以「形」為基礎，這個「形」是輪廓而不是內在的一些造型細節，通過作者「筆筆取神而溢乎筆之外，筆筆用意發乎筆之先，」〔註37〕的思想去對物象進行形態勾勒和神韻選取。每一個岩畫點上的舞蹈人像都具有對客觀舞者的高度概括性。這些高度略形的形態是先民對物象做主觀取捨的結果，他們只取物象的整體結構和姿勢，去掉那些依附於身體上的各種裝飾品。中國史前岩畫中的形象均是作者對現實物象直觀的審美觀照，以寫生的方式對形象進行塑造，塑造出來的每一個形象都是先民再現自然，對自然物象的進行主觀取捨的結果。北方岩畫中的鹿、山羊以及狩獵形象都具有對現實場景再現的性質。但是，在這些圖像之中，由於每一個物象均經過了作者對物象的主觀取捨，也就是說，每一個圖像造型離現實物象的形狀相差甚遠，原來具有三維立體空間感的實實在在的人，在先民眼中就成為了用單一的線去表現的、經過主體用心取捨的簡潔圖像。他們將現實物象中不利於表現和再現物象的細節統統去掉，保留住能夠彰顯物象內在本質的局部特點。顯然，這種取捨具有明顯的主觀性，而這些主觀性則帶有強烈的情感性和趣味性。如內蒙古阿拉善曼德拉山的《雙人獵羊》岩畫（圖56），在這幅作品中，先民再現了狩獵的場景，岩畫中的人和山羊造型經過先民主觀取捨，與現實物象差別很大，現實的圖像具有三維狀態，而岩畫中的形象則呈現為二維剪影模式，即藝術家把現實場景中的羊壓縮成平面式樣，原來具有厚度的羊軀體，被由流暢的線條勾勒出來的剪影形象取而代之，而這些線條均呈一維性。先民提取物象中主要的部分，主觀的捨掉了形象中繁瑣的內容，每一個形象均意象性地呈現外形，用簡約化的線條把物象的姿勢呈現在受眾面前。又如青海海西蒙古族藏族自治州野牛溝的岩畫《駕車與犛牛》（圖57），創作者運用極為簡練的線條，高度概括三個物象的輪廓，刻繪出馬車、馬以及犛牛的主要結構。創作者通過規整物象的邊緣線來體現物象的最精華部分，這幅畫的創作者抓住了物象最易於描寫的角度，選取了一些最具特徵的點，這充分體現了原始人類嫻熟的造型表現手法和樸拙的審美意識。

〔註37〕（清）布顏圖：《畫學心法問答》，俞劍華：《中國古代畫論精讀》，北京：人民美術出版社2011年版，第86頁。

圖56：內蒙古阿拉善右旗孟根布拉格蘇木曼德拉山岩畫

來源：《中國美術分類全集》編委會：《中國岩畫全集》（北部岩畫），
瀋陽：遼寧美術出版社2006年版。

圖57：青海海西蒙古族藏族自治州野牛溝岩畫

來源：《中國美術分類全集》編委會：《中國岩畫全集》（西部岩畫1），
瀋陽：遼寧美術出版社2006年版。

中國史前岩畫的造型多取幾何形，捨棄具象形態中的一些曲線細節。先民
在塑造物象造型的時候，注重對物象的概括和提取，對大自然中的幾何紋飾

進行理性的處理和審美再創造，將物象中的弧線形態取直，盡最大可能將物象的外在形態和內在結構幻化為幾何形，就像通過幾何形可以透視物象形態的內部結構一樣。他們捨棄現實物象中所呈現出來的曲線形態，特別是一些物象中的凸凹處或轉折處，這些物象的姿態均體現著創作者對物象的審美情趣。如在賀蘭山賀蘭口有一幅站立的人像，創作者將這個直立的人主觀提取為幾何形，將整個身體雕鑿成長方形，兩條腿則被刻繪成長條形，腰部的弧線則被捨棄。從整體上來看，這個站立的人具有易辨識性。有的創作者在物象的內在結構中添加一些橫豎的線條，把具象形態中的曲線變為直線，將其變為規整的幾何形，再增加一些物象軀體內的細節，著重強調對事物內部進行分解，這「既表現出它們的外輪廓，也畫出它們的內臟器官和骨骼構造。」〔註38〕又如賀蘭山黑石峁岩畫中的雙羊圖像，畫面中雙羊造型的內結構皆被作者用橫豎線分割成幾何形，這就捨棄了現實物象中的三維形態，忽略了物象的肚子在形態中的大小和凸凹問題，全部將肚子的細節融匯於幾塊幾何平面之中。

原始岩畫中的蹄、手印岩畫符號呈現出鮮明的簡約性。原始岩畫中的蹄印一般呈現為簡約式的「U」字形，並且在「U」上面有凹陷，外輪廓則比較隨意，整個蹄印形象不完整，類似馬蹄子造型，有大的，有小的，還有的大小混合排列成一排或數排，凹陷處的角度均朝不同方向。另外，原始先民往往誇大蹄印的凹陷處，而這一凹襠正是象徵著女性的陰部。在新疆塔什庫爾干塔吉克自治縣的手印岩刻，畫面上有八隻手，有左手也有右手，大小手均放置於畫面的不同位置，每一隻手都將手指的寬度簡化為一條粗線，一條線就代表一個手指，手心、手背、手指以及手掌的連接處均使用單線勾勒，線條笨拙，且較為粗獷。從簡化的線條中我們可以看到原始先民對於裝飾審美的抽象表現。顯然，原始人只是用極其簡化的線條將具有意象化的手刻繪出來，他們拋棄了具象手的細節，如關節紋路和突出的骨骼等，這充分體現了原始人類運用簡潔線條的藝術智慧和能力，類似於這樣的例子還有皮山縣桑株鎮手印符號等。

坑穴岩畫的造型依靠簡化的形式塑形。在賀蘭口、內蒙古夏勒口、河南具茨山、連雲港將軍崖以及玉樹通天河流域的坑穴岩畫符號中，創作者均是將圖像簡化成一個個深淺各異的圓圈或者方形造型，有的單列，有的集群出現，

〔註38〕陳兆復、邢璉：《外國岩畫發現史》，上海：上海人民出版社1993年版，第360頁。

這些造型一般都是先民對於生殖或星空的美好祈福，它們都是史前先民將現實物象審美意象化的結果，並被簡化為物態化的造型。在這些造型之中，有的深，有的淺。在大小各異的圓圈周圍，先民還會刻繪一個剖面呈現倒三角形的溝槽，以連接不同形狀的坑穴，還「有的同心圓四周繪以芒線以表示太陽，然後一條溝槽線從同心圓的外面穿入到中心，與中心的凹穴相連。這條由外及內並且直達中心凹穴的溝槽線，可以說是非常有力地傳達出『通天』的意圖。」〔註39〕這種簡化式樣的造型好似原始人在表達人與天相互溝通的「渠道」。先民們用這種粗獷的溝槽去代表對天神的敬仰。還有的在坑穴岩畫符號的周圍刻繪兩個同心圓圈，在同心圓圈下面有一個類似簡潔梯子的造型，這也呈現出原始先民試圖溝通天地的願望和希冀。如在江蘇金壇三星村出土的新石器骨板，每一塊骨板上都簡單的刻繪了大小不等的坑穴，在坑穴符號的外圍有兩個或單個同心圓，都施以鑿刻，坑穴布置有疏有密，排列有序，造型簡潔，這充分體現了原始先民利用簡約造型去傳達早期人類的審美意識和精神訴求的嘗試。

　　南北方岩畫造型呈現著不同的簡約性。南方和北方的先民們在創構簡約岩畫造型時，各有自己的塑造方式和方法。北方的大多數簡約造型使用粗獷的線性藝術語言，用線性藝術語言去呈現了現實造型中的各個部分，如刻繪物象的軀體，用粗獷的線條自由地去表現物象在創作者心中的印象。物象軀體內的局部盡最大可能使用較為寫意性的線條簡略概之，所塑造的物象具有強烈的感性主義精神，這充分體現了北方草原人們稚拙、樸實以及自由灑脫的生活氣息。這些比較隨意且用寥寥數筆就將物象的主要形狀與特徵呈現出來的方式，具有明顯的線性結構式樣，充分顯示了筆簡意厚的原始審美品位。另外，這些簡約的造型大多都具有具象或抽象的成分，或兩者兼而有之，這和俄羅斯貝加爾湖附近的希什金諾岩畫造型有著異曲同工之妙。每一個簡約的造型都與其他造型共同形成某種敘事性。如夏勒口的一幅雙馬岩畫（圖58），畫面上用較為粗獷的線條構成了雙馬的造型，兩馬相對，好似小馬在向大馬「傾訴」。而南方的岩畫作品多用抽象元素和象徵性的表現形式，使用紅色、白色或黑色線條來塑造物象造型，且一律使用大面積平塗剪影方式，整體呈現為比較規整的幾何化造型，其中，使用直線塑造造型比較多，用簡約的幾何造型構成的圖像去表現豐富的物象意涵性，呈現了一種理性幾何化的審美

〔註39〕湯惠生：《玦、闌、凹穴以及蹄印岩畫》，《民族藝術》2011年第03期。

思維。如在托克遜縣科普加衣的岩畫《羊》,「羊角」運用簡約了的樹形線勾勒出來,羊的軀體由三根粗獷的線條刻畫,形象地將行進中的動物姿態淋漓盡致的體現出來。這些岩畫從一定程度上展示了簡約在原始岩畫造型表現中的重要地位,也更加體現了史前人類自身從具象到抽象的審美風尚。南方簡約的造型呈現出一種呆板、僵硬的審美感覺,這是由於整體造型使用了較粗的線,造型比較生硬,很少摻雜分割性的藝術語言,而強調視覺圖像的形似性和程式化,具有結構素描的影子。如福建仙字潭岩畫形象、廣西花山岩畫的蛙形人物、雲南滄源岩畫中的三角形人物形象。而在北方的物象造型中,創作者往往對造型進行高度的抽象簡化,並加入了分割性的幾何元素,將曲線融入到造型的意象表現之中,如賀蘭山的人面像造型,創作者就將人面像刻畫為抽象的造型圖式,用曲線對物象造型進行有秩序的、有意味的分割,並伴有裝飾性的線條,這樣的造型在南方較為少見。

圖 58:內蒙古達爾罕茂明安聯合旗夏勒口岩畫

來源:《中國美術分類全集》編委會:《中國岩畫全集》(北部岩畫),
瀋陽:遼寧美術出版社 2006 年版。

　　中國史前岩畫造型多數採用簡約化的輪廓和結構來呈現岩畫「意」與「象」相融合的造型內涵。這裡的簡約造型呈像是對造型創構環節的超越,創作者提取主要形態,簡化物象造型中的複雜細節,重視形態中「意」的外顯,即將物象造型中繁雜的「意」,簡化為一種更加直接的、稚拙的圖像表述行為,讓「意」能夠迅速地從簡約的外形中傳達出來。這樣,當簡約的物象

造型外顯的時候，「意」也就跟隨著「象」呈現出來。在全世界 780〔註40〕多
個岩畫地區中，超過 2000〔註41〕多個岩畫點中的岩畫形象裏，大多都是將形
象裏面的細枝末葉省略掉，尤其是物象造型的外形和內在結構，如法國韋澤
爾峽谷拉斯科洞窟的野牛形象、希什金諾的牛、日本富勾貝岩畫中的巫覡以
及賀蘭山黑山石峁岩畫點上的羊群形象，這些岩畫形象都是先民在領略物象
的外在輪廓之後，身心受到物象的感發創作而成，物象的造型自然就不再拘
束於拘謹的現實造型，而是形成既能「通神明之德」〔註42〕，又能「類萬物
之情」〔註43〕的意象形態。如雲南滄源曼坎岩畫中的人物造型，這些人像的
軀體均被創作者高度概括成三角形，將人物的內在結構簡化，雙臂和雙腿用
細線勾勒，這種造型已經超越了現實的造型形態，他們想用這些簡約的造型
來呈現原始先民的日常生活和風俗人情。創作者從現實人物造型中提取一種
意象化的形狀，通過最原始和最拘謹的技術手段，以嚴謹的側影輪廓線條去
表達物象的體形，從而形成一種體悟得形、有感而發、形式緊湊的意象構形。
這不但體現了先民們自身高超的技術手段，還展示了先民運用單一式樣的線
條去描繪物象中最本質、最重要的局部的表現手法，他們去掉那些容易使受
眾混淆的方面，將人物形象中比較複雜的輪廓和結構予以高度簡化，簡化成
線，以概括物象造型中「意」，凸顯人物的生命精神和內在韻律，並利用這些
提取的元素創構某種圖符，省略軀體內的複雜結構，以虛無化的平面剪影方
式投射外在的輪廓形象，用平板性的圖像去呈現人物造型的「意」與「象」。
在這裡，簡化物象造型中的「意」與「象」是同步的，物象的「意」要憑藉被
簡化的「象」來呈現，而「象」的簡化又服務於「意」，以「意」為中心，對
「象」進行簡略創構。這樣塑造形象有利於對物象造型的直接呈現，去除不
利於「意」的直接表達的其他因素，使得我們觀看這些岩畫形象時，主觀地
形成一種清晰、明確、簡潔化的審美意象性。如內蒙古苦菜溝的岩畫《鹿》
（圖59），整個靜態的鹿保持著站姿，先民通過簡略的方式，把鹿簡化成平面
剪影式樣，以突出鹿的主要特徵，以此來呈現先民對於動物形象的高度讚美。

〔註40〕〔意〕伊曼紐爾・阿納蒂著，陳兆復主編：《阿納蒂論岩畫》，陳兆復譯，北
　　　　京：文物出版社 2019 年版，第 19 頁。
〔註41〕〔意〕伊曼紐爾・阿納蒂著，陳兆復主編：《阿納蒂論岩畫》，陳兆復譯，北
　　　　京：文物出版社 2019 年版，第 18 頁。
〔註42〕黃壽祺、張善文：《周易譯注》，上海：上海古籍出版社 2012 年版，第 343 頁。
〔註43〕黃壽祺、張善文：《周易譯注》，上海：上海古籍出版社 2012 年版，第 344 頁。

圖 59：內蒙古烏海市桌子山苦菜溝岩畫

來源：《中國美術分類全集》編委會：《中國岩畫全集》（北部岩畫），瀋陽：遼寧
美術出版社 2006 年版。

　　原始先民憑藉著直觀體悟和想像，以簡約化的視覺元素呈現物象內在的意象造型美。中國史前岩畫中的各種造型均是原始先民對物象觀察、歸納之後用心刻繪在岩石之上的，每一幅岩畫造型均由作者用最簡略的元素呈現。這些形象中的每一根線條都是原始先民對物象的真實審美寫照，是原始先民感悟動情創構的，在一定程度上體現出物我、情景交融的審美境界。這裡的「象」指的是岩石上的圖像，它區別於現實物象，是原始先民基於現實物象而超越現實物象，將主觀的情感和印象交合為一，並運用簡約化的造型語言對物象的主要特徵、奔跑的大體姿勢以及狩獵的瞬間情態、運動節奏、本質結構、精神風貌等方面進行塑造的結果，憑藉著寥寥數筆將意象的造型呈現出來，如男性的生殖器、鹿的角、首領頭上戴著的崇拜物和背著的腰刀、老虎的虎紋、原始人雙手合十祭拜的姿勢以及野牛肥胖的身軀等等造型，原始先民對這些物象中的特徵進行高度概括和歸納，超越客觀物象和情景，再將之與自身的心理和生理相契合。他們將那些能夠體現主體對物象的情意和印象的線條抽離出來，將這些形象中的曲線變成直線，物象中的寬窄造型都被概括成一條線，勾勒出大體的輪廓，保持剪影的平面視覺效果，近距離的簡約性較弱，遠處的簡約性較強，

每一個視覺元素都是主體對物象主客觀高度融合後匯聚於岩石表面的，它們都體現了原始先民理智與情感的複雜經驗在岩石上的瞬間呈現。〔註44〕如左江流域寧明山崖壁畫中首領帶領百姓起舞的場景，原始先民通過粗細均勻的線條將舞者的意象造型高度概括的呈現出來，既能夠憑藉簡約的形象將祭祀的場景表現出來，又能將舞者的瞬間形體和姿勢微妙地展示出來。

　　岩畫的簡約造型還通過局部代替整體的方法來表現以少總多的審美智慧。史前先民對於物象的審美觀照往往呈現著一種只抓住物象局部的主要特徵或身姿來表現物象事物特點，因此大部分刻繪的物象都是不完整的，也可以說，是先民使用局部代替整體的方法來給我們呈現簡約化的審美造型。人面像在整個岩畫圖像世界中佔有一席之地，E・阿納蒂認為這類岩畫題材是「人獸祖先的神靈」〔註45〕、「土地的保護者」〔註46〕。它「滲透了濃厚的祖先崇拜的觀念。」〔註47〕陳兆復先生更是認為人面像與宗教祭祀有關，〔註48〕它反映了史前人類對於自然、生殖、圖騰、神靈以及首領的高度崇拜。岩畫中的人面大都被單獨的刻繪出來，很少連著身軀，甚至沒有將整個身體畫出來，只是用簡約化的頭部來代替先民欲想表達的象徵涵義。不管人面像具有何種文化意義，總之，它承擔著史前人類對自身豐富文化涵義的吉祥化寄予。如新疆八牆子村的《鹿羊圖》岩畫（圖60），畫中創作者刻繪了幾隻鹿和羊，有的在奔跑，有的在機警地看著周圍，好似發現了什麼異常！在整個畫面的右下方有一個很短很短的並類似於柵欄的圖像，這表現了先民想用柵欄來獵捕鹿和羊，然而，這麼短以及這麼小的柵欄去獵捕動物幾乎是不可能的。因此，這是作者以點帶面，用局部的柵欄來代表先民所擁有的更長且比較完整的獵捕工具，這種局部代替整體、以少總多的思想到了後來被郭熙〔註49〕進一步繼承與拓展。

〔註44〕〔美〕韋勒克、〔美〕沃倫：《文學理論》，劉象愚等譯，南京：江蘇教育出版社2005年版，第212頁。

〔註45〕陳兆復：《中國岩畫發現史》，上海：上海人民出版社1991年版，第6頁。

〔註46〕陳兆復：《中國岩畫發現史》，上海：上海人民出版社1991年版，第6頁。

〔註47〕寧克平：《中國岩畫藝術圖式》，包青林繪圖，長沙：湖南美術出版社1990年版，第18頁。

〔註48〕陳兆復：《中國岩畫發現史》，上海：上海人民出版社1991年版，240頁。

〔註49〕宋朝的郭熙和郭思在《林泉高致》這本書中說：「山欲高，盡出之則不高，煙雲鎖其腰，則高矣，水欲遠，盡出之則不遠，掩映斷其派，則遠矣。」（宋）郭熙、（宋）郭思著，周遠斌點校纂注：《林泉高致》，濟南：山東畫報出版社2010年版，第56頁。

圖 60：新疆哈密地區巴里坤哈薩克自治縣八牆子岩畫

來源：《中國美術分類全集》編委會：《中國岩畫全集》（西部岩畫 2），
瀋陽：遼寧美術出版社 2006 年版。

　　總之，簡約是中國史前岩畫造型塑造的一個重要方法，是將史前岩畫的圖像主觀地帶入到一個高度簡約、整體性強、主要特徵明顯、辨識性極高的藝術趣味世界中，它糅合了原始先民對現實物象的審美再創造思維，它由「取」主要部分和「捨」棄細節兩部分構成。他們用最簡約的點、線、面將物象最本質、最直接的局部結構和形狀展示出來，以局部代替整體。可以說，它是先民對所觀察到的物象或景致進行造型再造，略形取意，以推崇物象內在的、崇高的精神品格和拙樸的神韻主旨，忽略物象外在形體面貌的現實觀念，一個個物象的意旨憑藉這些簡略的線條呈現出來，並以簡潔的筆墨高度概括出岩畫形象所呈現的某種神韻和內涵，以形傳神、以象達意，從而以最簡約化的塑造造型方法表達史前先民對現實物象最深的洞察力和概括能力。在岩畫的造型世界裏，原始先民利用點、線、面等美術元素對物象進行幾何性的塑形，將物象中那些無關緊要的細節轉換成以線為媒介的「有意味的形式」，基於物象的原型，在充分理解和體悟的情況下，對其進行提煉和歸納，將面簡約成線，他們用粗細不等的線條對物象的結構和輪廓進行簡化，將富有巫術禮儀圖騰的造型根據主觀審美情趣高度簡約為概念性、視覺性、幾何性的形象，這種簡約化的造型沒有失去原始思維狀態下的圖騰內涵，反而，這些

物象造型通過簡約化的形態將宗教視野下岩畫的「意」與「象」生動地展現出來，從而使得物象呈現出不同的藝術特徵和審美意象性。因此，原始岩畫中的簡約是建構在對物象內外造型的靈活觀察基礎之上的，以主觀的審美情感對客觀化的物象進行物態化和簡約化的審美觀照，使得這類形象更能體現出原始先民的某種精神追求，同時，也彰顯出原始社會獨特的藝術魅力和生命精神。

二、誇張

　　誇張是中國史前岩畫造型塑造的一個重要突出手法。不管在寧夏的賀蘭山還是在臺灣省的萬山，遍及全國的岩畫點中的岩畫圖像或多或少均呈現了誇張的造像方法。創作者旨在誇張物象的整體比例、局部特徵、大小以及位置，並以此來凸顯整個造型在畫面中的審美趣味，憑藉著這種誇張的造型方法去展示物象在他們心目中的地位。史前先民的這種誇張造像表現了他們的原始審美情趣和宗教意識。在一定程度上來說，岩畫的誇張已經遠遠超越了原始視覺圖像的表象特徵，突破了當時的製作手段，把具有巫術化的宗教思維融入到造型方法之中。通過運用誇張的方法，使得物象的造型特徵更加清晰、明顯和直接，更能凸顯史前先民對物象的某種巫術寄予和審美情感。

　　中國史前先民注重對岩畫造型的誇張。中國史前岩畫的早期藝術風格具有寫實性，但它並不排斥先民運用誇張的手法去塑造岩畫中的不同形象。岩畫是以岩面或崖面為承載體，並在二維平面空間中去呈現形象，原始先民所刻繪的形象大多都是供人遠觀的，而且，由於受到「當時的物質條件和技術手段」〔註50〕的限制，塑造物象的細節根本就不可能。因此，一些岩畫作者大多對物象的主體或主要特徵、結構進行誇張化的處理，以點帶面，以張揚先民生命精神的節奏和韻律。例如中國史前岩畫中的羽人、鹿以及北山羊，先民大都誇張了三類形象的主要形態特徵，特別是羽人頭部的羽毛，羽毛的高度已經遠遠高於人的身高了。從表面上看，誇張好似離開了鹿、北山羊等物象的基本形態，但是，這種誇張大大地將物象特徵更加鮮明、更加突出的表現出來，使得物象形態更具有濃厚的原始風情和宗教精神。沙特阿拉伯早期岩刻的男性形象同南非布須曼人有著異曲同工之妙，他們也是將人物造型做細長的誇張，以致從頭到腳都被誇張成幾何形。以上的例子均表明，史前

〔註50〕陳兆復：《中國岩畫發現史》，上海：上海人民出版社1991年版，第407頁。

岩畫中的任何一個岩畫形象，都是藝術家對客觀物象的觀察和體悟，它們都是通過略去細節、抓取基本形式對物象造型進行誇張性地塑造。在充分考慮了人們的視覺欣賞和心理需要的基礎上，創作者從現實物象中高度提煉出可供誇張的局部，並進行特定的誇張，使得先民從這些被誇張的岩畫形象中體會到：岩畫造型的誇張，不僅使得生動的現實物象在岩面上直觀地、清晰地再現，而且通過這些被誇張的物象去「營造一種出奇或是怪誕的效果來表達作者的思想情感。」〔註51〕如寧夏大麥地有一幅女神形象，她通高26.5釐米，通寬17釐米，被創作者刻繪在一塊紅砂岩石上面，作者有意誇張了碩大豐滿的乳房，整個乳房占身體的四分之一，乳房的長寬比例占整個女神軀體的二分之一，腹部被誇張的極為臃腫。可以看出，他們之所以誇張女性的生育部位，是為了凸顯先民對於生殖繁衍後代的強烈渴望。

史前岩畫作者大都誇張物象的整體比例。在寧夏岩畫中，有的弓箭岩畫比人還高，這凸顯了先民們對男性生殖和繁衍人口的圖像化寄託，並以這個被誇大的形象去呈現原始物象形態之美。在內蒙古阿拉善的帳篷與鞍馬的岩畫中，馬的整體造型比例被誇張。雲南滄源岩畫中羽人頭上的裝飾已經超過人的身高比例。內蒙古烏拉特後旗巴日的先民對老虎進行軀體裝飾。青海舍布齊溝肥碩的野牛，其整個身體比例被「有意」地誇張，身體的肥碩程度遠遠超過在它後面的獵人和牧馬比例，這顯然是先民有意而為之。在這裡，從單個造型的比例到整個畫面的大小面積都被有序的誇張，創作者誇張了物象的肥碩、高低、大小、粗細以及表面紋飾的多少等等。經過誇張，單體造型的整體外貌比例比它在原來的場景中所佔的視覺面積更大、特徵更突顯、更加強烈地表現了作者的主觀願望。單體的物象形態也從原來的現實場景中幻化為更具有鮮明宗教意味特徵的人或物，這些被誇張的整體物象向我們展示了先民對物象的細緻觀察，也反映出先民對動物的生活習性瞭如指掌。從另一個視角來看，它們也反映了先民對物象索取的佔有欲和對豐收、狩獵以及放牧的希冀。在內蒙古烏拉特中旗的《北山羊與馬群》（圖61），作者將北山羊作為此幅的主體形象，先民把北山羊刻繪成既高大又纖細的形象，整個比例都被誇大了，一隻北山羊整體被誇張的比例是七八匹馬的面積總量，然後將其放在畫面的中心位置。又如，在青海舍布齊溝的獵犛牛岩畫，畫面上的犛牛和後面追獵的馬和人形成了強烈的整體比例反差，前面的野犛牛被創作者

〔註51〕尹成偉：《藝術誇張的魅力》，《美術大觀》2013年第01期。

「有意」地誇張，整個軀體的比例被放大了很多倍，從圖上對比來看，野犛牛的身軀是人和馬的二倍有餘，凸顯了先民對於食物的強烈渴望和需求，也從巫術的視角清晰地反映了先民欲要通過誇張整體比例的方式使物象快速變的肥碩和健壯的願望。

圖 61：內蒙古烏拉特岩畫

來源：《中國美術分類全集》編委會：《中國岩畫全集》（北部岩畫），
瀋陽：遼寧美術出版社 2006 年版。

　　在岩畫的誇張方面，先民往往把原有的有機物象誇張成直線或幾何形。這裡的誇張指的是借助岩畫的具體形體而超越內外的形式，形成一種既能包含現實物象的特徵又能簡化其形體結構的表現方式。幾何誇張是「將自然客觀物象和主觀意識相結合，既保留住客觀自然形態的基本特徵，又根據主觀精神與意志對物象做了大膽的幾何誇張變形，在客觀自然界根本不可能產生這種變形物體，但能夠通過幾何變形形象，辨認出自然可觀的母形特徵。」〔註52〕幾何形的誇張展現了先民們超越現實物象的智力活動，這種幾何性質的創造活動是一種直覺性的創造。幾何線條被史前先人熟練的從物象中抽離出來，把原來物象中的曲線幻化成直線或者三角形、菱形、方格形等形態，

〔註52〕王菊生：《造型藝術原理》，哈爾濱：黑龍江美術出版社 2000 年版，第 221～222 頁。

這樣的幾何誇張方法主要體現在雲南麻栗坡岩畫中的長方形、內蒙古呼倫貝爾岩畫中的自由幾何形、新疆阿勒泰地區的三角和菱形、呼圖壁康家石門子的倒三角形和菱形等等。當然，有的岩畫的幾何誇張性形成了具有裝飾意味的符號。如新疆昌吉回族自治州呼圖壁縣生殖岩畫《呼圖壁生殖崇拜岩畫》（圖62），畫面的創作者將物象全部誇張成具有倒三角形和其他幾何結構的形象，簡略而又直率，清晰而具有自然美，人物的身軀和頭部的細節都意象地生成了某種具有顯示生命和對生殖崇拜意象的美妙圖畫。舞者身材修長，上身呈倒三角形，重心穩定，雙臂上下翻轉，而男者的雙腿作不同的運動，充分體現了原始人類對於繁殖後代的強烈渴望。

圖62：新疆昌吉回族自治州呼圖壁縣康家石門子岩畫

來源：《中國美術分類全集》編委會：《中國岩畫全集》（西部岩畫2），瀋陽：遼寧美術出版社2006年版。

原始先民對物象典型的局部特徵進行誇張。原始岩畫中的形象都是與日常生產生活有著密切聯繫的事物，如牛、羊、鹿、野牛、交媾行為、放牧場景以及狩獵等物象，每一個物象都有著明顯區別於其他物象的局部典型特徵。蓋山林先生說：「岩畫作者著意表現的是那些與經濟生活息息相關的動物，比如野羊、野馬、野牛、鹿等等，並且喜歡表現其中健壯的、大形的、善奔的、能生殖的。……這些似乎在表示，動物有很強的生育能力。那些奔馳的、躍動的，

以及形體碩大的動物形象，應與表現動物的健壯有關。畫家對動物某些部位的誇張，自然也認為那些部分是動物最美的地方。」〔註 53〕先民為了強調和突出主要局部特徵，對物象的主要局部進行誇張性的描摹，將物象有特色的、最美的、容易辨識的特徵提取出來，高度提煉物象局部特徵的視覺美，對物象的典型特徵概括和歸納之後，將其誇大、拉長或裝飾，再直接表現在岩石表面上，如有的羊角不完全是弧線，先民就誇張其向後延展的弧線，使得物象局部變得更加具有識別性，凸顯其整體的身份特徵和地域特性，從而能顯示出宏大而又豪邁的藝術審美風格。如吉木乃縣沙吾爾山卡爾麥斯干的狩獵岩畫中，山羊的角被誇張成水波飾。內蒙古烏海苦菜溝、烏魯木齊哈姆斯特溝的鹿角，被極度誇張並刻繪成樹的造型，遠遠看上去，平面化的鹿角與鹿的體形在視覺上相當。新疆巴里坤、哈密摺腰溝以及吉木乃的駱駝岩畫均由先民誇張駝峰以彰顯原始先民對物象造型的重視。雲南滄源崖畫中的「太陽羽人」，作者有意誇張直立於羽人雙肩的類似翅膀的形象，使得形象的比例遠遠要大於整個人的高度。在內蒙古烏海市苦菜溝岩畫中有一幅岩畫《大角鹿》，畫面上刻繪了一隻處於靜止狀態的大角鹿。在一些岩畫形象中，「鹿」和「太陽神」是聯繫在一起的，「鹿」象徵著太陽神，畫中比較明顯的造型特徵就是具有大樹狀型的鹿角，創作者將鹿角刻繪成一棵樹的模樣，有樹幹，有分枝，整個鹿角被高度地誇張了，誇張後的形狀是鹿身軀的兩倍，先民所誇張的局部形象給我們呈現了一個視覺性極佳、特徵明顯、符合先民宗教觀念的視覺圖像。又如內蒙古陰山地區的岩刻長尾舞，在整個長尾舞的活動之中，作者誇張了男女氏族成員臀部後面的長尾，一條長尾甚至高於人的身長，這種誇張呈現了岩畫創作者試圖通過對特徵的誇張使其明顯地區別於其他的物象，而且，誇張的長尾給我們呈現了史前先民的生活習俗和宗教儀式。被誇張的長尾承載的不僅僅是一個先民的舞蹈敘述事件，更是凸顯了先民與自然界之間達成的生存默契。

　　就以史前生殖岩畫中的形象來說，在世界的各個原始氏族中，生殖信仰是一種極為普遍存在的原始崇拜現象，它被認為是東方文化的重要特徵。岩畫中的男性性器和女性的乳房、陰戶均象徵著一種生殖力量。他們誇張並強化了男性的性器和女性的乳房、陰戶等部位，使得這種誇張起到凝固和強化生殖觀念的作用。每一個岩畫形象經誇張後形成的性器均比較長，比較粗，而且與岩畫其他形象相互配合形成一種交媾圖像。新疆康家石門子岩畫，原始

〔註 53〕蓋山林：《中國岩畫學》，北京：書目文獻出版社 1995 年版，第 199 頁。

先民誇張了男性的陰莖，性別特徵尤為明顯，突顯了原始人類對於性愛活動的渴望和生殖繁衍的期待；內蒙古陰山的生殖圖像，左邊有一個半蹲男性圖像，先民誇張地刻畫了男性的生殖器，男性左手持一個既高又大的弓，弓也被先民極度誇張了，原始先民通過這種被誇張的弓來展示男性強勁的陽剛之氣和生殖能力。這種對局部的誇張還有奧地利威林多夫女神石雕像，作者誇張了女神的乳房和陰部，身體非常圓潤而豐滿，這顯然與史前岩畫中凸顯弓箭和生殖器具有同樣的象徵意義。這類岩畫很容易讓人想到遠古時期的父系和母系對於生殖崇拜的社會觀念。如苦菜溝有一幅採用敲擊法刻製的裸體婦人像，這幅作品以寫實的藝術風格呈現出一位乳房上翹的裸體女性。先民對女性的陰戶進行有意誇張，刻繪出「一個長 7.5 釐米、寬 5.5 釐米的橢圓形同心圓。」〔註 54〕不管史前先民如何誇張生殖器官，創作者之所以給我們提供形形色色的誇張性器的岩畫圖像，是想通過這種遙感式的做法，去達到他們心中對繁衍子孫、增殖動物的最終希冀。

史前先民不僅誇張每一個物象自身的主要特徵，也要對畫面中的視覺焦點進行誇張。視覺焦點就是在一幅畫面中，受眾的注意力在第一時間看到的最具突出醒目的特定區域，作為觀者第一直觀部分，受眾能夠從這個視覺焦點的區域瞭解到整個畫面的涵義。史前岩畫先民在進行岩畫造型創構活動的時候，非常注重畫面中的視覺焦點，這個焦點會將受眾的視覺引領到這個點上。也就是說，視覺的注意力首先放置在這個點位上，拉近岩畫形象與受眾的空間距離感。他們往往運用誇張的手法對視覺焦點進行刻畫，用線條或面將作為視覺焦點的局部進行重點限制，如一個人站在圓圈裏或一個人身上所帶的物品遠遠要多於其他人，這樣就使得大的物象或者比較集中的形象成為畫面的視角焦點，以著力突出畫面中的某種氛圍，從而給人一種強烈的視覺審美衝動。在青海舍布齊的獵犛牛岩畫裏，視覺焦點就是體態碩大的犛牛和正在追獵的體態渺小的人和馬，創作者其實將這種緊張關係誇大了，大幅拉大物象之間的比例，這樣很容易使得畫面產生激烈的敘事矛盾。如在一幅《狩獵圖》的岩畫中，人物和動物都集中在一個很小的區域內，為了突出眾人狩獵活動的危險處境和緊張狀態，史前藝術家將人物騎馬狩獵的圖像放大並置放在視覺的中心點上，將其周圍的物象和騎手隔開一段距離。為了表現史前人類自身的佔有欲，畫面下方和上方均出現被誇張化了的人手或腳印，人手

〔註 54〕宋耀良：《中國岩畫考察》，上海：上海人民出版社 2015 年版，第 95 頁。

和腳印之大都遠遠超過了除中心騎手之外的其他形象。為了凸顯時空距離感和空間性，創作者將遠處的手持三角盾、頭戴裝飾品的人物形象繪製的很小，這樣就將虛實、大小之間的關係一目了然地展現在受眾面前。在拉・馬德倫的洞穴中，野牛是整個岩畫的視覺焦點，藝術家已經將人物形象「縮小」而將野牛「故意」放大。又如，雲南滄源崖畫第二地點的村落形象，不管人物、動物還是建築都被放置在由先民主觀設定的線條（地平線）之上，為了突出畫面的視覺焦點——村落，岩畫創作者用一條線將村落包裹在一個圓圈之內，線條包圍著村落，相比其他站立在線條之上的物象，被線條包裹著的村落就成為畫面上的一種視覺引領點。

　　先民運用誇張的手法強調他們心目中最重要的物象。在原始社會裏，建構或創造岩畫形象沒有嚴格的標準，不像今天的繪畫與雕塑藝術那樣，有著嚴格的比例與尺度。在那個時代，先民只是從自己的情感、思維以及宗教巫術觀念出發，對物象進行藝術性的誇張，這種誇張不僅誇張物象的某個局部部位，而且還誇張這個物象在作者心目中的地位。〔註55〕

　　首先，在表現放牧岩畫的題材時，人物形象一般均被創作者縮小了，動物的形象要遠遠大於人物形象，人物形象的結構和外形比較模糊，而岩畫動物形象則十分清晰。如青海舍布齊、內蒙古曼德拉山以及甘肅肅北馬鬃山洛多呼圖克等岩畫點上的岩畫形象，岩畫中的各個形象都被刻繪的十分簡潔，人物相比動物來說較小，動物的比例則被誇大了，特別是動物的肚腹，他們將動物按照一定的秩序和前後空間進行排列，前面的大，後面則小，人物形象比例被縮小，放置在一個邊緣區域，人物的簡約化反而襯托了動物形象的完整性。

　　其次，基於原始巫術對物象的需求。原始人類認為萬事萬物都是由原始巫術（相似律、接觸律、觸染律）和神靈支配的，詹・喬・弗雷澤提出：不管是順勢巫術、模擬巫術還是接觸巫術「都歸於『交感巫術』這個總的名稱之下……他們認為兩者都通過某種神秘的力量形成超距離的相互影響，憑藉著一種我們可視化的力量把一物體的推動力迅速傳給另一物象。〔註56〕原始先民為了獲得

〔註55〕　木青：《中國古代岩畫藝術美》，烏魯木齊：新疆美術攝影出版社 2015 年版，
　　　　　第 73 頁。

〔註56〕　〔英〕J・G・弗雷澤：《金枝：巫術與宗教之研究》，汪培基、徐育新、張澤
　　　　　石譯，汪培基校，北京：商務印書館 2013 年版，第 13 頁。

某個動物或物象，除了在獲取動物之前進行相關的巫術儀式之外，如舞蹈、祭拜儀式以及模擬狩獵等活動，還積極運用交感巫術（相似律和接觸律）對物象施加影響（對動物整體造型誇大），把人自身的巫術情感投射到遙遠的物象上面，誇大物象原有的體形或比例，把這個被誇大的物象放在人的前面，使被誇張化的形體和人對物象的誘發產生關聯，從而在心目中產生一種對物象的控制意識。在岩畫上主要表現為對這一物象進行誇張性的處理，將原來較小的造型誇張為較大或較長，這在國外和國內的南北方各類岩畫題材中均有所呈現。史前先民對最重要的物象進行誇大的行為背後隱藏著某種原始巫術的意義，即祈求野獸興旺繁殖，狩獵豐收。如在土耳其安納托利亞崖壁上的豬形象，畫面有一半以上的畫布面積被一頭肥頭大耳的豬「霸佔」了，這頭豬被創作者安排在畫布的中間位置，由一些非常矮小的人簇擁在其周圍，豬和人的比例完全是不相稱的。顯然，這頭被誇大了的豬形象有可能是安納托利亞地區氏族部落最重要的宗教圖騰崇拜物或者是他們的衣食來源。

再次，在狩獵題材岩畫的表現過程中，原始先民經常將射獵物的形象誇張的很大，因為獵物是他們心中最想要的物象。原始先民在狩獵的時候，對狩獵的物象都是有選擇的，他們將自己的主觀意願摻入到對物象的大小或肥瘦的期望之中。他們一般對物象施加誇張造型手法，在原來形態的基礎上再誇張一倍，使得物象的整體比例遠遠超過現實中對此形象的視覺審視。如在瑪納斯縣塔西河蘇魯薩依的岩畫點上，畫中刻繪了狩獵者正在狩獵的場景，畫面的最右邊有兩隻比例很大的動物在奔跑，而在羊的下面有一個人，比例很小，有羊的四分之一大，正在持弓準備射箭。這幅岩畫中兩隻羊的比例顯然被誇大了，這是因為這兩隻羊在狩獵者的心目中佔有著舉足輕重的地位：它的肉能夠滿足整個族群或家庭的近期食物來源。

岩畫形象還利用誇張的手法凸顯比例大的人物，以凸顯在社會中擁有權力和地位的人。不管在瑞典的波罕斯浪岩畫點〔註57〕，還是在中國廣西的花山岩畫和麻栗坡岩畫點上，均誇大一個或兩個人物形象，這一個或兩個形象占

─────────────────────

〔註57〕這個歐洲的岩畫點，是明天啟七年（1627 年）挪威人彼得・阿爾遜（Peder Alfsson）發現的。這個發現開啟了世界岩畫研究的「大門」，波罕斯浪（Bohuslan）位於瑞典的西南海岸，是瑞典最美的風景區。這裡的岩畫內容主要是一些體格健壯的戰士，體形被誇張了的牛、船以及一些宗教儀式活動。主要造型手法是簡約、平面、剪影式的形象，人體被誇張成幾何形，頭小，身軀長而又大。

整個畫面面積一半以上，「這可能是表現某種權利的轉移，新的領導者掌握了原先的秩序。」〔註58〕這種被誇大的人物形象「體現某種空幻的或象徵的因素。」〔註59〕在廣西左江花山岩畫中，有一位身軀高大、頭頂崇拜物象、膝蓋下彎成半蹲式、身背腰刀、腳踩一隻動物的正面人像處於畫面的中心位置，周圍則由一些正面的或側身矮小的人物形象簇擁著他，這些矮小的人物形象在這裡只用於陪襯這個「大人物」。這類被誇大有權利地位的大人物形象一般被放置在中間，比例高大，且身上具有著多元的裝飾性因素，他們在原始先民心目中是高大的，且具有宗教化崇拜意味，在一定程度上反映了原始先民在祭祀過程中的恭敬虔誠心理和強烈的主觀功利因素。筆者認為他應該是一個氏族部落的巫覡或者氏族的祖先神，氏族成員認為他能通天地神靈，並集整個權利於一身。又如，雲南麻栗坡岩畫點上的兩個巨大的祖先神的圖像。整個人物的頭部圖像被作者誇張到約占整個身體的三分之一，兩個人像身高 280 釐米，寬 75 釐米，目視前方，雙臂微曲，雙腿微微分開，呈舞蹈狀，整齊列為一排，以凸顯這兩個人像在整個氏族與部落中的社會地位。在其周圍有一些小的物象，遠遠的看過去，中間的兩個「大人物」是非常醒目的，顯然這是經誇大而成。史前先民故意誇大了這兩個巨大人物形象在整個畫面中所佔有的面積以及形象的大小。兩個巨大的人物圖像均是被先民所崇拜的男女祖先神，兩個祖先神的圖像中還內蘊了女媧等一些宗教神話的象徵意義。正像古埃及或者古代貝擴文化中的塑像那樣，他們更多的將深奧的敬神內容賦予這類被誇大的人物之上，他們認為這些被誇大的祖先神圖像可以保佑世間萬事萬物的平安，同時，這種對於祖神的崇拜充分反映出原始先民對大人物頂禮膜拜的尊奉。

先民在狩獵岩畫中運用誇張以突出主體形象。在中國南北方岩畫中，特別是一些北方的狩獵岩畫中，誇張並突出主體形象成為每一幅作品首當其衝的造型方法，「凡是他們認為重要的物象都被放大、誇張，使其在岩畫的畫面上佔據突出和醒目的位置。」〔註60〕他們故意誇張畫面中狩獵主體的面積或者整個體形，這種造像方法能最大限度地凸顯原始獵人想要索取的東西。

〔註58〕陳兆復、邢璉：《外國岩畫發現史》，上海：上海人民出版社 1993 年版，第 96 頁。

〔註59〕陳兆復、邢璉：《外國岩畫發現史》，上海：上海人民出版社 1993 年版，第 97 頁。

〔註60〕戶曉輝：《中國人審美心理的發生學研究》，北京：中國社會科學出版社 2003 年版，第 101 頁。

對於誇張後的物象，先民憑藉著線條、大小、前後、輪廓以及細緻程度等因素去展現他們內在的精神期盼，特別是誇張並突出前面物象與後面形象比例的不同。如將懷孕的母鹿的形體進行誇張，使得母鹿的形象所佔有的畫面面積要遠遠大於兩狩獵者的總佔有面積，且母鹿被雕刻者刻繪的非常肥大。誇張野牛，就將野牛的基本特徵保留住，對整個野牛的體態、身姿進行誇張，使得野牛造型在整個畫面上比較凸顯。如利用物象所在的位置和自身呈現的姿勢對猛虎進行誇張，先民在誇張整個主體形象大小的基礎上，對主體物象在畫面中的位置和姿勢進行誇張，保證對象在畫面最顯著的地方，以強化猛虎兇猛威儀的動態姿勢。相反地，狩獵者往往被創作者縮小到極致。這樣，憑藉誇張的造型方法，原始先民凸顯了生命的力量和畫面形象造型的節奏性，更體現和烘托出原始岩畫中豐富的想像力和神秘的意蘊氛圍。如寧夏石嘴市白笈溝上田村東洞窟內岩畫《賽馬》，創作者將對象自身所獨有的一些特徵進行誇大，這些被誇大的細節是對物象整體造型的聯想和想像，是和創作者的想像力融合在一起的，創作者通過畫面來彰顯馬的細長軀體以及騎馬者擁有的自由自在、無拘無束的情感愉悅。又如一幅青海省海北藏族自治州剛察縣舍布齊溝岩畫《獵野牛》。畫中描繪了一個人騎著動物並手持弓箭對準一頭野牛蓄勢待發的場景，岩畫中較肥大的野牛形象就是先民想要突出的形象，牛的形象被創作者「有意識」的誇張以突出牛的肥胖和敦實的視覺效果，進而誇大野牛自身的力量。〔註61〕在畫面中，牛在前方，射獵人在後方，視覺形象與牛相比較小，在畫中的動物和人物狩獵行為均經過了誇張或者按一定的大小進行有秩序地排列。箭頭射向的方向是被誇大的野牛形象，也是我們視覺的重點位置，箭頭把我們的視線引向又大又胖的野牛，從而使得野牛形態在整個畫面中顯得突出而醒目。

　　在中國南北方狩獵岩畫中，誇張動物的造型就是寄託原始人類對物象的崇拜和感激之情。在原始社會裏，「人們在各種動物的包圍之中，靠獵獲野獸生活，又時刻受到野獸的威脅，人們對野獸的祈求、佔有、敬畏等矛盾心理交織在一起，野獸的形象充滿人們的頭腦，」〔註62〕一些創作者突出他們認為是重要的動物或其局部，在這種無意識、不自覺的思維下所進行的藝術創作

〔註61〕〔波蘭〕安傑伊・羅茲瓦多夫斯基：《穿越時光的符號——中亞岩畫解讀》，肖小勇譯，北京：商務印書館2019年版，第52頁。

〔註62〕《中國美術分類全集》編委會：《中國岩畫全集》（西部岩畫1），瀋陽：遼寧美術出版社2006年版，第14頁。

都會形成對某個動物形象的誇張，這種誇張帶有某種情感與圖騰崇拜的色彩，畢竟動物在原始社會時期是先民的重要生活資料，或是他們整個氏族所崇拜的圖騰，在他們心目中，誇張動物就是尊崇或感激動物。這種誇張「其實是人的力量被誇張，人們將所欲控制的動物在岩畫中誇張，藉此可以將它從一般動物形象中突出出來，由此達到對它的控制。」〔註63〕在新疆阿勒泰地區的《孕牛圖》岩畫（圖63），岩石上面劃刻了一頭被創作者誇大了的一頭懷孕待產的牛，在其邊上有幾頭被縮小的小牛。前面這頭牛和邊上的幾頭在比例上明顯差別很大，從前面到最後面的動物造型不得不說有一種空間意味。但在這裡，筆者認為這可能象徵著母牛將要產下的小牛犢的形象，創作者運用誇張的方法去歌頌、祈禱懷孕的牛能夠生出更多的牛，同時，也反映了史前人類對於生殖繁衍後代的強烈渴望。又如在賀蘭山大西峰溝的群虎圖和廣西扶綏縣岜來山的兩幅岩畫，都對老虎和舞蹈人物整體比例進行誇張，特別是誇張老虎身上的紋飾、老虎肥碩的身材以及張口獠牙，以致於老虎的整體比例遠遠大於狩獵者，充分反映出北方游牧民族對老虎的崇拜性。

圖 63：新疆阿勒泰岩畫

來源：《中國美術分類全集》編委會：《中國岩畫全集》（西部岩畫 2），
　　　瀋陽：遼寧美術出版社 2006 年版。

〔註63〕熊真：中國岩畫的審美特徵與原始思維，〔碩士學位論文〕〔D〕，武漢：華中
　　　師範大學，2008 年 5 月，第 21 頁。

　　岩畫藝術家將這類被誇大或縮小的物象安置在畫面上並形成了一種主次或賓主關係。隨著原始社會的不斷發展，人類與自然界之間的鬥爭也在不斷增強，人類將擬人化（anthropomorph）的人格神作為自我物質需求實現的媒介，通過岩畫物象的主與次的秩序來達到對於原始物象形態的崇拜。在陰山岩畫中，「陰山先民對生活的美好願望與自然界不能給予滿足的矛盾是原始宗教產生的前提。各種崇拜是圍繞著這一基本矛盾來進行的，置於崇拜對象的主次，則以被崇拜對象在人們生活中的大小為轉移。」〔註64〕史前先民往往將比較顯著的物象造型繪製在主要的視覺中心位置上，例如巫師、某個動物以及首領等形象，這些造型顯然都被先民「有意」誇張了。而除了以上的形象之外，其餘形象則處於從屬地位。這些被誇大和縮小的形體大都是經過藝術簡化處理，也受到當時社會中的原始思維、藝術審美、岩畫功能的制約，以期在視覺秩序上達成物象的主次關係。這樣的岩畫塑造不但在中國大量存在，在國外也頻繁出現。如在烏茲別克斯坦薩爾米什（Sarmish）〔註65〕河谷的獵手射野牛的岩刻，弓箭手瞄準野牛的形象特別多，而這些形象大致呈一個塑造模式：岩畫創作者把野牛的體積誇張的巨大，並放置在畫面的視覺中心點，被誇張的野牛體形比狩獵者的體形大很多倍，甚至完全不在一個量級上，以此來凸顯野牛和狩獵者在畫面中的主次關係。觀看這樣的主次關係圖像時，觀眾的視線將隨著圖像被誇張程度的強弱而進行由點到面的移動，也就是以一個物象為主要引領點，後面的次要部分均是以面呈現，但在觀看下方圖像的時候，受眾的視線又被中心體形較大的圖像所吸引。如一幅甘肅肅北蒙古族自治縣別蓋鄉大黑溝岩畫《梅花鹿與樹木》（圖64），史前先民在表現樹木的時候經常使用三角形或圓弧線形狀，這幅畫面中有一棵用圓弧線繪製的樹，在樹的旁邊有一隻較小體積的鹿在吃草，樹的形象被誇大，而鹿的形象被縮小。又如一幅青海省海北藏族自治州剛察縣舍布齊溝岩畫《獵野牛》，畫面將肥碩的野牛放置在畫面的視覺中心位置，這種將主要形象放置在顯要位置的做法，是要凸顯肥碩的野牛作為原始狩獵者射獵成功的引爆點，也就是說，被誇張的野牛作為主要的物象予以呈現，而其周圍的形象都處於次要的位置。在畫面中，作為陪襯的人物被縮小了，野牛的形象被創作者誇張了，

〔註64〕蓋山林：《陰山岩畫》，北京：文物出版社1986年版，第372頁。

〔註65〕〔波蘭〕安傑伊‧羅茲瓦多夫斯基：《穿越時光的符號──中亞岩畫解讀》，
　　　　肖小勇譯，北京：商務印書館2019年版，第14頁。

由於在史前人類看來，這種物象的「大」是有力量的，因而在一些畫面中的一些首領和巫師就被作了誇大化的藝術處理。

圖 64：甘肅大黑溝岩畫

來源：《中國美術分類全集》編委會：《中國岩畫全集》（西部岩畫 1），
瀋陽：遼寧美術出版社 2006 年版。

原始先民在岩畫中誇張了物象的行為姿勢。誇張物象的行為姿勢有利於展示物象內在旺盛的生命力，更有利於體現原始社會的人文生活狀態。在原始岩畫中，一些岩畫作者為了凸顯物象旺盛的生命力，為了明確或直接地突出物象的內在造型，會對物象的行為姿勢進行極度的誇張。這種誇張已經遠遠超過這個物象自身的生理結構所承受的限度了，他們誇張這些物象的行為姿勢是要體現物象自身的生活習性或生活習俗。有的先民誇張馬的奔跑姿勢，使馬的後腿與地面幾乎平行，就像馬用後腿坐在草原上一樣，這是為了凸顯駿馬的飛快和先民在草原上無拘無束的生活方式。還有的創作者在描述舞球的時候，將人物的雙臂向一邊彎曲，手裏還有一個很大的球體，雙臂的彎曲度已經超越了自身生理所具有的限度。如在內蒙古夏勒口的一幅岩畫《追羊圖》（圖 65），畫面描述了一個奔跑的人正在追逐羊的剎那間。作者在描繪狩獵人的時候，有意誇張了人的奔跑姿勢，整個人物雙腿邁開的步伐呈現為拱形結構，跨度甚大，而且整個上身使勁的前傾，似乎這個人物就要歪倒了一樣。

圖 65：內蒙古達爾罕茂明安聯合旗夏勒口岩畫

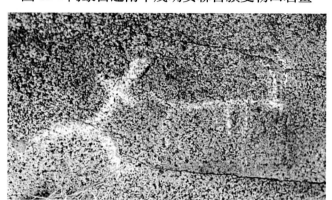

來源：《中國美術分類全集》編委會：《中國岩畫全集》（北部岩畫），瀋陽：遼寧
美術出版社 2006 年版。

　　中國史前狩獵岩畫重視對岩畫形象的誇大處理，這從物理的視覺角度凸顯
了先民對於「大」的思想的審美觀照。在大麥地岩畫、且末縣崑崙山手印岩刻
以及原始狩獵岩畫中，畫面中總有一個圖像被誇張的很大，這一個圖像所佔的
面積遠遠超過其他物象的面積總和，先民在岩畫的畫面之中將主體造型誇大，
從物理量的視覺角度凸顯了先民「以大為美」的審美視覺觀照。在原始社會裏，
原始先民經常受到來自不同種類的野獸的襲擾與威脅，他們對野獸的佔有、畏
懼和祈求的矛盾心理時常交織在一起，這就使得野獸的形象在人腦中佔據著重
要的位置。史前先民認為重要的物象就應該是視覺顯眼的、高大的和突出的。
這種誇大的目的就在於凸顯原始先民對此物的精神寄託。他們在畫面中放置一
個被誇大的物象，有時是整個的人或者人的局部，如生殖器、頭飾或物象崇拜，
更多的則是動物。這一般表示神秘而又強大的力量根植於此物，以反映原始先
民對高大形象的崇拜和敬畏之心，他們「也以大的形象象徵了與之相對應的力
量，並表現出人們對此力量的傾慕。」〔註66〕這體現了「以大為美」的重要美
學原則。「大」代表著力量，「大」更象徵著權威。大的物象型體顯得突出和醒
目，從而給我們一種崇高和膨脹的心理感受。在寧夏中衛北山、新源縣則克臺
鎮洪沙爾溝、新疆巴爾魯克山冬牧場哈因溝以及非洲地區大野牛時期的狩獵岩
畫，原始先民均是凸顯動物形象之「大」，以反映創作者對於動物情感的傾訴和
崇拜之情。這種「大」彰顯了原始先民在心中對現實物象的物理比例進行加工

〔註66〕朱志榮、朱媛著：《中國審美意識通史》（史前卷），北京：人民出版社 2017
　　　　年版，第 203 頁。

考量，並營造出一種更富有強烈視覺效果的審美意象，使得宗教巫術的神秘性和審美的趣味性融為一體。例如先民在岩石上刻繪牛時，往往誇大牛頭或牛角以及突出其笨重的身體，動物的身體大於狩獵者的身體多倍，明顯超出了原始動物原有的正常身體比例。在刻繪鹿的時候，將鹿的角進行誇大處理，並在一定程度上運用纖細和輕盈的曲線去勾勒鹿的矯健身軀。在陰山岩畫中，先民為了表現生殖崇拜和對獵物獲取的強烈渴望，故意誇大男性生殖器和動物形象，凸顯對於繁衍後代和食物需求的強烈渴望。在非洲大野牛時期，原始先民用比較寫實性的造型語言，將一個七八米〔註67〕的視覺動物圖像以單體的形式刻繪在岩石上，這不得不引起人們的驚歎！總之，原始先民誇張物象之「大」來呈現他們自身的審美訴求，「大」就代表了他們對物質和精神的訴求，「大」也象徵著原始先民對於物象的重視，他們強調「大」的物象在整個氏族部落中的宗教和政治地位。如一幅青海省海北藏族自治州剛察縣舍布齊溝岩畫《獵野牛》（圖66），畫面中野牛的形象被放大且凸顯出一種巨大的視覺衝擊力，碩大的野牛形象清晰地反映了作者對現實野牛體型敦實的深刻體悟，他們對經過視覺和心理加工後的野牛體形進行誇大處理，去呈現他們心理世界中「大」且較為震撼的物象。創作者將牛放在視覺的中心點，用牛的敦實感營造出一種壓抑和具有強烈衝擊效果的視覺性，寄託著原始先民對於獵物獲取的渴望之情，蘊含著濃烈的功利性目的。

圖66：青海舍布齊岩畫

來源：《中國美術分類全集》編委會：《中國岩畫全集》（西部岩畫1），瀋陽：遼寧美術出版社2006年版。

〔註67〕牛克誠：《原始美術》，北京：中國人民大學出版社2004年版，第115頁。

總之，誇張物象的外形和特徵是中國史前先民在主觀符合客觀的基礎上而自行建構的一種藝術造型語言，他們不但將岩畫的形象生動地展現給受眾，而且還運用誇張的藝術特徵將自身質樸、拙笨、鮮活的生命精神酣暢淋漓地塑寫在岩石表面上，把宗教的巫術內涵和原始的審美情感較好地糅合在一起，通過自己的聯想和想像並對事物外形進行超現實歸納，使得這種造型符合創作者的內在視像。因此，每一個物象都是先民自身情感生命的閃光點，每一幅岩畫都凝聚著先民對現實物象功能性的體悟和宗教性的精神訴求。每一個經過先民誇大、縮小的物象都是先民主體以心映物、以心寫物的瞬間體悟活動，他們從現實物象中提取具有物象特徵的形式，以及對比、虛實、造像視角等元素，憑藉著對物象的感悟動情和聯想，昇華自我的審美價值判斷，通過遙感巫術將這種渴求幻化為「現實」，從而建構出一整套體現先民自我意志、抒發情感活動、凌駕於客體物象之上的物態化造型。這種誇張在很大一部分上是對物象精神世界的宗教探知和重構，是對原始社會自身所隱匿的主次秩序的一種外在體現和試探，它超越了一切既有的感性物質形象，將現實中的物象主觀地誇大或者縮小，並創造性的生成了表現自我的某種宗教願景，從而給我們呈現了一個驚心動魄、內涵豐富、筆簡意豐的原始宗教巫術情境。

三、幾何化

幾何化的造型手法是原始先民對物象的高度歸納和概括，體現了高超的繪畫技能和概括能力，它也是先民將大自然中的物象經過大腦的理性處理和審美再創造之後的結果。這種幾何化的造型方法又稱為「X光線風格」。〔註68〕它是對物象進行有序地組織和整理之後而形成的簡略幾何圖像，更是史前先民對整體物象外形和內在結構的概略性縱覽。其表現特徵為：先民將每一個物象的外形輪廓刻畫成直角形或者尖角，身軀的每一個部位都由不同的幾何形來構成。動物的臀部使用一條直線表徵，雙腿底端不封閉，整個身軀使用一個比較完整的幾何形態呈現。它們有的是「有規則的，也有不規則的。規則的幾何紋樣有圓圈、旋渦紋、方格紋、菱形紋、波折紋、卍字形、三角形、倒三角形等等，

〔註68〕陳兆復、邢璉：《外國岩畫發現史》，上海：上海人民出版社1993年版，第357頁。這種風格主要發現在南美印第安人和澳大利亞阿納姆高地的奧恩庇里。先民用細密的直線對物象的內在結構進行分割，對物象的內在結構重新解構和組合，儘量用這種帶有幾何性的藝術方法將物象的內臟和骨骼一一描繪出來，形成一種透視的視覺效果。

同青海馬家窯文化彩陶上的紋飾和符號比鉸，有相同和相似之處。」〔註69〕這類幾何形態在西藏日土縣的任姆棟、陰山、崑崙山、蒙古高原以及西伯利亞等岩畫點比較常見。他們用不同形態的線對物象內部結構進行主觀的分割和重構，形成了不同幾何造型形式的透視圖。從某種程度上來說，先民們將現實物象幾何圖形化了。這些幾何形態以少象多，以象寫意，以幾何抽象化的形式去概括不同的現實物象，以此憑籍著各種幾何化的造像來彰顯原始世界中豐富的物象與情感世界。創作者掙脫了現實時空、歷史事實的羈絆，馳聘想像，虛實相生、上天入地，從而創造了一個又一個的造型簡潔、剛健柔和、生動活潑、筆簡意厚並與受眾產生共鳴的經典視覺符號，這種幾何造型在某種意義上來說，是物象的靈魂通過簡約的幾何造型形式的直接呈現，從而使得這些幾何符號對我們研究人類早期的審美意識有著重要的現實意義。我們通過這種幾何化的塑形方法可以把特定的岩畫風格與某一個文化直接聯繫起來，在研究中努力還原史前社會的真實面貌，這在另一個視角上反映了原始先民樸素而又質樸的精神追求和富有內蘊色彩的生命意識。

中國史前岩畫造像中的幾何抽象形態可以分為圓形、半圓、三角形、梯形、橢圓形、開角符號、長方形以及其他幾何形態。〔註70〕大多數的幾何抽象形態均來自於先民對現實物象的高度歸納和總結。一類是自然的形態，它是在原始的寫實繪畫基礎上進一步幻化而成的。先民們所描繪的這些形態大多數來源於現實物象，他們對這些形態擁有一定的認識和審美價值。這些自然形態都是人們所崇拜、所幻想的內容。這種對自然形態的圖騰描繪，是原始先民遵循著從模擬到超模擬、從寫實到寫意的演化路徑刻繪而成。另一類則是基於現實物象的形式而進行的數學比例化，「但它卻不等於現實中某一具體事物，正如馬的概念來自現實中的馬，卻不是現實中某一匹馬。」〔註71〕以上的兩類幾何形態遍布在史前岩畫的不同母題之中。同時，這些岩畫形象也通過這些具有意味化的幾何形態去呈現自身所具有的審美和象徵意義。

圓形幾何形態多取自太陽、月亮以及水波，原始先民看到從圓心到圓周所

〔註69〕蓋山林：《中國岩畫學》，北京：書目文獻出版社 1995 年版，第 261 頁。

〔註70〕這些幾何符號形態中的三角形、圓形被早期岩畫研究者、法國考古學家亨利・步日耶界定為女陰符號，認為是原始人祈求繁衍後代的一種象徵符號。後來勒魯瓦・古朗將這些不同的幾何造型都界定為女陰符號。

〔註71〕陳望衡：《文明前的「文明」——中華史前審美意識研究》（上），北京：人民出版社 2017 年版，第 34 頁。

構成的最為均勻和最有秩序感的審美運動特性時，聯想到了生命精神的永恆，便用這種幾何形態去表現宇宙的無限和對神靈的敬仰。古人認為：「頡首四目，通於神明，仰觀奎星圓曲之勢，俯察龜文鳥跡之象，博採眾美，合而為字。」〔註72〕錢鍾書也曾經說過：「希臘哲人言形體，以圓為貴。畢達哥拉斯謂立體中最美者為球。平面中最美者為圈。竊嘗謂形之渾簡完備者，無過於圓。吾國先哲言道體道妙，亦以圓為象。《易》曰：『蓍之德，圓而神。』」〔註73〕圓圈在古人眼裏最具有概括性，也是最美的，他們將一些物象的外形和內在結構歸納為圓形，並利用圓形去塑造他們心中意象的造型，凸顯了史前人類社會對於自身生活觀念的哲學詮釋，用圓形去呈現中國古人的「天圓地方」宇宙觀。如在雲南滄源洋德海一號崖畫點的《五人圈舞》（圖67），五個人圍繞一個圓圈，這五人的動作都具有相似性，均站立並搖擺身姿，以圓圈為中心，但儘量避免圖像的單調，圓圈有虛有實，虛實結合，高低起伏，形成了統一的排列和變化。

圖67：雲南省滄源佤族自治縣洋德海 I 號岩畫

來源：《中國美術分類全集》編委會：《中國岩畫全集》（南部岩畫2），瀋陽：遼寧
美術出版社 2006 年版。

三角形的幾何形態在史前岩畫中經常出現，如連雲港將軍崖岩畫、雲南滄源岩畫以及北方的人面像岩畫。先民一般運用直線對物象進行概括和圍合，

〔註72〕（唐）張彥遠著，范祥雍點校：《法書要錄》（卷七），北京：人民美術出版社
1984 年版，第 225 頁。

〔註73〕錢鍾書著，舒展選編：《錢鍾書論學文選》（第一卷），廣州：花城出版社 1990
年版，第 45 頁。

很少使用曲線，這類形態一般呈現出較細長的造型形式。如滄源岩畫中的人物軀體就被從肩部到臀部，整體的概括成細長的三角形，上寬下尖，呈現了一種不穩定性。而為了獲得圖像的穩定性，人物的雙腿往往是叉開的，這叉開的腿又形成了上尖下寬的三角結構骨架。值得一提的是，頭部也由一個三角形直插入下面的大三角形呈現，「整個畫面大三角形是動的，人物的小三角形是靜的，在動中有靜，因而我們感到動盪中人物顯得端莊而有分量，構圖突破了一般而有特色。」〔註74〕先民通過運用感性和抽象的線條將不同的現實物象繪製為不同形式的載體，用這些幾何圖像來表達某種不為人知的宗教觀念。

　　長方形在史前岩畫形象的塑形過程中也比較常見。在貴州牛角井白岩腳的人物圖中，此人雙手上舉，正在試圖與上天溝通。在人物的軀體內，作者用短而粗的橫線將軀體分成幾個小長方形，造型簡潔而又明快。史前先民往往使用直線或曲線在物象形體內與外構築長方形，面積一般較小，用以表現物象的內部結構。他們使用大小不一的長方形對物象的形體進行填充或分割，從而形成具有幾何形態的造型式樣。有的長方形直接被先民塑造為物象形體，也有的使用較粗的線條來表徵，具有柔性感的長方形則由曲線製作而成。如西藏任姆棟的老虎造型（圖68），整個老虎形象為站姿，老虎的外在造型和內在結構均使用相對較直的線條勾勒，老虎的外面輪廓和內在結構均呈現為大小不一的長方形，整體造型明快且具有理性化。

圖68：西藏日土縣任姆棟岩畫

來源：《中國美術分類全集》編委會：《中國岩畫全集》（西部岩畫2），瀋陽：遼寧美術出版社2006年版。

〔註74〕姜今：《畫境：中國畫構圖研究》，長沙：湖南美術出版社1982年版，第7頁。

　　原始先民熱衷於對岩畫形象進行幾何化的抽象造像，彰顯了古人對幾何型制的偏愛。德國心理學家 W‧沃林格在《抽象與移情──對藝術風格的心理學研究》一書中認為：「原始藝術本能是把純粹的抽象作為在迷惘和不確定的世界萬物中獲得慰藉的唯一可能去追求的，而且原始藝術本能用直覺的必然性從自身出發創造了那種幾何抽象，這種幾何抽象是人類唯一可及的對從世界萬物的偶然性和時間性中所得解放的完滿表達。」〔註 75〕從沃林格的言語中，我們得知，幾何在史前社會的形象塑形過程中佔有重要地位，幾何化可以詮釋為先民的眼睛在內視情況下對所看到現實物象的外在形狀所作的總概括，更是「薩滿看到的幻象，……這些符號代表了大千世界中的陰陽兩性（比如圓形符號代表陰性，角狀符號代表陽性），……這一理論甚至被延展到了動物身上：人們認為不同種類的動物也有陰性和陽性之分。」〔註 76〕在遙遠的史前社會，幾何圖像是他們刻繪在岩石上最多的圖案。在連雲港將軍崖的幾何人面像和雲南滄源岩畫中的人物形象都將人物的臉和軀體進行幾何化，將人面和軀體刻繪成由三角形、菱形、網格紋、圓圈等幾何形組成的形象，每一個幾何形象都形成了比較嚴肅、有秩序性的視覺圖像。這類幾何形是經過對物象的高度概括和歸納而延伸出來的，即將物象的外在形態抽象地幻化為幾何形，如正方形、三角形、梯形、漩渦紋、菱形紋、網格紋以及其他的幾何元素。這些幾何紋均大多由「動物形象的寫實而逐漸變為抽象化、符號化的。」〔註 77〕先民脫離了原有的物象，對其造型、形式、內涵等多方面進行抽象。如西藏班戈縣的《獵犛牛》（圖 69），畫中的犛牛造型被先民幾何抽象化了，在畫中，創作者對犛牛進行線條的勾勒，依據幾何化的形態對其進行變化，將現實物象中的曲線取直或者刪減，以線圍合成幾何形狀，以幾何化的形態對其進行概括。在最右側的犛牛，整個身軀由直線構成，直線又演化成一個三角形和一個梯形，也就是說，一頭犛牛由兩個線性的幾何體創構而成，而最左邊的犛牛，整個身軀被創作者使用直線刻繪為幾何化的實體，直線遍布在整個動物軀體之上，軀體整體上呈現為線性幾何形。從這個例子中，

〔註 75〕〔民主德國〕W‧沃林格：《抽象與移情──對對藝術風格的心理學研究》，王才勇譯，瀋陽：遼寧人民出版社 1987 年版，第 42 頁。

〔註 76〕〔加〕吉納維芙‧馮‧佩金格爾：《符號偵探：解密人類最古老的象徵符號》，北京：北京聯合出版公司 2019 年版，第 189～190 頁。

〔註 77〕李澤厚：《美的歷程》，北京：生活‧讀書‧新知三聯書店 2009 年版，第 17 頁。

我們清晰的發現，先民用線條在塑造物象的外形和結構時，不僅積極利用曲線對物象進行描摹，而且使用線條構成各種各樣的幾何形態來表現物象，他們利用線條將主體對物象的感受勾勒成幾何形，它既彰顯了線條勾勒物象外形所帶來的審美感受，又表達了先民在內視處理物象之後所進行的抽象幾何形塑造時的穎悟。

圖 69：西藏班戈縣其多山洞穴岩畫

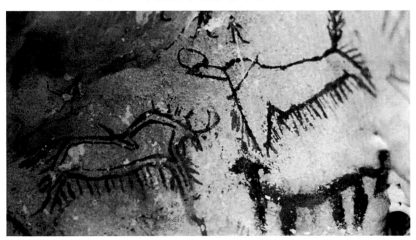

來源：《中國美術分類全集》編委會：《中國岩畫全集》（西部岩畫 2），
瀋陽：遼寧美術出版社 2006 年版。

我們從格爾敖包溝、烏海苦菜溝、桌子山苕燒溝、托林溝等岩畫點的太陽神人面像中得知，這些岩畫點的大多數太陽神人面像中的線條均被幾何抽象化了，它們均是經過原始先民對物象的高度概括和歸納後所形成的一種心理實體化的平面符號，他們從現實物象中提煉幾何造型或在閑暇時間去臆想一些幾何化形態。先民使用重圈紋、同心圓、不規則形、凹形、皿字形以及十字形去刻繪人面像的五官，運用線條對物象進行有秩序地、有目的的分割和解構，每一張臉部的五官均呈現為高度抽象化的幾何造型。此外，再將一些多餘的線條高度抽象化，把對象意象概括成具有抽象化的幾何形態或結構，似像非像。有的岩畫創作者將太陽神人面五官刻繪成幾個圓圈相互疊壓，中間的兩個眼睛用兩個圓圈表示，還有的將五官進行圖案化處理，突出三角形的鼻子或眼睛與臉部的皺紋，更有甚者，使用幾條線在面部自由的書寫。從外面的射線到面部形態，每一處只要存在線的地方均被抽象成不同的幾何形態。

　　史前先民利用幾何圖形對人面進行審美重構與再造，並傳遞出一種巫術崇拜觀念。人類從觀物取象中培養出來的對形體敏銳的感受力和審美鑒賞力，不僅在不同階段的生產生活中得到提升和完善，而且先民主動打破現實人面像自身的規制，以現實人面作為基礎，將人面形態主觀地概括成純粹的幾何形式，有圓形、菱形、三角形、橢圓形、方形以及由圓圈相互疊加數層而形成的面部輪廓，他們試圖突破原有的巫覡、首領以及英雄的現實面目，將原來現實面部五官中的眼睛形態演變為圓圈、雙圈紋或者半圓，鼻子被抽象成三角形、點或橫線，嘴巴則抽象成「皿」、圓圈、長方形、三角形、橢圓形等形態或簡單的線條組合等。而且，古代創作者也將不同空間中的幾何形態共同放置在一個畫面中。如臉部是正面的，可是鼻子、眉毛以及眼睛是四分之三側的，有的將鼻子、眼睛幻化成三個圓，眼睛是朝前看的，鼻子朝右邊方向，而嘴巴則扭向了左邊。還有的太陽神人面像如托林溝的岩畫，創作者用皺紋紋飾創構了一個具有可塑性的三角形構圖空間，而這個三角形的空間正是正面鼻子所在的位置。左邊的皺紋紋飾變短，好似讓頭部向後轉，而右邊的皺紋紋飾又很長，不管左邊還是右邊的皺紋線條均指向下面，嘴巴確是一個歪斜的狀態。顯然，每一個幾何紋飾都保持著統一與變化、粗細與疏密、節奏與韻律以及嚴整與流暢的形式美特點。這些幾何化的造型都是現實物象在藝術家心中審美感受的體現，他們憑藉著不同的幾何形狀對物象進行抽象再造，用最簡潔的幾何造型來代替原有比較複雜的造型形態，拋棄現實物象形成主觀視像。同時，按照形式美規律，對造型賦予更加符合視覺要求的造型式樣。當然，這裡面也摻雜著宗教巫術因素。在一定程度上，他們完全模擬了現實中的人物形象的姿態，從而形成了層次豐富、視覺力均衡、人面像主體特點突出的視覺畫面。人面像中的幾何造型都已經不是對現實物象的寫實，而是對物象高度抽象的結果，它們「可以算作是另外一種指示符號，一種間接指向其代表內涵的符號。」〔註78〕可以說這些被先民重構了的幾何化符號不直接代表著人面像自身，而是史前先民運用較強的抽象思維在人面像和幾何符號之間建構的一種屬於史前先民的間接巫術信仰。它擺脫了外在世界的現實化關聯，形成了基於現實物象，而高於現實物象的意象幾何造型。以幾何形態來彰顯先民對宗教巫術的高度崇拜。這就打破了原有的面部形態，而重新

〔註78〕〔加〕吉納維芙・馮・佩金格爾：《符號偵探：解密人類最古老的象徵符號》，
　　　　北京：北京聯合出版公司 2019 年版，第 224 頁。

構成了一種基於幾何抽象藝術風尚的、有情感、有人格品質的並注入形式美規律的生命形態。

　　先民憑藉簡化的方法將物象高度概括成幾何造型。史前岩畫創作者倡導要對現實物象中的基本結構進行提取並形成簡約化的幾何造型，對物象的內外結構進行高度的省略，以平塗和線條勾勒法對物象進行平面化的二維剪影表現，就像一張紙剪成一個造型貼在上面一樣。這些物象大多都呈現方形、圓形、梯形或者三角等不同形態，他們通過這些被高度簡化了的圖像來表達自己所觀察之物的外在形態和內在審美情趣，從而使得這些幾何形態被創構成帶有人工審美意味的符號。在北方岩畫中，如內蒙古、陰山、賀蘭山等地，原始先民都把動物的輪廓簡化成幾何形，「動物的背部線條是一條直線，臀部是齊的，腿也刻成垂直的，……背部、前腿和後腿用一根線表示，結果使形體變成了彼此同心、互相重疊的兩個『∏』形。」〔註79〕在南方，如雲南滄源岩畫中高度簡約的幾何舞蹈造型，人物軀體均被史前先民簡化成三角形或者梯形，軀體平塗，兩腿雙線勾勒。由於這些幾何符號直接指向的是原始社會中的現實造型，憑藉著先民對現實造型的抽象概括和構思能力，它們可以幫助先民模擬現實中的具體物象，在客觀物象與反映它的幾何符號之間架構起一種間接性的物象對應關係。〔註80〕如（圖70）元江它克岩畫群中的一個單元岩畫《蛙人》，以一個蛙人為例，整個蛙人在造型上呈現幾何型制，整個造型被簡約成七個平面虛實空間，畫面上省略了軀體的大量詳實細節。人物主體運用線條勾勒並將大腿和肩部連接起來，構成軀幹的線條有三條，中間的稍粗，富有變化，兩邊稍細，三條線上部稍寬，下面向內靠攏，整體接近三角形。人物的肩部用一根直線繪製而成，忽略了肩部的細節部分，手臂和肩部呈90度，兩手向上舉呈平行狀。頭部由一圓形建構而成，頭部和兩手在一條線上，肩部、頭、手被概括成長方形。兩腿呈現方形，大腿和小腿之間形成的夾角是90度，兩個小腿向內靠攏。「這種不受經驗制約的簡單性的心理要求，以及對生成的遠離自然的簡化形象和再模仿，強化了幾何紋樣的更加自由化，並產生了對稱規則的再生形狀。」〔註81〕新疆崑崙山的岩畫幾乎都具有

〔註79〕蓋山林：《中國岩畫學》，北京：書目文獻出版社1995年版，第241頁。

〔註80〕〔加〕吉納維芙・馮・佩金格爾：《符號偵探：解密人類最古老的象徵符號》，北京：北京聯合出版公司2019年版，第217頁。

〔註81〕王剛、趙丁丁：《變異種的早期紋樣》，《圖案》（第十四輯），輕工業出版社1991年版，第55頁。

幾何化的造型形態，它們都被先民由原來的有機造型概括成幾何型制：「圓圈、漩渦紋、方格紋、菱形紋、波折紋、卍字紋、三角形等等。」〔註82〕在新疆呼圖壁康家石門子溝的岩畫上，畫面上大多數的女性被創作者處理成三角形和橢圓形。正面的女性胯骨和腿部被簡化抽象成菱形結構，側面的女性軀幹被處理成三角形，腿部以線的形態呈現，顯然，這些女性被創作者賦予一種人口繁衍和發展氏族的重任。在內蒙古區域的孟根布拉格蘇木蘇海塞岩畫點上，有一幅圖案化的女性人物，圖中的人物被創作者高度簡化抽象成大大小小的三角形和矩形，人物頭部濃縮抽象為一個圓圈，五官省略，用一個點來表示內部結構，在圓圈外附加1～5條輻射短線。這種簡約性的幾何造型顯然是史前先民獨具匠心的傑作，是對女形陰戶的一種指向，也是對女陰整體外形的象形幾何化概括。整個內外造型經過三角形的高度概括和抽象處理，賦予這種幾何造型性別層面的生殖意涵，給我們呈現了女性在舞蹈時的一種柔美和象徵意義，畫面充滿著節奏和律動意象美，也反映了上古先民已經開始「追求意念和情感形態自我實現的意象心理。」〔註83〕

圖70：雲南省元江哈尼族彝族傣族自治縣它克岩畫

來源：《中國美術分類全集》編委會：《中國岩畫全集》（南部岩畫2），瀋陽：遼寧美術出版社2006年版。

〔註82〕蓋山林：《中國岩畫學》，北京：書目文獻出版社1995年版，第261頁。
〔註83〕魯西：《藝術意象論》，南寧：廣西教育出版社1995年版，第29頁。

　　人面像岩畫的外部輪廓大多由規整的幾何形式構成。史前人面像的外部輪廓是基於原始先民對物象的詳細觀察之後，運用幾何圖形高度概括創造出來的，呈現出異彩紛呈的視覺效果，並被賦予了極其特殊的宗教精神內涵。史前先民對於人面像外在輪廓的描繪，通常是將物象的輪廓進行幾何抽象化，如使用規則或者不規則的方形、圓形、橢圓、三角形、心形、菱形等，其中圓形幾何形較多。這些幾何形均是先民對現實女陰、男根、首領、英雄、天神、動物、植物、宇宙星辰等物象進行審美體悟之後高度概括出來的，這些具有幾何化的人面造型型制，體現了先民對物象高度概括和提煉的能力，也孕育著富有怪誕和神奇的宗教意味，更反映了史前先民對美好生活的嚮往和對美好事物的自由追求。如赤峰地區的白岔河、孤山子、半支箭村以及賀蘭山的人面像岩畫的外輪廓多為圓形或橢圓形，有的外輪廓呈現為似圓非圓的型制，還有的人面像為了突破圓形，在其人面像外輪廓上添加一些其他的物象，但是大多數的人面像岩畫外部結構都保持著圓形的幾何特徵。除了圓形之外，還有一些正方形的輪廓，這些正方形的輪廓大多非四方四角，而是在每一個角上都有一個倒角，方中帶圓，圓中見方，它承載了先民對目標事物產生的聯想和想像。如賀蘭山的人面像，採用女陰的外形和結構，人面像的外部結構顯現為橢圓形和方形，使得受眾觀看人面像時感受到質樸典雅、清新疏朗、靈氣俊逸的裝飾風格。更為有趣的是，在內蒙古阿拉善左旗雙鶴山發現了一張臉部呈現倒三角形並呈現猴子面孔的人面像，在其周圍布滿了一簇簇的小凹穴，這充分顯示了原始先民對於各種神靈的崇拜之情，也體現了原始先民以幾何圖像為主要形式，以實現保佑平安、降福鎮邪、衣食無憂的功利目的。如賀蘭山賀蘭口的一幅人面像（圖71），人面像採用了線條的塑造形式，將面部及周圍裝飾物塑造成比較規整化的正方形或長方形，面部的五官呈現出規整化的半圓和長方形，整個畫面給我們呈現出一種理性化的幾何造像意識。

圖 71：賀蘭山賀蘭口人面岩畫

來源：宋耀良：《中國史前神格人面岩畫》，上海：上海人民出版社 2015 年版。

　　史前先民還使用了其他非規整的幾何形來塑造人面像的外在輪廓。在陰山、賀蘭山以及遼河等岩畫區域存在一些其他幾何化的外輪廓造型，如盾牌形、核桃形、骷髏形、貓頭鷹、麥穗形、猴子形、玉米形等。這些非規整的幾何化輪廓都是原始先民基於現實觀察而總結形成的，它們大多都是原始人類對女性外陰、子宮、動物以及死亡的象徵性表現。正如宋耀良在《中國史前神格人面岩畫》中說的那樣：「早期的類圓形比較標準，人面神情也慈祥和藹；中期變化比較大，心形、猴面形、骷髏形都出現；晚期該類岩畫幻形更大，顯出怪誕……猙獰之狀態。」〔註 84〕如在中國的陰山、阿拉善以及桌子山地區分布比較廣的骷髏外形人面像符號，這類人面像符號的外形呈現了骷髏的形狀，裏面的眼睛用兩個大圓圈來代替，異常的猙獰恐怖，鼻子用三角形來呈現，嘴巴則用「皿」字形或者圓圈來表現。這類骷髏外形的人面像在原始時期被認為是死亡靈魂的棲居所，德國學者利普斯（Julius E. Llips）在論述人生旅途的終結時認為：逝者的靈魂主要存在於頭部，先民們也相信頭部擁有著神秘的力量。因此，人類的頭部就是成為原始巫覡對其施展巫術的重要指向目標。〔註 85〕基於此，具有骷髏外形的幾何人面像符號被他們賦予神聖而具有

〔註 84〕宋耀良：《中國史前神格人面岩畫》，上海：上海人民出版社 2015 年版，第 75 頁。

〔註 85〕〔德〕Julius E・利普斯：《事物的起源》，汪寧生譯，成都：四川民族出版社 2000 年版，第 396 頁。

超自然的力量，常常成為原始先民所敬畏的對象。〔註86〕總之，任何不規則化的人面像都是用來再現那些事物的外在卻不為人知的事象，有的屬於圖騰崇拜，有的屬於描摹物象的外貌，還有的則是利用圖形與天神建立一種溝通的渠道。但正如我們所看到或感知到的，這些符號所呈現的宗教巫術意義要大於對物象外形的精心描繪。

圖72、圖73：內蒙古陰山地區人面岩畫

來源：王曉琨、張文靜：《岩石上的信仰：中國北方人面岩畫》，北京：社會科學文獻出版社2018年版。

圖74：狼山中部岩畫

來源：王曉琨、張文靜：《岩石上的信仰：中國北方人面岩畫》，北京：社會科學文獻出版社2018年版。

　　岩畫創作者運用線將平面圖形內的結構進行幾何劃分，並分成大小不等的塊。如內蒙古烏拉特中旗呼魯斯太蘇木地里哈日岩畫點中的《獵野馬》（圖75），每一個形象均由先民利用直線將輪廓內的結構幾何分割而成，分割

〔註86〕朱利峰：《環太平洋視域下的中國北方人面岩畫》，北京：中國社會科學出版社2017年版，第158頁。

成菱形、長方形、三角形和矩形，每一塊的大小都不同，整個軀體內的分割均呈現了扁平化的視覺效果，沒有過多的考慮動物形象的結構，只是將軀體進行網狀切分。使用此種利用直線分割物象內部結構的方式而構成的形象，還有內蒙古陰山、桌子山和寧夏賀蘭山的老虎形象。南非學者劉易斯·威廉姆斯和道森將這種分割方法稱為「內幻視」影像〔註87〕。這種對軀體內的分割，無疑是對圖像中的「實」空間進行再創造、再布局、再構合，以形成比較直觀和理性的空間透視視覺效果。古代先民一般將物象（老虎）的軀體進行分割，有的是運用直線，上下劃一道線，每一條線都保持著相等的視覺距離。從遠處看，整幅岩畫作品的分割處於一種分割面積相等的狀態。還有一種就是用直線或者曲線將物象的體內分割成幾個小塊，呈不同的幾何形狀。圖形內被分割成大小不等的塊體，大大增強了圖像的幾何風格性，「並賦予畫面一種特別的戲劇性的色彩：這只動物似乎充滿了不可遏制的內在力量和拼命向前的願望。」〔註88〕這種利用線條對物象內的結構進行幾何分割的方式，體現了先民對物象造型疏密和繁簡的考慮，更體現了先民對物象的幾何分析和幾何再造意識。

圖75：內蒙古烏拉特中旗呼魯斯太蘇木地里哈日岩畫

來源：《中國美術分類全集》編委會：《中國岩畫全集》（北部岩畫），瀋陽：遼寧美術出版社2006年版。

〔註87〕J. D. Lewis-Williams and T. A. Dowson. *The Sign of All Times: Entoptic Phenomena in Upper Palaeolithic Art.* Current Anthropology, vol.29. 1988, pp.201~245.

〔註88〕內蒙古自治區文物工作隊編印：《文物考古參考資料》，1980年第二期，第16頁。

　　先民使用幾何手法來透視物象的內部結構。先民在觀察物象的時候，只能看到物象的外在造型和姿態，他們很渴望知道其內部結構，於是就採用了幾何化的手法對物象的內部結構進行抽象變化，忽略物象內部的具體結構，將其變幻為不同的幾何形狀，以滿足先民對於內部結構的視覺渴望。先民在進行幾何變化時，一般先將物象以剪影式的方式呈現出來，他們強調用點、線、面等元素對物象內部結構進行分割與重構，這種分割和重構是建構在先民對內部結構的認知和審美基礎之上的，將物象內部結構分成不同大小的塊體，有大的，有小的，有虛的，有實的，這些不同面積的塊體承載了先民對物象內部結構的極大興趣。當然，這種幾何性的分割是基於物象的基本結構，如以魚的脊柱、尾鰭以及魚的整體形狀來重構，用幾何形把物象內部解剖的細節表現出來，尤其是表現物象的肝臟和骨骼等。分割後的每一個塊體好似可以看到物象的內部結構一樣，顯然，這種幾何形的塑造方法在薩滿教看來，具有能修復已逝去物象的骨骼或心臟的巫術功能，這類的繪畫形式是巫師進入通靈狀態之後產生的視覺和體感幻覺。如江蘇連雲港的將軍崖岩畫，畫面上的人物形象都被先民用直線將內在結構分割成大小不等的塊體，除了能描繪物象的輪廓外，創作者通過直線將人物臉上的內部肌肉走向呈現出來，這些線條不但描繪了內部結構的詳細細節，而且這種描繪也具有純粹的裝飾圖案性質。這類的幾何化造像也在澳大利亞的阿納姆高地和南美印第安人地區出現過。〔註89〕

　　史前先民大都將形象的局部塑造成尖角。在西藏扎西島的洞穴岩畫、呼圖壁生殖崇拜岩畫、連雲港將軍崖岩畫、廣西花山岩畫以及雲南滄源岩畫，這些岩畫點的造型形象的局部均被創作者刻繪成尖角，明顯地呈現出幾何性的審美感受。在史前先民的造型創構過程中，先民注重整體形象的表現，而基本上省略局部，他們在對物象進行幾何變化時，一般多使用直線，塑造成直角，將外在局部的圓形進行大幅度的直線刻繪，形成尖角，每一個尖角所呈現的式樣是不一樣的，有的是直角，有的是鈍角，還有的則是尖中帶圓，被刻繪尖角的地方呈現出一種結構明確的形象特徵。如廣西花山岩畫中的蛙形人物造型，整個造型呈現出一種幾何式樣，呆板而又僵直，在結構與結構相連的地方出現了尖角的痕跡，每一個尖角出現的地方均將舞蹈人的服飾、

〔註89〕陳兆復、邢璉：《外國岩畫發現史》，上海：上海人民出版社1993年版，第357頁。

宗教習俗以及生活秩序表現出來，這種尖角在花山岩畫的人物形象中所佔視覺比例極高。

　　手、足、蹄印岩畫符號使用了幾何造型法。事實上，原始先民的手、足、蹄印符號是根據岩畫所表現的象徵性之需要，憑藉著幾何造型方法去塑造了一個又一個的經典符號。「最初幾何形的出現不過是客觀事物的一種簡化或硬化了的模寫，」〔註90〕或者作為容易辨識物象的某種方式，它們只是簡略化地基於某個整體造型，概括性的將這個造型歸於某種幾何形態。原始先民使用這種方法去塑造造型就是為了追求簡化的視覺審美效果，更為了呈現某種象徵意味。「它們可能只是用來說明某個特定的人在某個地方（比如『我在這裡』）；或者，一個手印可能代表一個人或一群人【這裡用到了『提喻』（synecdoche）這種修辭方法，即用部分代表整體，或以整體代表部分】；又或者，這甚至可能是一些早期的手語（sign language）。」〔註91〕如內蒙古達爾罕茂明安聯合旗夏勒口、陰山、寧夏賀蘭口、福建華安石門坑以及漳浦海月岩等地的蹄印岩畫符號，蹄印均用兩個半圓或者一個圓來塑造，有的圓形是實點，有的則是空心圓圈，在圓形的底端有一個向裏插入的一個或者兩個相互疊壓的直角三角形，從而形成一個凹陷處，整個造型中的線條既有粗又有細，這種處理，使得蹄印岩畫符號產生一種絕然不同的審美情趣。足部也同樣如此；在福建漳浦海月岩、內蒙古四子王旗衛境蘇木查干哈沙圖，腳印運用粗細不均的線條刻繪，從大腳趾到小腳趾依次變小，說明原始先民對生活觀察的很細緻。整個造型呈現為長方形，上部呈現為梯形，下部把不規則長方形牢牢銜接在梯形上，各個腳趾又呈現出橢圓形或者粗細不均的短線。凡此種種，均體現了原始先民對物象感物興象的感性追求，這種追求既包含了對自身圖像的宗教訴求：讓足跡更能使得女性懷孕；又體現了原始先民無拘無束的悠閒生活。正如陳望衡說的那樣：幾何化的造型符號高度體現了原始先民「已經具有發達的理性思維。正是這種思維才讓人遠遠超出地球上的其他生物而成為『萬物之靈長』。」〔註92〕創作者基於對物象的體悟和感應，通過對物象的高度簡化與抽象，將自己的情感賦予每一個岩畫符號之上，並且

〔註90〕朱狄：《藝術的起源》，北京：中國社會科學出版社1982年版，第213頁。

〔註91〕〔加〕吉納維芙・馮・佩金格爾：《符號偵探：解密人類最古老的象徵符號》，北京：北京聯合出版公司2019年版，第151頁。

〔註92〕陳望衡：《文明前的「文明」——中華史前審美意識研究》，北京：人民出版社2018年版，第147頁。

主動地賦予其不同的審美內涵，他們將物象的輪廓高度簡化和抽象，脫離原有的物象與事象，將個體的生命精神與對象相互貫通，從而形成既能體現原有物象特徵，又帶有豐富審美意蘊，以象顯意，物我交融凝結成的「有意味」的原始宗教審美意象。

　　總之，幾何符號是原始先民內視化的一種視覺圖像，他們用這種符號去傳遞不同的信息，而這些信息又超越了時空和原始的生命精神。它是基於原始社會現實的某種圖像，再經過主觀簡化和高度概括，使其成為更符合創作者與神靈進行溝通交流和審美要求的二維平面圖像。在此基礎上，運用線條對圖像進行直接幾何創構，這種創構是對物象的高度抽象和再造過程。如果說，寫實是對現實物象的直接摹寫，那麼，幾何塑形就是對現實物象內外形式與結構的濃縮，與現實具象藝術既有區別又有聯繫：「你不會在歐洲找到袋鼠的圖像，也不會在澳大利亞找到大象的圖畫，同樣不會在非洲找到任何關於歐洲野牛的畫像。……極有可能的一種情況是：目前被歸到符號類別中的一些圖像，實際上隱藏的具象圖形。」〔註 93〕先民把物象的形式抽象成幾何形，將先民的精神、情感以及意願加以抽象並物化成直接可辨的幾何圖像，通過這些凝聚著精神禮儀和功能化〔註 94〕的幾何造型將創作者對物象的審美和精神感悟鐫刻在岩石表面上，它們有的對稱、重疊，還有的幾何造型被創作者賦予「大量的社會歷史的原始內容和豐富含義」〔註 95〕。人面像中的幾何造型受到原始社會的審美意識和宗教巫師思維的深刻影響，它是將現實化的人物形象演變為一種適合氏族部落崇拜的虛構人物造型，原始先民將大量的幾何學造型觀念穿插到人面像的外部和內部結構中，幾何造型的大小、寬窄以及疏密都全方位地象徵著先民內心的精神渴望和物質訴求。手、足、蹄印岩畫符號的幾何造型是基於原始人類自身的功能和審美、對立與互補、幾何與自由、技藝與思想造型原則進行創構的，每一個造型或者每一個轉折面都蘊含著原始先民憑藉神秘符號去體現原始巫術的內涵意旨，它們無不揭示了

〔註93〕〔加〕吉納維芙·馮·佩金格爾：《符號偵探：解密人類最古老的象徵符號》，北京：北京聯合出版公司 2019 年版，第 239 頁。

〔註94〕有的學者認為幾何造型是原始先民用來記錄季節的重要標誌符號，如崑崙山的螺旋紋和菱形紋飾均刻繪在岩石的頂端，方向是對著宇宙深空。參閱胡邦鑄：《崑崙山的岩畫》，《新疆藝術》1985 年第 02 期。

〔註95〕李澤厚：《美的歷程》，北京：生活·讀書·新知三聯書店 2009 年版，第 29 頁。

古代先民的理性造像話語，更凸顯了原始先民自身對於形式美規律的熟練掌握和把控，他們對現實物象進行摹仿、變形、誇張，最終將造型中的圓與方、內與外、上與下達至剛柔互補、動靜相宜的呈現形式，在方寸之間將先民自己的精神和宗教情結表達的淋漓盡致。一方面，原始先民依靠符號化的造型去陳述原始時期他們自身的某種物質和精神訴求。另一方面，手、足、蹄印岩畫符號給予原始人類更多自由發揮的天性，給我們呈現出一種意象化的抽象審美意境。

四、本節小結

史前岩畫的造像是先民基於物象而不滯於物象的結果，是主客融合、體悟得神的意象造型形式，是先民憑藉簡約、誇張以及幾何化的手法對現實或臆想物象進行創構的活動。他們通過對客體的觀察和體悟，總結和概括出一種符合主體訴求的簡約符號形態，並就各式各樣、分門別類的形態的局部進行誇張，使得這些圖像產生有別於其他造型的視覺效果。他們用簡約化的線條和明晰的體與面關係去塑造一個個鮮明生動的「活的生物體」，它們是如此活龍活現，就像這些圖像能穿越時空，去給觀眾耐心講述這些圖像自身所發生的故事一樣。這種形態的創構不但滿足了史前人類對大自然的高度讚美，而且，這種造像彰顯了先民自身對物象的整體提煉能力和造型刻繪能力，它極大地提升了先民繪畫的宗教性，拓寬了先民的認知範圍。可以說，簡約、誇張以及幾何造像不僅僅是先民將自己對物象的審美瞬間幻化為物態化的方法，更重要的是，它內蘊了先民自身對物象的情感和訴求。他們用那些最簡練的線條和塊體去創構他們內心中屬於自己的精神之象，用這些造型方法去表達他們在早期宗教巫術影響下的生存觀念。

第三節 造型特徵

史前先民在造像活動中使用了不同的方法進行造型，產生了大量的各式各樣的造型形式，也必然帶來了異彩紛呈的造型特徵。這些造像都是基於不同母題、不同環境和不同風俗習慣而被創構的，主要有舞蹈、狩獵、交媾、放牧、戰爭、雜技、騎士以及其他的日常生活造型等。這些紛繁複雜的造型均是

原始先民「近取諸身，遠取諸物」〔註96〕的結果，他們把自己日常的所見、所感、所聞、所悟的事象，共同融匯於各類簡約的造型之中，使得史前岩畫造型剛柔相濟，動靜相成，別具一格。史前岩畫造型形式基本上趨於人格化、程式化，所有的造型都呈現出平面剪影化的造型特徵，體現出宗教巫術和審美的融合。顯然，這些平面造型均突破了圖像自身的三維性，他們用豐富多彩的造型去呈現遠古時代的人文內涵和繪畫藝術，從而共同凝鑄了一個「鮮活的」生命體。同時，也有一些原始岩畫造型逐漸擺脫了宗教巫術的束縛，從而轉向了記錄物象的實用性，向著具有功利化的方向發展。因此，史前岩畫的造型自身具有鮮明的造型特徵，主要表現在以下幾個方面：

一、人格化

「人格化」的造型特徵是主體把人的情感、裝束等賦予對象之上，是人類思想的物態化和物的人格生命化的產物，是人類思想的外延和實踐活動的表象化。他們用人格化的方式去同化自然物象，被同化的造型之上有了人的痕跡，向我們呈現了人與物在生命層面的契合統一，物我交融。它體現了先民想運用這種方法對現實物象施加宗教巫術影響，大大增強了人類對物象的感知功能和心理功能，並在社會實踐過程中架起了一座人與動物對話的「橋樑」。在一定程度上，它突破了人自我敘事的範疇，將人類的思想以刻繪的方式強加於某個具有象徵意義的圖像之上，它拓展了人的實踐範圍和延伸了人的自我情感，更體現了原始先民對宗教巫術的渴望和崇拜，喚起人內心對於神靈崇拜的情感和信仰觀念，給每一個人格化的物象上面打上了深深的宗教巫術烙印，讓這些物象成為人類精神思想的寄託物和生活棲息地。

「人格化」又稱為「擬人化」（anthropomorph），顧名思義就是在寫物的時候要運用寫人的話語去寫。也就是先民以某個圖像為載體，通過人的思想、意識和行為的有效傳播，將人的智慧、靈巧以及人的七情六欲主觀賦予對象之上，使物象呈現出人自身所具有的情感和生命色彩。我們以太陽神人面像為例來闡述這個問題。太陽神人面像是原始先民對人物面部體悟的基礎上，直接或間接地模擬人類的臉部和太陽的光芒射線來組成太陽神人面像，結合太陽圖形並抽取人面和太陽內在生命精神而建構起來的，它是太陽和人面互相結合而成就的造型形式。先民按照人自己的面貌創造太陽神，將原始社會

〔註96〕黃壽祺、張善文：《周易譯注》，上海：上海古籍出版社2012年版，第343頁。

所崇拜的人或物，如部族長老、巫覡、英雄人物等形象，以圖像的形式直接或間接地模擬這些人的臉部，並結合太陽的形象和藝術家的情感，將人的臉部和太陽的射線共同組成太陽神人面像，用這些不同的人面來充當太陽神。太陽神人面像「頭部呈各種各樣的圓形，最普遍的是同心圓，有時邊上環繞一組小圓點或短線，表示太陽光。」〔註97〕太陽圓圈之內有眼睛、鼻子和嘴巴，它被賦予人的模樣。這種創造既是將太陽「人格化」，又是將人予以「對象化」，先民們相信太陽神也具有人類的喜怒哀樂的表情。因此，每一個太陽神人面像均被先民塑造成人臉的形象，附加了被崇拜之人的面部喜怒哀樂的情感。有的太陽神為了突出人格化，特意在射線的外面再加一道或者半道圓圈，乍看上去，就像皇冠一樣。〔註98〕「嚴格的意義上，人格化意味著人把自然現象看成具體表現出來的摹擬人的較高的存在，人賦予眾神以他自己的形式。」〔註99〕如內蒙古桌子山召燒溝的太陽神人面像、陰山磴口縣太陽神人面像、連雲港將軍崖太陽神人面像以及巴丹吉林太陽神人面像都是被先民人格化的典型代表。在波多黎各卡瓜納的祭祀儀式上，「在中心位置並占主導地位的人物形象已經完全被擬人化成動物了，側翼為人形和較不複雜的擬人化動物，他們代表著作為塞米亞人統治的卡瓜納首領的祖先和後裔。」〔註100〕因此，原始先民將一些對神靈的面像崇拜刻畫成人的形狀，它一方面滲透了某種現實化的政治權利，並向我們呈現了史前岩畫的人面像是由人格形象向神格階段逐漸演化的過程。另一方面給我們展現了一種猙獰恐怖的人面表情。如一幅賀蘭山的太陽神人面像刻繪作品，畫面上用線條的形式刻繪了一個充滿人文內涵的太陽神人面像，作者將太陽和人類的五官相結合，刻繪了一位瞪大的雙眼、鼻孔佩戴飾品以及驚恐萬分的圖像，在圓圈之外有輻射線就像頭戴了一個發光體，耳朵兩邊有雙線，表示飾品。這件作品的作者是將巫師做法時，巫師身體上佩戴的細節賦予太陽神圖像之上，這些被打上人格化烙印的太陽神岩畫均是史前巫術或宗教儀式的產物，它「是史前巫術思維將動物、

〔註97〕〔波蘭〕安傑伊·羅茲瓦多夫斯基：《穿越時光的符號——中亞岩畫解讀》，肖小勇譯，北京：商務印書館2019年版，第62頁。

〔註98〕蓋山林：《再談賀蘭山、陰山地帶人面形岩畫的年代和性質》，《學習與探索》1983年第05期。

〔註99〕〔德〕米夏埃爾·蘭德曼：《哲學人類學》，張樂天譯，上海：上海譯文出版社1988年版，第14頁。

〔註100〕Jo McDonald, Peter Veth. *A Companion to Rock Art*. Wiley-Blackwell, 2012, pp.115.

植物以及人『等量齊觀』的自然結果。」〔註101〕這些人格化的人面像以簡約概括的形式被先民刻繪在岩石之上並加以崇拜。藝術家憑藉這些經過人格化的造型形象去傳播畫面之外的「象外之象」，從這些象外之象中我們可以認真地觀察和體悟到史前岩畫藝術家如何通過畫面形象的創造去傳遞史前的審美意識的。

　　首先，原始岩畫形象具有物的人化造像特點。物的人化是原始先民塑造物象時常用的方式，特別是在原始宗教巫術盛行的時代。這種物的人化往往表現為將人的思想情感轉嫁給對象，把人的意志施加於某個物象，將人的喜怒哀樂以點、線、面的形式刻繪在對象上，原有對象不具有這種表情，但是通過先民對有關造型進行「有意味」的刻繪，在對象上施加了人的影響，並灌注了人的思想情感，這個物象也會與受眾「交談」，展示出不同的表情。更有的先民將對象進行裝飾，模仿人的頭戴的飾品和身上穿的裝束，如太陽神，這些被主觀人格化了的視覺圖像，總是在物象的造型上凸顯了人的直觀感受，彰顯了人的生命精神氣質。通過先民對物象的人化造像，把物象當作人的替代者，人的化身。而人的生命精神和思想又被賦予這個物象上，物象所展示的方方面面就是人自己要訴說的內容，這樣就形成一種具有象徵意味的宗教巫術話語。如（圖76）桌子山的太陽神岩畫是一位頭戴光冠、五官呈現半抽象狀態的神性人面像，射線圍繞著臉部輪廓周圍，長度一致，眼睛還戴著面罩，呲牙，在圓圈的下面有兩根豎線，表示兩條大腿，一條大腿向外撇，兩條大腿呈又開造型，在兩條大腿中間有一條豎線，有可能是男性的性器，也有可能是尾飾，不管是性器還是尾飾，都是先民將自身的某個方面賦予了這個神性人面像。整個太陽神被作者裝扮成一個巫師正在做法的造型形象。同樣，在阿爾泰卡拉科爾墓葬石板上的太陽神像則是將人物五官省略，只是刻畫了一個人的造型，在頭部的邊緣刻繪了羽毛狀頭飾，這種頭飾也可以象徵著太陽放射的光芒。「太陽」這種發著光的圓球體被原始先民賦予人格化的生命，在原始崇拜觀念中佔有重要的地位，雲南滄源的太陽岩畫，一個圓圈內站立著一個持弓射箭的人，圓圈外有太陽射線；還有一種一個站立的人左手持武器（盾牌）右手持一根棍，該人頭頂有光芒。廣西左江太陽岩畫則是一個站立的人，左手高舉太陽形象或頭頂上有太陽形象，疑似太陽神。這些形形色色的

〔註101〕戶曉輝：《地母之歌：中國彩陶與岩畫的生死母題》，上海：上海文化出版社
　　　　2001年版，第180頁。

太陽崇拜岩畫在很大程度上都是將自然物進行人格化了，他們憑藉這些經過人格化的造型形象去傳播畫面之外的「象外之象」，向我們呈現出不同程度的審美愉悅。

圖 76：內蒙古烏海市桌子山召燒溝岩畫

來源：《中國美術分類全集》編委會：《中國岩畫全集》（北部岩畫），瀋陽：遼寧美術出版社 2006 年版。

其次，物的人化還表現在原始先民對牛的崇拜，以牛的視覺圖像來凸顯吉祥與崇拜話語。如甘肅、青海、西藏等地，主要是以狩獵牛為生，對牛的崇拜要高於其他的動物，先民常常將牛賦予人間與仙界的思想，使得牛的視覺圖像成為「首領」「保護神」「宇宙」和「地神」的形象象徵物，清晰地反映了西部地區社會存在的二元對立思維模式。牛的形象遍及南北方的岩畫圖像之中，如甘肅、青海、西藏、雲南等地。在《後漢書·南蠻西南夷》曰：「永昌徼外僬僥種夷陸類等三千餘口內屬，獻象牙、水牛、封牛。元初二年，青衣道夷邑長令田與徼外三種三十一萬口，賚黃金、旄牛吒內屬，乃增令田爵為奉通邑君。」[註102]「牛」在古代作為一種貢品，逐漸地牛這種形象進入千家萬戶，作為家畜來對待。《百夷傳》曰：「牛……又有牛峰如駝者。」這就證明了牛作為一種供家庭差役的動物存在於生活中。牛作為原始薩滿教中最重要的崇拜對象之一，被認為是一種「好」或者「壞」的象徵，「雅拉香波山神

[註102] 雲南省參事室、雲南省文史館、徐文德，李孝有校注：《滇考校注》，昆明：雲南民族出版社 2002 年版，第 46 頁。

也叫斯巴大神雅拉香波，簡稱『大神香波』。……根據蓮花生大師（Padma Sambhava）的傳記所載，雅拉香波山神是西藏眾土著神靈之一，後來被收為佛教的護法神。他常常以一個大白犛牛的身形顯身為蓮花生，從白犛牛的嘴裏不斷噴出雪瀑。……山神的座騎是一個白色的、如同一座山大小的神犛牛。」〔註103〕將圖騰崇拜的牛與人的形象相結合，形成人身牛頭的形象，這種形象就是原始先民將動物人格化，憑藉主觀的想像和幻想，對牛賦予不尋常的神的本領，化幻為一種神靈的替代者。湯惠生和張文華在《青海岩畫：史前藝術中二元對立思維及其觀念的研究》一書中這樣闡述的：「無論是作為神靈的牛，抑或作為惡魔的牛，這都是觀念化了的牛，即牛不再是實際生活中普通的牛，而是被神化了的，特別是被人格化的牛。或換句話說，是二元對立思維中肯定與否定因素的形象象徵。」〔註104〕

　　再次，中國史前岩畫在塑造物象造型的時候，還表現為人的物化。「人的物化」指的是史前先民利用鑿刻、磨刻以及繪製技術，針對客觀物象進行卓有成效的模擬與仿生，憑藉著誇張、變形、象徵的手法，從而生成一個能夠濃縮與凝聚人類意識的虛擬視覺圖像。在原始社會，原始先民由於受到原始宗教巫術的深切影響。他們在對物象或現象不瞭解的情況下，對物象或自然現象形成了具有崇拜意味的神話話語。他們認為這種物象能夠提供給他們更好的生活或安全庇護，他們就將先民自己所需要的物質和精神方面的祈願主觀地賦予這些物象之上，讓其成為保護整個氏族的圖騰或者被崇拜的東西。先民在運用點、線、面造型的時候，將受尊敬和崇拜的人或物的某些特徵與太陽圓圈相結合，在圓圈之外附加上太陽的射線，所刻繪出來的太陽神紋飾均有抽象或半抽象的特點。在俄羅斯楚科奇佩格特梅利河的岩畫作者就將他們與天神溝通的薩滿巫覡刻繪成戴著蘑菇式樣的帽子形象，象徵著塵世與來世、現實和未來以及子孫與祖先之間的關係。在召燒溝的岩畫點上，很多太陽神人面像都好似巫師的形象，有兩撮鬍子，眉鬍拉得很長，加上驚恐的眼睛。如烏蘇里江薩卡奇-阿梁的太陽神人面像（圖77），畫面上整體呈現出一幅驚恐的人物表情，眼睛用雙圈紋飾勾勒，將鼻孔用兩個圓圈表現，嘴巴則刻繪出一個扁的橢圓形，在圓圈的

〔註103〕〔奧地利〕內貝斯基：《西藏的鬼怪和神靈》，參見《國外藏學研究譯文集》編委成員：《國外藏學研究譯文集》（第三輯）〔C〕，謝繼勝譯，拉薩：西藏人民出版社1987年版，第170頁。

〔註104〕湯惠生、張文華：《青海岩畫：史前藝術中二元對立思想及其觀念的研究》，北京：科學出版社2001年版，第81頁。

外面還刻有耳朵，頭頂上有九根太陽光芒射線。這個畫面既突出了太陽神的人格魅力，又表現了原始先民較高的寫實藝術功底。

圖 77：烏蘇里江薩卡奇-阿梁岩畫

來源：蓋山林、蓋志浩：《內蒙古岩畫的文化解讀》，北京：北京圖書館出版社 2002 年版。

第四，整個太陽神人面像高度體現了「人的物化和物的人化的綜合體。」〔註105〕因此，原始先民就運用「人格化的方法，創造了許許多多、形形色色的神靈偶像來『同化』自然力。……巫師通過製作神像，並通過祭祀它，已達到『同化自然力』的目的。」〔註106〕在連雲港將軍崖的太陽神岩畫一個圓圈內加一實心的圓點，外圈布滿太陽的射線；還有的則和農作物的葉子相關聯，三角形內下半部分畫五官上半部分是太陽射線。賀蘭山的太陽神岩畫有的是光芒四射的太陽形象，也有的是一個圓圈內加一個圓點，還有的則在中間加一個抽象的圖形並在其周圍作了一些射線的式樣。桌子山的太陽岩畫是一種頭戴光冠、五官呈現半抽象狀態，射線長度較一致，有的除了頭戴光冠之外，還有長鼓包類或三角形、菱形東西的人面像。雲南滄源太陽岩畫，一個圓圈內站立著一個持弓射箭的人，圓圈外有太陽射線；還有的一個站立的人左手持武器（盾牌），右手持一根棍，頭頂有光芒。廣西左江太陽神岩畫則是一個站立的人，左手高舉太陽形象或頭頂上有太陽形象，疑似太陽神。這些形形色色的太陽崇拜岩畫在很大程度上都是將人和自然物人格化了，所有的太陽神人面像呈現出不同的喜怒哀樂的神情。這類造型高度濃縮了先民對於人化

〔註105〕 蓋山林：《中國岩畫學》，北京：書目文獻出版社 1995 年版，第 138 頁。
〔註106〕 蓋山林：《中國岩畫學》，北京：書目文獻出版社 1995 年版，第 185 頁。

和物化思想的熟練運用，他們想通過視覺圖像將先民自己的意志憑藉圖像的手段傳達出來，並成為一種被氏族部落長期遵守的儀式儀軌。同時，這些視覺圖像已經被先民賦予一種神靈般的崇拜思維，他們認為這個視覺圖像就是他們的祖先或者某個受崇拜的神靈實體。

　　總之，人格化的岩畫造型特徵是先民用主觀情感賦予對象之上，是由人的物化和物的人化共同構成的，先民把動物的形象與人的形象相結合，將這些物象幻化成靈物，並自願使得對象成為他們自己受崇拜的對象，並視為圖騰或者保護神。這些被崇拜的物象大都蘊含著原始先民對薩滿教中各種神靈人格化的物態表現，也蘊含著人性在神性圖像創構過程中的覺醒。在太陽神人面像的視覺圖像之上，先民均使用點、線、面的形式將人格化的宗教情感賦予特定的圖形之內，並用抽象、誇張以及簡化的方法對先民心中的神進行人格化的塑造，將造型刻繪成不同的人面風格，從而拉近了人與神的距離，「它既是太陽的人格化，又是人面形象的太陽格化。」〔註107〕時時刻刻地「將太陽物化為人面造型，賦予其人格品相，把太陽想像成人一樣有生命、有感情。」〔註108〕以至於通過這些添加的圖形能喚醒各類神靈無限的法力。在此基礎上，太陽神人面像的造型既要突出人面與太陽形象，並將兩者與先民情趣相互交融，形成同體共生、感同身受、借象抒情的感性話語；又要將「人格化」以不同的希冀賦予其各種各樣的人的情感與生命精神，使其成為溝通天地、人神以及主客自我的重要橋樑和紐帶，他們渴望著通過這個經過人格化、對象化了的並具有神性視覺效果的太陽圖像，去喚醒他們自身對抗大自然和弘揚自身的主體力量，生動地表現了「人神合一」的生命精神價值，使之從自然化的物質世界中自由的解脫出來，遨遊於超自然的時空環境中，此時的太陽和星星乃至宇宙都轉換成為超自然力的人格化的表現，用圖像來表示人們對於祖先的尊敬和對宇宙星空的崇拜。

二、程式化

　　「程式化」是岩畫從寫實發展到一定階段後的重要造型特徵，是先民對物象的外在造型進行全面整合和歸納之後的結果，是物我契合統一的外在造型

〔註107〕賀吉德：《賀蘭山岩畫研究》，銀川：寧夏人民出版社2012年版，第162頁。
〔註108〕賀吉德、丁玉芳：《賀蘭山賀蘭口岩畫》，銀川：寧夏人民出版社2017年版，第113頁。

顯現。這類岩畫圖像不再以現實物象作為形成圖像的主要架構方式，而是將現實中的物象經過主體的情感化、知覺化、理性化對物象進行去偽存真的藝術處理，形成具有高度概括性、簡潔性、統一性以及標準性的圖像模式。在一定意義上來說，它是對物象基本造型的高度概括基礎上的一種重複行為，從而形成有節奏、有韻律的岩畫造型特徵。

所謂的「程式化」，又稱「模式化」，蓋山林將其稱為「類型化」〔註109〕，指的是史前先民將某類物象的內外形態概括和抽象成為比較固定的幾何樣式，〔註110〕它「往往不求形似，但求神似，圖像顯得簡練、扼要」〔註111〕。它頻繁出現在史前岩畫的各類母題的造像之中，它是將客觀物象進行圖案化、相似化、類型化的處理，每一個造型都擁有著相同或相似的外在形式和結構，他們「把無規律的變為有規律的，不定型的變為有定型的，從而創造出自己特有的程序來。」〔註112〕它強調模式化和標準化，不再照搬自然或者模仿自然，而是對原型物象的一種圖案化的深化和拓展，它擺脫現實物象外在形象與結構對藝術家思想、技術的束縛，塑像不拘泥細節，從原始物象的繁瑣細節中找到一個既能體現物象的外在形式，又能展現物象內心風韻的一個方面，將這個方面經過原始藝術家高度概括、簡約並以藝術化的語言展現出來。它是作者運用「均衡、重疊、對比、連續、變化、錯綜、反覆、間隔、節奏、交叉、對稱、疏密、變態、誇張、縮小」〔註113〕等手法創構出來的規製圖像。對於先民來說，這類造型非常容易表達他們內心的精神信仰和現實需求，在一定程度上真實地再現了先民對現實物象造型的審美體悟。

中國史前岩畫中的形象非常注重程式化的造型特點。在中國南北方的狩獵、交媾、舞蹈以及宇宙崇拜等母題的岩畫之中，我們發現，以上母題中的形象造型均具有相同或相似的造型特點，例如舞蹈造型多數呈現雙腿叉開、雙臂上舉或下垂或招腰、狩獵者多數均呈現正面性且都處於拉弓待射的狀態等等，從遠處看這些造型甚為壯觀。它首先可以將物象造型中的細節刪除掉，對物象特徵進行高度化的概括或簡化。其次，這個時期的史前先民已經對造型、色彩以及線條等非具體的元素形成了一定的把握能力和統領能力。

〔註109〕蓋山林：《中國岩畫學》，北京：書目文獻出版社1995年版，第213頁。
〔註110〕李福順：《中國岩畫創作中的審美追求》，《文藝研究》1991年第03期。
〔註111〕蓋山林：《中國岩畫學》，北京：書目文獻出版社1995年版，第206頁。
〔註112〕蓋山林：《中國岩畫學》，北京：書目文獻出版社1995年版，第202頁。
〔註113〕蓋山林：《中國岩畫學》，北京：書目文獻出版社1995年版，第234頁。

從現實物象中逐漸把線條以元素的形式提取、概括出來，把不同的造型融匯到一個平面空間中，憑藉對稱、平衡、相似、統一、變化、重疊、構成等形式規律對物象進行「有意味」的勾勒，將物象由原來具象形式簡化和歸納成幾何造型，幾何造型緊跟著物象的基本造型姿態，把物象中的三維模式壓縮為二維平面視覺形象，對物象的外在輪廓大體的勾勒，使得畫面中的每一個物象所呈現的造型趨向一致，點、線、面所刻繪的地方也都一致，每一個形象都是線條程式化的高度體現者，從而形成了岩畫形象千篇一律的造型形式。程式化在一定意義上是一種對物象的高度概括化和簡約化，它高度認可了事物之間的共性，也削弱了物象造型的個性化的張揚，更是作者對物象形神意象的高度濃縮。內蒙古烏蘭察布岩刻以及陰山岩畫，人物與動物的基本造型都是用一條簡潔化的軀幹線構成的，四肢在軀幹四周向外伸展。在雲南滄源、元江它克、花山崖壁以及呼圖壁生殖岩畫等多處岩畫點上，這些岩畫中的人物軀幹均呈現倒三角形。他們雙腿交叉，雙臂有的上舉，有的下垂，而且每一個造型均呈現正面模式，軀體內省略一切較為感性的細節，只用幾何形態的線來刻繪外在的輪廓，從而把這種特定的表現技法逐漸演變成具有形式秩序化的造型語言。西藏岩畫中鷹的形象大多都表現為雙翅展開、頭上尾下的正面造型。這些富有程式化的表現特徵在很大程度上表現了當時的人類對這些造型具有某種特殊的巫術和情感需求。在雲南滄源賀臘點的具有生殖崇拜的圖像，這個畫面出現在洞裏，人物形象都是運用五筆勾勒完成，均呈現站姿，每一個人的姿勢也都千篇一律，而且所呈現的誇張和裝飾的風格也基本一致。通過這種程式化的造型形式，原始先民將一些富有代表性的具體物象規範化了、圖案化了。他們去掉了圖像中的一些細節，使得一些沒有規律的符號也被程式化了，使得人類能夠通過這些程式化的圖像去表達較為抽象的象徵性觀念。

　　第一，狩獵人物體形的程式化。在狩獵岩畫中的人物形象均呈現靜態站姿，少部分是騎在馬上射獵。站姿的獵人一般呈現正面律，人物雙腿向前屈膝，肩部為正面，雙腿呈現前後叉開，一前一後，叉開的角度從 15 度到 50 度不等。大多數陸地上的狩獵者手持弓箭處於待射狀態，有的左手持弓，右手射箭。有的右手持弓，左手拉箭。騎在馬上的狩獵者一般只刻繪上身身軀，雙臂均呈現動作。這兩類的狩獵者造型均呈現剪影般的平面式樣，採用了寫意性的手法，也都是運用線條性的刻繪語言進行表現。整個狩獵者的身體體形

適中，人物形象刻繪較粗略，只是大體上呈現狩獵人物的動作，具有形似化的造型特徵。但是，有個別的人物形象處於跑動狀態，並身穿衣物，如在大黑溝岩畫中的射箭女性就呈現出寬鬆袍子之類的服飾。

第二，狩獵場景的程式化。縱觀南北方的狩獵岩畫，特別是北方地區的岩畫點，每一個狩獵場景都經過藝術家的精心構思，均呈現了具有一種氣氛緊張的場景。「即在人群與被圍獵對象的相互衝突的關係中揭示事件的發展結果。」〔註114〕也就是說，每一幅狩獵場景都突出了一種驚心動魄的圍獵情景，有的箭已經射進獵物的腹部，有的射箭引起獵物的四散逃跑，還有的獵物已經躺下等等。每一幅狩獵岩畫均有很多的動物圍合成一種形式，有的地方疏，有的地方較密。狩獵者一般在畫面的邊緣區域，動物則位居於畫面的核心區域。如阿爾巴斯山的一幅《獵虎》岩畫，畫面上描述了獵虎的緊張過程：畫面上處於中間的是被先民誇張和射中了的一隻躺下的大老虎形象，張口獠牙，體積龐大。右邊一個較小的狩獵者，拿著箭對準老虎的嘴巴待射。人物向後仰，兩腿叉開，箭放低，雙腿屈膝，呈現攻擊狀態。在狩獵者下面有一隻獵狗作站姿警戒。整個畫面突出了狩獵過程中的危險和緊張的氣氛，從而給我們呈現了一種強烈的視覺審美衝動。

第三，人物和動物形象的刻繪呈現了寫意化的程序效果。史前狩獵岩畫的作者均重視物象外形的「神韻」，對於外在具體的、細緻的造型不太重視，他們將每一個物象均作簡化處理，幾筆「隨意」勾勒，似像非像，對物象所呈現的行為和姿勢進行模糊勾勒，只勾勒物象的主要結構，如勾勒人物的頭部恰好用一個圓點來呈現，軀幹巧妙地使用一豎加以表現，兩腿則使用兩條叉開的線來呈現。動物的軀幹、尾巴、角和四肢都使用單線勾勒或側身表現，把原來動物寬大無比的身軀濃縮成一條線。重點描述狩獵動物的特徵以及側面所呈現的輪廓，有動物呈現出奔跑樣式，創作者將圖像統一進行類型化的設計，動物的兩條前腿向前伸展，後面的兩條後腿也向前推進，這樣就能夠將動物奔跑的視覺效果表現出來。有的則靜止仰望遠處，好似在警覺著什麼！中國廣西花山岩畫、福建仙字潭岩畫以及意大利梵爾卡莫尼卡的《祈禱》岩畫在人物造型方面具有相似之處，都是運用寫意化的程序進行人物塑造。如新疆塔城的《狩獵》（圖78）岩畫，畫面上不管人物還是動物均被作者作寫意化

〔註114〕寧克平：《中國岩畫藝術圖式》，包青林繪圖，長沙：湖南美術出版社 1990年版，第14頁。

處理，人物和動物均使用簡略的線條將物象的內在精神通過筆簡意厚的造型呈現出來，形簡但意不簡。

圖 78：新疆塔城和布克賽爾蒙古自治縣鐵布肯烏散鄉其根烏必勒漂礫石岩畫

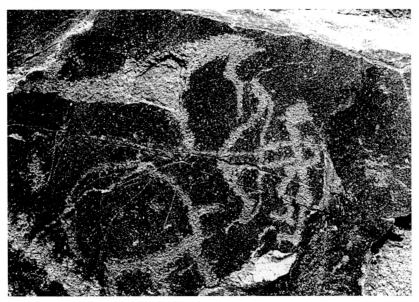

來源：《中國美術分類全集》編委會：《中國岩畫全集》（西部岩畫 2），
瀋陽：遼寧美術出版社 2006 年版。

第四，原始舞者動作的程式化。史前岩畫的創作者將現實物象中人形一般演變成幾何形居多，如三角形、梯形、圓形或者「×」等模型化，這些具有程式化的人形一般組成橫排，他們將這種帶有個性化的並對現實記憶性的想像手法賦予對現實物象的真情實感的表現之中。在廣西花山岩畫中，古代駱越先民對每一個人物形象進行幾何概括，人物動作均呈現雙腿向外彎曲90 度，雙臂上舉，正面性，整體上呈現蛙形，把一個場面宏大、人物層次分明、動作程式化的祭祀場面呈現出來，這是何等的壯觀呀！而且，每一組岩畫中多由大人、側身人、動物以及圓形物等四種符號圖像構成。他們把人、銅鼓、動物以及太陽無聲無息的植入畫面之中，大量的人物形象、程式化動作姿勢以及橫排排列的式樣共同構成了祭祀場景，並且祭祀活動的全程始終有個高大的正面人像居於正中，像在發號施令。又如在甘肅黑山、印度以及撒丁島薩利地區的岩畫，這些地方的舞蹈岩畫均有著舞者動作的程序性：人都是站立，明顯地能看到雙腿，舞者的身軀由兩個三角形構成，人物的頭部用點元素刻繪而成，只畫出舞者的輪廓，剪影，正面像，舞者的臂相互連接，

原始先民運用這種舞蹈來表達一種早期的團結觀念或者一種宗教祭祀儀式儀軌，整體上體現濃厚的巫術氛圍。他們通過這種舞蹈可以有效的對史前宗教儀禮狀態下的抽象「公共」觀念進行舞蹈上的表達。同時，這種連臂舞更是對氏族部落中的「共同性」「公共性」以及「社會性」進行藝術性的象徵表述。〔註 115〕

圖 79：印度岩畫

來源：湯惠生、張文華：《青海岩畫：史前藝術中二元對立思維及其觀念的研究》，北京：科學出版社 2001 年版。

第五，人物形態勾勒的程式化。人物形象儘量用最少的筆劃勾勒出來，通常寥寥數筆：一筆是從頭部向下與一腿相銜接，另外一筆是直接刻繪另外一條叉開的腿，還有一筆則勾勒左右手臂持弓箭的姿勢。還有的先民使用兩筆將狩獵人物勾勒出來，如雲南西疇獅子山岩畫點的狩獵人物。作者將現實中看到的物象經過主觀加工對變動的物象進行「概括」和「默寫」。在畫面中，人物狩獵的姿勢被作者概括成一個「十字形」，上下左右方向各有標誌人像部位和手持對象的點或線，人物形象的軀幹被濃縮成一條細細的線條，這不得不讓我們感歎史前人類的圖像概括的能力！又如雲南滄源猛省岩畫中的人物形象（圖 80），每一個形象都是呈現雙手上舉，有的平伸，有的做其他的上舉動作，大部分人物雙腿交叉，也有的是外翻。所有人物均使用幾何化的形態勾勒，軀體使用三角形，上寬下尖，四肢使用僵直的細線，形態明確，簡潔。因此，原始岩畫中的人物形象其動作簡單且又具有程式化特點，千篇一律，人物造像簡練，表現出古代先民具有某種嚴格的造像秩序和濃鬱的宗教色彩。

〔註 115〕湯惠生、張文華：《青海岩畫：史前藝術中二元對立思維及其觀念的研究》，北京：科學出版社 2001 年版，第 148 頁。

圖80：雲南省滄源佤族自治縣滄源猛省岩畫點第二部分上面圖像

來源：《中國美術分類全集》編委會：《中國岩畫全集》（南部岩畫2），瀋陽：遼寧
美術出版社2006年版。

　　第六，人面像岩畫也呈現程式化的造型特徵。這個問題主要包括兩個方
面的內容，一方面，人面圖像呈現了一定的規矩性。在北方烏海市桌子山召
燒溝、陰山以及賀蘭口的岩畫點裏，太陽神人面像的圖像均呈現一定的規矩
性：一個圓圈或者幾何形態（三角形、骷髏形、玉米形、桃形、女陰形、橢圓
形、方形以及其他的有機形態）作為太陽神人面像內外的主要作畫區域，面
部多以圓弧線對五官及其他部位進行描述。有的一片岩壁上同時鑿刻幾十個
造型完全相同的人面圖像。在此基礎上，在這些圓圈或者幾何形態的外面加
入長短不一的太陽光芒射線，數量較多，射線所朝向的方向均呈現輻射狀，
而每一條輻射線均簪刻較為粗獷，即線條自始至終粗細變化相互交替。圓圈
和幾何形的內部均使用線條簪刻近似於五官的形狀，而這些五官的刻繪都是
超越於現實，採用高度的概括化的方法，如鼻子概括成三角形，嘴巴概括成
「皿」字形，眼睛概括為兩個圓圈，鼻子下面的八字鬍鬚概括為兩條向外撇
的線條等等，額頭均有折線狀的裝飾紋飾。整體的面部表情均呈現驚訝、可
怖、大笑、害怕、竊喜以及嚴肅等表情，很少有寫實的，大多都使用抽象的線
條和意象化的五官位置布置。整個太陽神人面像圖像所刻繪的範圍均為頭部，
用頭部展現古代先民對太陽神或火神的崇拜，大多數的太陽神人面像沒有身
軀，形成了以頭部為核心的主要表現對象。

　　另一方面就是岩畫圖像與作畫技法或作畫地點相統一。不管是賀蘭山

還是四川珙縣的太陽神人面像，這些太陽神人面像均將圖像刻繪於岩石表面，「它是某種崇高神靈感召力和凝聚力的一種體現」〔註116〕。他們希望通過岩石表面或者崖壁表面的空間來傳遞先民對神靈的祭拜之情。由於北方地區的一些石料，硬度較大，北方的太陽神人面像均鑿刻於巍峨且綿延起伏的深山中的巨大岩石、石盤的表面上，他們用鑿刻的技法將線條深深地刻畫在岩面上，就像神靈位於整個祭拜儀式的最前方並且朝向大家，顯示出一種威嚴和神秘的宗教意味。這些被深深鑿刻的線條整體上呈現厚重、稚拙的特徵，寫實性較強，富有一定的體積感，散發著濃鬱的生活氣息，也反映了北方岩畫藝術家對原始社會的現實生活進行積極審美活動。而南方的一些岩畫點，如四川珙縣、廣西花山以及雲南滄源等地，由於當地發現了大量的礦物顏料，如鐵礦、氧化錳、磁土等，先民們們就借用這些礦物顏料與動物骨髓或血液攪拌，對現實或臆想圖像進行繪製，並且將這種紅褐色與懸崖峭壁相結合，使得岩畫圖像呈現出一種神聖的場域性，表現了南方岩畫藝術家將濃鬱的、富有宗教巫術意味的岩畫以一種象徵主義風格呈現出來。

第七，坑穴岩畫符號具有程式化的造型特點。

首先，坑穴岩畫符號整體上表現出近似圓形的程式化造型。「圓」具有非常單純的視覺形式，體現了原始先民樸素的審美形式和造型觀。「圓周上的重點也是起點，生死輪迴、周而復始。」〔註117〕在賀蘭山的賀蘭口、河南具茨山以及鞍山的千山鎮、大孤山鎮和唐家房鎮等一些岩畫區，在這些坑穴岩畫區中大多都採用近似圓形的形式，呈現半球形，上面沒有蓋，有深有淺，所有的坑穴造型全部朝天，圓圈邊上的鑿刻較粗，有的上寬下窄，也有的造型是上下等比例寬，呈現「U」字型剖面。另外，也有的坑穴符號是圓方形，如河南具茨山岩畫區中的坑穴符號。這種近似圓形的造型彰顯了原始先民的哲學觀念和審美情趣，原始先民將生命形態的輪迴以一定的外在形式包容在近似於圓形的時空空間之中，充分體現了原始先民對圓形形式的哲學體悟和自身心靈的歷史變遷。

其次，坑穴岩畫符號的排列也有一定的程式化傾向。史前坑穴岩畫有的散落在岩石表面上，也有的是成排排列或者組成一定的形式，構建一種崇拜樣式，有二排十二坑穴、二排二十四坑穴、三排十八坑穴或六排三十六坑穴等。

〔註116〕覃聖敏：《駱越畫魂：花山崖壁畫之謎》，南寧：廣西人民出版社2009年版，第118頁。
〔註117〕朱志榮：《夏商周美學思想研究》，北京：人民出版社2009年版，第130頁。

這些都是橫排結構，並呈現了古代先民對於數學思維的物象化抽象表達。在這種成排的排列中，坑穴岩畫符號排列更加注重大小之間的相互穿插，強調疏密、動靜關係，在小坑穴邊上，必然要排列一個稍微大或比較小的坑穴符號。還有的排列則具有一定的偶數或奇數排列。在內蒙古海渤灣岩畫點上，有坑穴岩畫符號排列成一排，有的人說它是象徵著宇宙或者星星。還有的坑穴岩畫符號無序地散落在岩石上，儘管有大小的區分，很像是星辰散落在夜空中。如印度中央邦 Daraki-Chattan 地區發現的坑穴圖案〔註118〕、河南具茨山的散落的坑穴、灌雲杯狀岩畫以及新寨仁桑貢寶凹穴岩畫〔註119〕，這些岩畫都具有形式的相似性並依託一定的形式來構成另外一種意象性。

　　總之，岩畫的程式化造型是在對原有物象的總結和概括基礎上而形成的，具有簡潔化的特徵。它以一種模式化的標準反覆出現在畫面上的規整形體，程式化的造型突破了現有物象外在造型的束縛與制約，在一定程度上體現了審美與實用的完美結合。岩畫造型均使用較粗的直線，使得造型粗壯而又結實，顯示了原始先民稚拙的造型語言和雕塑技巧。原始先民利用這些具有程式化的造型加強與受崇拜之物的聯繫，以這種僵硬而又呆板的圖像去召喚神靈的庇佑。他們呈現的姿勢是那麼的相似，為我們研究不同地區的原始文化提供了一定的參考價值。它也體現了先民對形式繪畫語言的嫻熟運用，更彰顯了先民將富有程式化的造型特點以哲學化的話語有秩序的呈現在岩石上。它不但揭示了程式化造型的象徵意義，而且將這些相似性的造型形式形成具有一定意味化的視覺語言。但是，我們既要看到這種程式化的造型隱含著宗教性的象徵語義，使得畫面產生一種整齊劃一的審美視覺感受。我們還要注意的是：「岩畫的程式化造型搶強調了事物的共性，削弱了它們的個性，這個過程暗示出先民們的概括和抽象能力的進一步提高，它表明眼癌開始向符號形式演變。」〔註120〕

三、平面化

　　平面化的視覺語言是史前岩畫重要的造型特徵，這種藝術特徵不但將

〔註118〕湯惠生：《凹穴岩畫的分期與斷代——中國史前藝術研究之一》，《考古與文物》2004 年第 06 期。

〔註119〕尼瑪江才：《玉樹通天河流域凹穴岩畫的發現》，《西藏藝術研究》2016 年第 02 期。

〔註120〕戶曉輝：《中國人審美心理的發生學研究》，北京：中國社會科學出版社 2003 年版，第 102 頁。

三維視覺圖像以簡約化的二維形式進行空間呈現，而且，這種平面化的藝術特徵承載著先民辨識物象的功利性考慮。他們將現實的一些物象幻化成平面的藝術語言，以二維的空間去呈現三維的造型狀態。這種表現為後來的中國山水畫以及其他類的平面繪畫增添了藝術處理之法，給人一種造型明確、直觀性強的視覺特點，也對不同種類的繪畫凸顯作者的審美情感和情趣起到了重要的聯想和想像的作用。

平面性又稱「二維空間」，它是將形象建構在二維的長寬空間上。先民將三維形體用線面結合的方式轉移到二維平面上，突出物象的主要特徵，將物象以二維的視覺形式呈現，並在這種轉移中省略某些細節。美國著名雕塑家路易斯・內韋遜說道：「我覺得在繪畫中有更多的神話和神秘事物──因為你必須把一個三維度空間放到二維度的平面上來。你看著一個平面，你獲得了深沉的共鳴，……空間是一種氛圍，你帶入空間的東西將帶著你的思想和意識的色彩。我們整個身心都處在空間之中。」〔註121〕正如內韋遜說的那樣，二維空間的畫面呈現出虛實、有無的神秘境界，吸收了形象中的所有細節，以輪廓將物象表現出來。在原始岩畫裏，史前先民在進行平面塑造形象的時候，他們詳細觀察現實生活中的物象，重在強調平面中的上下和左右的二維空間關係。「即它在圖案上安排空間的樣式基本上是兩維空間，它沒有深度感，沒有或只有很少相互重迭的形狀，都是最典型的、圖解式的角度來表現對象，所有的對象都具有明確的輪廓線，色彩也是單純的。」〔註122〕岩畫家更加注重角度表現和取捨物象最關鍵的局部特徵。他們將三維立體形象經過主觀處理，把原來物象的厚度「壓縮」成一張紙那麼薄，只塑造觀者一側的形狀，而另外一側不予理睬。輪廓內的細節省略，用單一色來填塗。他們將每一個物象最有特徵的輪廓平面地布置在岩石之上，使得每一個在岩石上的形象都能以正面或側面的形式呈現出來，形象的輪廓與岩石面是平行的，「他們儘量避免形象輪廓的平面與岩畫形成夾角的印象，也儘量避免各單位形象相互間的交搭，以防止破壞繪畫的完整性和平面性」〔註123〕。無論人物、動物、植物、

〔註121〕〔美〕埃倫・H・約翰遜：《當代美國藝術家論藝術》，上海：上海人民美術出版社1992年版，第45～49頁。

〔註122〕謝崇安：《中國史前藝術》，海口：三環出版社1990年版，第125頁。

〔註123〕陳兆復、邢璉：《外國岩畫發現史》，上海：上海人民出版社1993年版，第137～138頁。

村落等等造型，均是以平面化的造型呈現給受眾的，這種特徵要求岩畫藝術家運用平面化的正面或側面去呈現人物或者動物形態。由此可見，中國史前岩畫中的人物和動物，就是用線條或者塊體將對象的外輪廓勾勒出來，強調物象的特徵，不追求任何的透視角度，而只追求在二維化的空間中將物象的輪廓呈現出來。輪廓之內的細節已經完全被岩石的面給取代了，從而使得岩石上有限的物象造型可以達到無限的意境美。

原始先民將太陽神人面像塑造成平面性的形象。一般來說，先民重視太陽神人面像的五官和射線的二維空間關係，不管這個形象是基於那一個面部特徵發展而來的，現實的三維特徵在岩畫中全部演化為二維平面空間。而太陽神人面像裏面的所有輪廓和結構均使用一維的線條進行勾勒，拋棄原有的三維狀態，用大量的一維的線條經過圍合、交疊、交叉等形式構建成平面視覺圖像。頭像輪廓圍合成一個幾何化的平面空間，在這個幾何化的平面空間中，將不同屬性、不同長度的線條按照作者的創作需求抽象化的布置在這個光禿禿的平面上，使得人面像的五官組合形式在被圍合的幾何造型內產生視覺的相依性，元素之間的距離只有高低、長短，沒有縱深關係。這樣就向我們呈現了一個基於平面而不滯於平面的三維立體想像空間，它彷彿把我們帶回到了「文明前的文明」的時代。這充分顯示了原始先民借用岩畫造型的平面特徵進行虛實有序、動靜結合的構像，構成了一幅彰顯宇宙生命精神的微縮藝術畫卷。

不管國內還是國外，史前岩畫的人物和動物造型都凸顯了平面化的造型特徵。史前岩畫中的人物和動物都用線條或者塊面對物象進行平面塑造，雖說用「墨」較少，造型簡約，但是每個物象都生動傳神，充分表現了個體自身的姿態、特徵以及精神風貌。在這些物象中，每一個物象的軀體內部不是被陰刻、陽刻就是塗繪，軀體內省略一切的物象細節，從軀體的上下左右的空間來看，軀體內的空間是虛空狀態，也就是表象上什麼東西也沒有，線條圍合的很封閉，呈現平面性，先民只是用線條勾勒物象的外輪廓，讓其形成物象的某個特徵，而軀體內的細節對先民來說已經無關緊要了。史前先民將物象刻繪成平面化，也有可能是對空間的辨別上存在著侷限，或者為了凸顯記錄的功能，節省時間，這些都有可能的。喬治·羅利（George Roeley）[註124]

〔註124〕喬治·羅利（George Rowley 1892～1962），美國普林斯頓大學著名的藝術考古學者，主要研究西方中古藝術而聞名。

在《中國繪畫原理》（Principles Of Chinese Painting）一書中使用「理念風格」（ideational style）一詞來形容唐代以前平面化的造型特徵，他說：「在唐代以前的繪畫中，由於藝術家關心的是事物的本質，其結果是表意的圖像而非描述性的形似。這種視覺表現的心理學基礎乃是人們試圖把理念形象化時都會體驗到的。就像在腦海裏喚起任何一件東西，比如一匹馬，那個東西立刻會以平面形象出現在我們的『心眼』前：正面而孤立，浮現於空白無物的背景之上。形狀自身足以使人們確定客體的概念。」〔註125〕如廣西花山崖畫中的舞者首領（圖81），作者用較粗的幾何線條將舞者的動作勾勒出來，不管人和動物的軀體還是各自的局部部位上，平面性的圖像讓我們快速分清物象的外輪廓，並且將表意的圖像理性地布置在我們眼前，不至於讓我們從三維空間去區分物象。這樣也容易突顯物象，即使省略了一些細節也不影響事物本質的外顯，物象平面部分大氣、豪爽，充滿了先民的某種想像和願望，他們完全將物象繪製成一個剪影般的藝術效果。

圖81：廣西左江花山岩畫（局部）

來源：《中國美術分類全集》編委會：《中國岩畫全集》（南部岩畫1），瀋陽：遼寧美術出版社2006年版。

〔註125〕George Rowley. *Principles Of Chinese Painting.* princeton, new jersey: Princeton University press, 1974, pp.27.

　　史前岩畫的平面造像有兩種：一種是物象中線的左右兩邊以對稱或平衡的視角進行塑造。這種左右平衡對稱的平面構像是「以等距對稱為原則，規整之中又體現出和諧的韻律感」〔註126〕。它給人一種造型明確的視覺效果，能鮮明地呈現了史前先民對物象的直觀感受。如廣西花山與福建仙字潭中的蛙形人物、雲南滄源岩畫中的人物、麻栗坡岩畫中的大王、寧夏賀蘭山中的舞者以及祁連山岩畫中的放牧人等等，這些岩畫點中的造型均是先民以正平面的外部形式將物象的形狀塑造出來。每一個人物的造型都呈現了左右對稱或者左右平衡姿態，左右兩邊的視覺量具有相對均衡性。另一種就是先民採用了剪影般的正側面塑形。如一些岩畫點的動物形象。這種塑像好像一張紙貼在岩石之上似的，作者只是刻繪了一個輪廓，裏面都被省略掉了，而這個剪影般的正側面是沒有任何一點透視和視覺角度的，就是將三維的物象壓縮成平面，讓受眾看到一隻眼或一個耳朵的同時，促使受眾基於對真實動物的視覺觀照去展開聯想和想像。

　　總之，平面化是史前岩畫的重要造型特徵。先民利用這種平面藝術特徵去展現原始先民的笨拙、善良及真誠。他們把物象濃縮成二維畫面，省略一切細節，將所有的物象無一例外地如剪影般地浮現在岩面之上。先民利用這種平面化的形象盡最大努力去避免重疊和覆蓋，將宗教思維與生活審美共同融入這個虛空的空間之中，共同支撐起每一個物象自身的生命體。先民用「這種概念式的表現可能是將徵兆視覺化以便作為圖像『索引』之用的最佳方式」〔註127〕，使得每一個物象既能生動地展示物象的行為和姿勢，又能準確地表述先民們的審美情趣和審美意味。

四、本節小結

　　總而言之，史前岩畫造型是超越於原有物象，將富有審美意味的圖像用簡約、誇張以及幾何形態清晰地刻繪在平面岩石上。每一個造型都是先民用心感悟、用心實踐去拓寬對於不同物象的認知。他們將自己的情感以線條的形式注入到這些富有變化的平面造型之中，雖然造型在整體上看著較為程式化，但是，在這種靜態的背後蘊藏著物象生生不息的生命精神，並散發出

〔註126〕 朱志榮、朱媛著：《中國審美意識通史》（史前卷），北京：人民出版社 2017 年版，第 73 頁。

〔註127〕 〔美〕巫鴻：《武梁祠：中國古代畫像藝術的思想性》，柳楊、岑河譯，北京：生活・讀書・新知三聯書店 2006 年版，第 102 頁。

獨特的歷史氣息和韻味。這些平面化的形狀是中國繪畫造型重要的起點，是在中國文字產生之前先民之間重要的溝通形式。它線條精妙細膩，富有自由流暢之感，使得我們從任何一個造型中都能洞察到當時的歷史、文化、宗教思想等各個方面的歷史風貌。史前造型儘管受到原始宗教思維的深切影響，可是，岩畫的造型與當地的原始風俗、儀軌密切結合，在造型中凝聚了藝術家對現實物象的觀察和體悟，他們把各種造型幻化為一個象徵、幻覺的空間。一方面先民用不同的造型去表達對宗教巫術的強烈順從性，另一方面他們用岩畫造型去揭示人自身的社會地位，並內蘊著階級產生的因子，也顯示出岩畫造型具有不同民族和地域的民族審美品位。

第四節　本章小結

　　綜上所述，造型是史前岩畫圖像呈現在世人面前的重要視覺形式。它是建立在史前人類「觀物取象」思維觀念的基礎之上的，均是原始先民訴諸於點、線、面等視覺元素對物象外在輪廓與內在結構的一種意象再造過程，每一個造型均受到原始薩滿宗教、二元對立思維的深切影響，蘊含了主體穎悟客觀對象並通過物態化的形象，給我們呈現了原始先民的巫術崇拜和巫術預演。在一定程度上，岩畫的造型體現了原始先民的主觀意願、審美要求和世俗化的生存信仰，他們運用鑿刻或者刻繪的技法對物象的造型進行高度概括和書寫，將先民內心中的生命精神物化為不同的平面視覺造型，每一條線都是先民對於世界萬物的體悟、判斷，從而創造出匯合體。每一條線或形象都受到原始宗教巫術觀念的統攝與影響。一方面，從技術上來說，史前先民的造型創構之法開闢了人類觀察物象和再造現實物象的道路，它引導人類以高度簡約的造型去創構二維平面視覺圖像。在這裡，先民們運用極其簡約的筆劃對物象進行簡略的構形，他們所塑造出來的造型均呈現出似與不似、形神兼備的文化意蘊。另一方面，從視覺表現上來說，先民運用不同的造型將不同的母題清晰地表現出來。每一個母題上都包含著形形色色的造型，它們主動讓受眾抓住物象的突出特徵，以點帶面，凸顯圖像的認知性和審美趣味性。這大大提升了人類觀看視覺圖像的效率。在這裡，先民時刻基於現實物象又超越物象本源的判斷，把物象提升到一個更高的審美視角，將物象與作者的審美情趣相結合，憑藉著線條媒介將物象的造型栩栩如生地刻繪出來。

每一個圖像都是先民對物象的高度抽象，他們將簡約、誇張以及幾何造型手法與自己的生命精神共同融合到這些小小的畫面造型之中，以形寫神、幾何再造，並賦予圖像以人格化、程式化、平面化的特徵，從而創構出符合原始先民內心宗教思維、具有描述自我、展現周圍環境、彰顯審美意蘊的視覺優美的畫面，給我們呈現了無比自由灑脫的意象。